DUMONT

REISE-TASCHENBÜCHER

Samos
Chios • Lesbos
Ikaria • Patmos • Fourni
Inousses • Psara

In der vorderen Umschlagklappe: Übersichtskarte nordostägäische Inseln

In der hinteren Umschlagklappe: Übersichtskarte Samos

Samos · Chios Lesbos

Klaus Bötig

DUMONT

Umschlagvorderseite: Kokkári (Sámos)
Vordere Umschlaginnenklappe: Blick auf Chóra und Johanneskloster
(Pátmos)
Hintere Umschlaginnenklappe: Pyrgí (Chíos)
Umschlagrückseite oben: Skála (Pátmos)
Umschlagrückseite unten: Mólyvos (Lésbos)
Abbildung S. 2/3: Panagía Myrtidiótissas (Chíos)
Vignette: Wandmalerei in Pyrgí (Chíos)

Über den Autor: Klaus Bötig, geboren 1948, lebt als Reisejournalist in Bremen und gilt als einer der besten Kenner der griechischen Inselwelt. Bei DuMont erschienen vom ihm »Richtig reisen: Zypern«, das Reise-Taschenbuch »Korfu« sowie Beiträge in »Richtig reisen: Griechische Inseln« und »Richtig wandern: Kykladen«.

Fremde Kulturen kennenlernen und gastfreundlichen Menschen begegnen – wie sehr genießen wir das auf Reisen. Zu Hause bei uns jedoch wird mancher Ausländer von einer kleinen Minderheit beschimpft, bedroht und sogar mißhandelt. Alle, die in fremden Ländern Gastrecht genossen haben, tragen hier besondere Verantwortung. Deshalb: Lassen Sie es nicht zu, daß Ausländer diffamiert und angegriffen werden. Lassen Sie uns gemeinsam für die Würde des Menschen einstehen.

Verlagsleitung und Mitarbeiter des DuMont Buchverlages

© DuMont Buchverlag, Köln
3. Auflage 1995
Alle Rechte vorbehalten
Satz und Druck: Rasch, Bramsche
Buchbinderische Verarbeitung: Bramscher Buchbinder Betriebe

Printed in Germany   ISBN 3-7701-2880-X

Inhalt

Land und Leute

Die Inseln im Überblick

Gesellschaft und Kultur

Von Insel zu Insel

Sámos

Pátmos – Ikaría – Foúrni

Chíos – Psará – Inoússes

Lésbos

Tips und Adressen

Land
und Leute

»Griechenland ist das, was jedermann
kennt, auch wenn er noch nie dort
gewesen ist ... Griechenland ist so,
wie man erwartet, daß die Erde – gäbe
man ihr die Möglichkeit dazu –
aussehen sollte.«

Henry Miller

Die Inseln im Überblick

Zum Greifen nah, die Türkei

Geographie

Die drei großen Inseln in der Nordost-Ägäis – Sámos, Chíos und Lésbos – sind der kleinasiatischen Küste vorgelagert. Die Buchten und Berge der nahen Türkei gehören zum Landschaftsbild der Inseln.

Sámos liegt auf der Höhe von Kuşadası und dem antiken Ephesos; an der engsten Stelle trennen die Insel nur 1300 m vom Festland. Bezugspunkt für Chíos ist Çeşme an der Spitze einer Halbinsel, die bei Izmir, dem alten griechischen Smýrna, ansetzt. Chíos trennen an der schmalsten Stelle nur 7 km von Asien, Lésbos 9 km. Diese Insel liegt auf der Höhe von Bergama, dem antiken Pergamon.

Geologisch handelt es sich bei allen drei Inseln um losgelöste Teile des kleinasiatischen Festlandes. Geographisch könnte man sie mit Fug und Recht als ›Kleinasiatische Inseln‹ bezeichnen. Das freilich hören die Griechen nicht gern, denn daraus könnten unliebsame politische Schlußfolgerungen gezogen werden, wie z. B. die Berechtigung türkischer Ansprüche, in Teilen der Ägäis nach Öl bohren zu dürfen. Die Griechen halten dagegen und meinen, die kleinasiatischen Küsten seien eigentlich griechisch: Vom ersten vorchristlichen Jahrtausend bis 1923 waren Städte wie das heutige Bergama, Izmir und Bodrum überwiegend von Hellenen bewohnt.

In Sichtweite von Sámos liegen einige kleine Eilande: Foúrni und Ikaría stellen die Verbindung zu den Kykladen her, Pátmos zählt schon zum Dodekanes.

Sámos, Chíos und Lésbos sind jeweils größer als die meisten Inseln jener Archipele. Zusammen genommen übertrifft ihre Fläche sogar die der 19 bewohnten Inseln des Dodekanes, Rhodos eingeschlossen. Allein Lésbos und Chíos zusammen wiegen von ihrer Fläche her die 25 bewohnten Kykladeninseln auf. Als Faustregel kann man sich merken: Lésbos ist die größte der drei Inseln, Chíos ist um die Hälfte kleiner und Sámos wiederum nur halb so groß wie Chíos.

Landschaftlich sind die Inseln äußerst vielfältig. Lésbos und Chíos zeichnen sich jeweils durch zwei deutlich unterscheidbare Landschaftszonen aus: Auf Lésbos steht der weithin steppen-, teils sogar steinwüstenhaft kahle Westen in deutlichem Kontrast zum lieblichgrünen Osten. Ausgedehnte Olivenhaine prägen diesen Inselteil. Auf Chíos bildet der von zwei Gebirgen dominierte, überwiegend nur als karger Weidegrund zu nutzende Norden einen scharfen Gegensatz zum sanfteren, landwirtschaftlich intensiv genutzten Süden, wo über 2 Mio. Mastixbäume wachsen, deren Früchte weltweit exportiert werden (vgl. S. 164). Sámos dagegen wirkt einheitlich. Es wird im wesentlichen von zwei waldreichen Gebirgszügen gebildet, die in Ost-West-Richtung verlaufen. In den Schwemmlandebenen bei Pythagório und Karlóvassi bleibt Raum

›Steckbrief‹ Griechenland

Hauptstadt	Athen
Fläche	131 944 km²
– Sámos, Chíos, Lésbos	2944 km²
Bevölkerung	10,1 Mio.
– Sámos, Chíos, Lésbos	162 000
Bevölkerungsdichte	78 Ew./km²
– Sámos	65 Ew./km²
– Chíos	57 Ew./km²
– Lésbos	51 Ew./km²
– Ikaría	22 Ew./km²
Städtische Bevölkerung	63 %
Bevölkerungswachstum	0,5 % per anno
Religionen	
– Griechisch-orthodoxe	98 %
– Moslems	1 %
– Römisch-katholische	0,4 %
Lebenserwartung	77 Jahre
Anteile der Erwerbstätigen	
– Land- und Forstwirtschaft, Fischerei	ca. 24 %
– Industrie	ca. 28 %
– Tourismus	ca. 12 %
– Schiffahrt	ca. 20 %
– Staatsdienst	ca. 16 %
Inflationsrate ('94)	11 %
Ausländische Touristen ('94)	10 Mio.

für Olivenhaine, an den Berghängen wird intensiv Wein kultiviert.

Mit dem 1433 m hohen Kérkis ragt auf Sámos der höchste Berg der hier vorgestellten Inselwelt auf. Auch der Pelinéon auf Chíos und der Athéras auf Ikaría überschreiten die 1000-m-Grenze, während die beiden höchsten Gipfel auf Lésbos knapp unter dieser Marke liegen.

Aus der Sicht der Fremdenverkehrsgeographie bildet in unserem Inseltrio Sámos das bedeutendste Ziel des Pauschaltourismus und stellt zusammen mit Pátmos, Foúrni und Ikaría eine Einheit dar. Chíos und Lésbos, die weit weniger vom Tourismus geprägt sind, werden am ehesten von ›Inselspringern‹ aufgesucht, wobei Chíos auf Gelegenheit zu Abstechern nach Inoússes

13

und Psará bietet. Die häufig gestellte Frage, welche Insel denn die schönste sei, kann ein echter Griechenlandliebhaber nie beantworten. Alle rund 90 bewohnten Ägäischen Inseln sind nicht mehr und nicht weniger als ein Mosaiksteinchen in jenem Gesamtkunstwerk der ägäischen Inselwelt, das man nur durch viele Reisen zusammensetzen kann.

Klima

Auch im Winter klettert das Thermometer in der Sonne auf bis zu 20° Celsius, so daß man im Freien sitzen kann. Verbirgt sich die Son-

---

Die Wintersonne lädt dazu ein, im Freien zu sitzen

ne hinter Wolken, friert man allerdings. Auch nachts kühlt es stark ab. Regen ist an durchschnittlich sechs Tagen pro Monat zu erwarten, zwischen Dezember und Februar gar an neun bis zwölf Tagen. Die Meerwassertemperatur liegt unterhalb der Bademarke von 19° Celsius. Heftige Winde, die insbesondere im Januar 11 Beaufort erreichen, lassen die Schiffahrt oftmals ruhen. Die Inseln sind wahrhaftig kein Winterreiseziel für Sonnenhungrige. Für Griechenlandliebhaber mag es freilich reizvoll sein, die Inselberge und Hochebenen auch einmal schneebedeckt zu sehen.

Zwischen Mai und Oktober sind sowohl die Luft- als auch die Wassertemperaturen ideal. Die *Meltémia*, Nordwinde vom Schwarzen Meer, sorgen den ganzen Sommer über für eine angenehme Kühlung. Nur bei Windstille oder Südwinden werden Temperaturen von bis zu 43° Celsius gemessen. Gerade

im Juli und August können die *Meltémia* eine Stärke von acht oder neun Beaufort erreichen und so die Schiffahrt zum Erliegen bringen.

Pflanzen- und Tierwelt

Elefanten und Hyänen, Kleinpferde, Ameisenbären, Nashörner und kurzhalsige Giraffen, Antilopen und Gazellen lebten einst auf den Inseln. Das beweisen 13 Mio. Jahre alte Skelettfunde, die heute im Dorf Mytiliní auf Sámos ausgestellt werden. Daß sie ausgestorben sind, ist natürlich – daß die Inseln jedoch heute ausgesprochen arm an freilebenden Tierarten sind, liegt an der unbändigen Jagdleidenschaft der modernen Griechen. Auf leere, nahezu unverrottbare Patronenhülsen stößt der Wanderer auf Schritt und Tritt; im Frühjahr und Herbst durchbricht so mancher Schuß die Stille in den Bergen. Legal und illegal wird auf Zugvögel und Kleinwild geschossen; kein Polizist kann und will die Einhaltung von Jagdgesetzen überwachen.

So muß der Griechenlandreisende mit dem Anblick zahlreicher Katzen in Städten und Dörfern und dem Bellen recht frei herumstreunender, aber selten bissiger Hunde vorliebnehmen. Auf dem Lande sind Esel und Maultiere noch nicht gänzlich von motorisierten Verkehrsmitteln und Maschinen verdrängt worden; in sumpfigen Bachmündungen sieht man häufig noch Schildkröten, darunter die schwarzbraun gefleckte Kaspische Wasserschildkröte. Von Füchsen, Mardern, Hasen, Kaninchen und Eichhörnchen wird berichtet, zu Gesicht bekommt man sie freilich kaum. Kleinere Greifvögel und ihre Hauptnahrung – Eidechsen, Mäuse und Ratten – sind hingegen zahlreich vertreten; in manchen grünen Tälern, vor allem auf Sámos, kann noch das Lied der Nachtigall vernommen werden. Öfter, als manchem lieb ist, begegnet der Wanderer Schlagen, die normalerweise aber vor Herannahenden davonhuschen. Es gibt mehrere giftige und ungiftige Arten; von Schlangenbissen wird ebenso selten berichtet wie von Haifischen vor griechischen Küsten.

Die ›Meeresräuber‹ würden auch kaum satt werden, denn die Ägäis ist weitgehend leergefischt (s. S. 122). An Meeressäugern sieht man am ehesten noch Delphinschwärme; die Mönchsrobbe ist in den Gewässern um unser Inseltrio nahezu ausgestorben.

Im Gegensatz zur Fauna ist die **Flora** Griechenlands wahrhaft faszinierend. Unvergeßlich bleibt im Frühjahr der Anblick blühender Wiesen auf Lésbos und Chíos. Raine und Wiesen sind noch nicht durch Pflanzenschutzmittel und Unkrautvertilger verarmt, Tausende von Blumen dürfen hier ebenso blühen wie auf dem Boden der Olivenhaine. Klatschmohn und wilde Tulpen, Anemonen und Kalla bilden

im März und April dichte Blütentep-
piche. Bis in den Juni hinein säumt
gelbblühender Ginster viele Berg-
straßen oder bedeckt – wie im Nordwesten von Sámos – ganze Hänge.
Noch im August blüht in den Bach-
tälern weiß und rot der Oleander.
Dörfer und Städte schmücken Bou-
gainvillea, Hibiskus, Magnolien und
Glyzinien. Akazien und Eukalyptus-
bäume säumen Alleen und spenden auf Plätzen Schatten. In Bach-
tälern, an Quellen und Brunnen
gedeihen mächtige, uralte Platanen, in deren Schatten Wirte besonders gern ihre Tische und Stühle aufstellen.

Unter den **Kulturpflanzen** fallen
neben Wein, Ölbaum und Mastix-
strauch vor allem die zartrot blü-
henden Granatapfelbäume mit ihren markanten Früchten sowie die
Johannisbrotbäume auf. Deren erst
grüne und dann schwarze Schoten
dienen nur noch als Tierfutter, sind
aber auch für den Menschen ge-
nießbar. In Antike und Mittelalter
dienten ihre Kerne als Gewichts-
einheit für Edelsteine und Gold,
denn sie wiegen konstant dasselbe:
exakt ein Karat.

Viele Pflanzen, die man heute
noch in Griechenland sieht, spiel-
ten in der altgriechischen Mythologie und in heidnischen Kulturen
eine große Rolle. So z. B. der im
Sommer auf trockenem Boden gelb
blühende, bis zu 4 m hohe Riesenfenchel *(Ferula communis)*, der mit
einem leicht entzündbaren Mark ge-
füllt ist. Wird ab Herbst das trockene Mark angezündet, verglimmt es

Meerzwiebel

äußerst langsam, ohne daß die Rinde verbrennt. In der Antike glaubte
man, Prometheus habe so gegen
den Willen der Götter den Menschen das Feuer aus der Schmiede
des Hephaistos auf die Erde gebracht. Der Riesenfenchel war auch
den Anhängern des Weingottes
Dionysos heilig. Man setzte dem
Stengel einen Pinienzapfen auf und
erhielt so einen Thyrsosstab als phal-
lisches Fruchtbarkeitssymbol und
hatte zugleich einen Stab, auf den
man sich seiner Stärke wegen nach

reichlichem Weingenuß einerseits stützen, andererseits aber – dank seiner Biegsamkeit – in weinseliger Rauflust niemanden ernsthaft verletzen konnte.

Eine andere Pflanze, der man auf den drei Inseln vor allem im Hochsommer häufig begegnet, ist der weiß, hellblau oder zartrosa blühende Keuschlammstrauch, unter dem sich im Hera-Heiligtum auf Sámos alljährlich die mystische Hochzeit zwischen Hera und Zeus vollzog (s. S. 72). Einen Kranz aus Keuschlamm setzte sich Prometheus auf, als er vom Fels erlöst wurde, an den er zur Strafe geschmiedet worden war: Die zähen Zweige dieser Pflanze dienten in der Antike häufig als Fesseln.

Weite Teile wasserarmer, unbewaldeter Berghänge sind dicht mit Macchia-ähnlicher Phrygana überzogen. In ihr wachsen wohlduftende Kräuter wie Thymian, Salbei und Oregano. Typische Pflanzen dieser Regionen sind auch Wacholder und der Erdbeerbaum. Letzteren erkennt man leicht an seinem rötlichen Stamm und den rötlichen Zweigen, die scheinbar keine Rinde haben. Im Spätsommer tragen sie Früchte, die wie Erdbeeren aussehen und zwar eßbar, jedoch völlig geschmacksneutral sind.

Die Wälder der Inseln werden schließlich überwiegend von Aleppo-Kiefern und verschiedenen Eichenarten gebildet, darunter Steineiche und Lusitanische Eiche. Auch Kastanien und Pappeln kommen darin vor.

Frühlingswiese

Wirtschaft

In den griechischen Kaffeehäusern gibt es fast nur noch ein Thema: die enormen Preissteigerungen und die Inflation im Lande. Im Unterschied zu früher sehen nur noch wenige Griechen in einem Regierungswechsel eine Problemlösung – das Vertrauen in die etablierten Parteien, PASOK und *Néa Dimokratía* also, schwindet hier ebenso wie in Deutschland.

Ölbaum und Olive

Eine so bedeutende Kulturpflanze wie der Ölbaum forderte schon in der Antike dichterischen Lobpreis heraus. Noch heute beschreiben ihn Dichter in poetischen Worten, wie z. B. Erhart Kästner in seinen Aufzeichnungen aus dem Jahre 1944:

»Es gibt keinen Baum, dem man Geduld, Bemühung so ansieht wie ihm. Da steht er auf trockener Erde, harrend und tragend, und seiner Weisheit gelingt es, aus dem Dürren den Saft zu ziehen, der den Alten heilig war: Speise, Reinigung, Schmeidigung der Leiber, Duft und Licht der stillbrennenden Lampen und Opfer. Noch etwas: ein Ölzweig – Sinnbild des Friedens.«

Tiefen Frieden verspürt wahrhaftig der, der durch Landschaften fährt, die wie der Osten von Lésbos vom Ölbaum geprägt sind. Wanderungen durch Olivenhaine zählen zu den schönsten Urlaubserlebnissen.

Allein auf Lésbos wachsen ca. 11 Mio. Ölbäume. Das sind nahezu halb so viele wie auf dem viermal größeren Kreta und über 8 % aller 130 Mio. Ölbäume Griechenlands. Nicht nur auf Lésbos, auch auf Sámos und Chíos besitzt fast jeder Insulaner eigene Olivenbäume. Sie sind oft jahrhundertealt, denn ein Ölbaum bedeutet eine Investition in die Zukunft. Erste Früchte trägt er nach 12 Jahren, nennenswerte Ernteerträge wirft er erst nach 40 Jahren ab. Dafür kann er aber auch noch nach 200 oder 300 Jahren bis zu 300 kg Oliven jährlich tragen.

Längst werden nicht mehr alle Früchte geerntet, verwildern manche Haine, weil die Arbeitskräfte fehlen. Dabei stellt gerade der Ölbaum eine ideale Ergänzung zum Saisongeschäft Tourismus dar: Reisen die letzten Fremden im Oktober ab, beginnt die Arbeit im Olivenhain, kehren die Touristen im April zurück, ist sie abgeschlossen.

Und in der Tat: Mit der desolaten griechischen Wirtschaftslage ist jede Regierung überfordert. Der Staatssäckel ist leer; der Schuldendienst verschlingt allein 60 % aller Staatseinnahmen. Die Bevölkerung kann sich von ihrem seit Jahren de facto kaum gestiegenen Einkommen immer weniger leisten; der Staat muß aber einerseits einsparen und andererseits mehr einnehmen. Die indirekten Steuern zu erhöhen würde kaum etwas einbringen: Lohnsteuer (5–10 % von Lohn oder

Zunächst einmal muß der Boden unter den Bäumen gereinigt werden. Altes Laub und dürre Äste werden verbrannt, bevor die schwarzen Auffangnetze aus Nylon unter ihnen ausgebreitet werden. Wo Olivenbäume über Straßen ragen, werden manchmal sogar Netze von Baum zu Baum über den Asphalt gespannt.

Wer wenig Zeit oder Lust hat, wartet dann darauf, daß der Wind die Früchte von den Bäumen schüttelt. Besser ist es freilich, gelegentlich durch den Hain zu gehen und mit Klopfstangen die reifen Oliven herunterzuschütteln. Ein Pflücken der Oliven ist anders als in Italien oder Frankreich in Griechenland nirgends üblich.

Nach einer Ernte wird ein kleiner Teil der Oliven eingelegt und der Rest an eine der vielen genossenschaftlichen oder privaten Ölpressen geliefert. Die privaten Unternehmen werden immer noch überwiegend in Naturalien entlohnt: Ihnen stehen 10 % des gepreßten Öls zu. Für 1 l Öl werden 2000–2500 Oliven bzw. 4–5 kg Früchte verarbeitet.

Bei der Ölgewinnung gibt es zwei verschiedene Verfahren. Beim modernen Extraktionsverfahren werden die Früchte zunächst zu einem Brei zerkleinert und dann mit einem chemischen Mittel übersprüht, das das Öl herauslöst; anschließend wird es gereinigt. Da die Ausbeute bei dieser Methode groß ist, kann das Öl relativ preiswert verkauft werden, bleibt lange haltbar und ist geruchsneutral. Auf Sámos, Chíos und Lésbos wird diese Methode bisher noch nicht angewendet. Hier preßt man noch nach traditioneller Art.

Dafür gibt es zwei Varianten: Beim Heißpressen wird der Früchtebrei erhitzt und unter hohem Druck ausgequetscht. Besseres Öl gewinnt man beim Kaltpressen, bei dem der Druck niedrig gehalten und die Erhitzung des Breis auf 50° Celsius gestoppt wird. Dieses Öl muß anschließend nicht raffiniert werden, behält also alle Geschmacks-, Geruchs- und Fettstoffe und ist damit ernährungsphysiologisch am wertvollsten. Es ist jedoch nur begrenzt haltbar und auch teurer als raffiniertes Öl.

Gehalt) wird vom Staat und Staatsbetrieben sowie von den wenigen buchführungspflichtigen Großunternehmen direkt ans Finanzamt abgeführt. Der Rest aller Erwerbstätigen soll alljährlich im Februar sein letztes Jahreseinkommen ehrlich deklarieren, tut das aber kaum. Also erhöht die Regierung die direkten Steuern und die Einfuhrzölle, um deren Entrichtung man sich nicht so leicht drücken kann.

Vor allem aber versucht die Regierung, die Staatsausgaben zu sen-

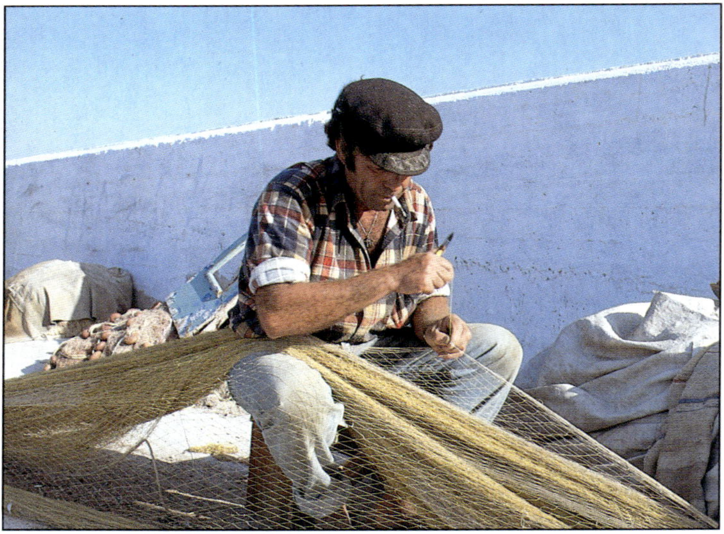

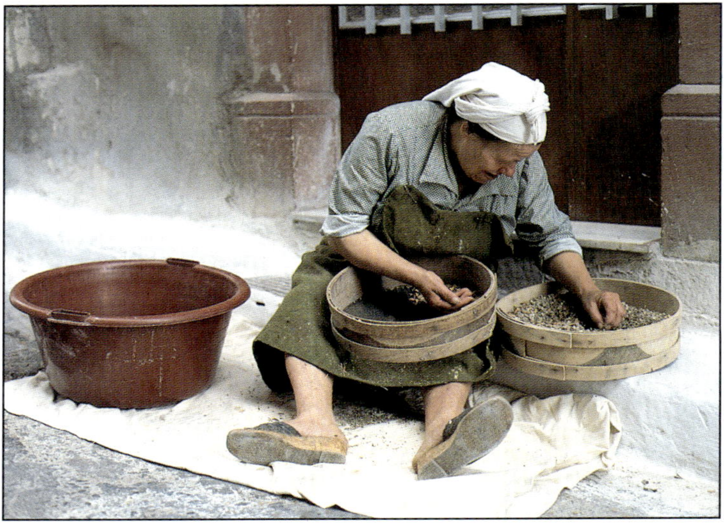

◁ Fischer in Iréo

◁ Mastixleserin in Pyrgí

Losverkäufer ▷

Sattler in Pérama

ken, u. a. durch die Privatisierung der vielen staatlichen Großunternehmen. Diese Maßnahme stößt allerdings auf heftigen Widerstand der mehr als 400 griechischen Einzelgewerkschaften. Besonders schmerzhaft für die Bevölkerung ist die Notwendigkeit, die Zahl der Staatsdiener einzuschränken. Innerhalb der EG rangiert die Effizienz der griechischen Verwaltung auf dem letzten Platz; viele Staatsdiener widmen sich eher lukrativen Nebentätigkeiten als ihren eigentlichen Aufgaben.

Das Haupthindernis für eine Modernisierung der Verwaltung und eine Gesundung des Staates liegt in dem griechischen Parteiensystem. Es fußt auf **Klientelismus**: Wer ein einflußreiches Amt übernehmen oder ins Parlament gewählt werden will, muß sich dies durch Verpflichtungen oder Versprechungen erkaufen. Ist das Ziel erreicht, fordern die Helfer und Wähler ihre Belohnung ein: z. B. einen Job im Staatsdienst oder eine nach rechtlicher Lage unmögliche Baugenehmigung.

Angesichts all dieser Probleme ist es nur allzu verständlich, daß die Investitionsneigung einheimischer und ausländischer Unternehmen in Hellas gering und die Kapitalflucht ins Ausland beträchtlich ist. Ohne massive Unterstützung der EG, die z. T. freilich in dunklen Kanälen versickert oder für höchst fragwürdige Projekte verwendet wird, sowie ohne die Deviseneinnahmen aus Tourismus, Schiffahrt

und die Überweisungen von Auslandsgriechen an ihre Familien würde sich die wirtschaftliche Lage des Landes noch desolater darstellen.

In der **Landwirtschaft** ging die Zahl der Beschäftigten stark zurück. 1950 waren dort noch 57 % aller erwerbstätigen Griechen tätig, heute sind es nur noch ca. 24 %. Die Produktivität ist zu gering; im Export sind Öl und Wein gegenüber italienischen und spanischen Produkten kaum wettbewerbsfähig. Ein Grund für die Schwäche der griechischen Agrarwirtschaft liegt in der Zersplitterung des Landbesitzes. Der ausgeprägte griechische Individualismus verhindert häufig den Zusammenschluß zu Kooperativen, die mehr als nur Verarbeitung und Marketing übernehmen und darüber hinaus auch die Anschaffung moderner Maschinen und den Aufbau künstlicher Bewässerungssysteme ermöglichen würden. Der Regenmangel der letzten Jahre und die zunehmende Überalterung der Landbevölkerung verschärfen zusätzlich die Probleme des Agrarsektors.

Angesichts dieser Situation stehen die Weinbauern auf Sámos und die Mastixbauern auf Chíos unter den griechischen Landwirten noch recht gut da. Ihre Kooperativen sind erfolgreich. Auf Chíos trägt auch die Schiffahrt zum Wohlstand bei, denn das griechische System des Klientelismus sorgt dafür, daß die vielen chiotischen Reeder auf ihren Schiffen bevorzugt Chioten beschäftigen.

Vor 1923 spielte auf allen drei Inseln sogar noch die **Industrie** eine bedeutende Rolle. Es gab Seifenfabriken und Gerbereien, auf Sámos auch bedeutende Tabakfabriken. Sie bezogen ihre Rohprodukte aus Kleinasien und setzten sie über Smýrna (Izmir) ab. Nach der ›Kleinasiatischen Katastrophe‹ (s. S. 28) brachen die Handelsbeziehungen ab; nur noch wenige Betriebe konnten bis nach dem Zweiten Weltkrieg für den heimischen Markt weiterproduzieren. Kapitalmangel verhinderte Modernisierungen, so daß heute nahezu alle Fabriken stillgelegt sind.

Vielleicht ist es ein Zeichen der Zeit, daß inzwischen alte Olivenölpressen in stimmungsvolle Hotels umgewandelt wurden – schließlich ist der **Fremdenverkehr** die einzige Wachstumsbranche.

Staat und Verwaltung

Griechenland wird wie zu Zeiten König Ottos I. weitgehend zentralistisch, d. h. direkt von Athen aus regiert und verwaltet.

Oberste Verwaltungseinheiten sind die isgesamt 13 Provinzen, an deren Spitze ein *Perifériárchis* steht. Die nordostägäischen Inseln gehören zur Präfektur der Ägäischen Inseln mit Rhodos als Provinzhauptstadt. Der Provinzchef wird von der Zentralregierung eingesetzt und verwaltet in deren Auftrag die Gelder für die niederen Verwaltungsebenen, vor allem die aus EG-Programmen.

Auf einer zweiten Stufe folgen 51 Regierungsbezirke oder Präfekturen, griechisch *Nomoi* genannt. Der jeweilige Regierungspräsident oder Präfekt wird von der Zentralregierung als Beamter eingesetzt und ist ihr und dem Provinzchef gegenüber weisungsgebunden. Ihm stehen nur geringe Finanzmittel zur Verfügung, so daß Eigeninitiativen kaum möglich sind.

Städte und Gemeinden sind die einzigen Körperschaften, die frei gewählte Organe besitzen. Die Städte werden von einem *Dímarchos* geleitet; den Gemeinden steht ein *Próedros* vor. Mangels Finanzgewalt ist auch ihr Handlungsspielraum nur sehr gering.

Konstantin Kanaris

Daten zur Geschichte

Prähistorische Zeit

Ab 5000 v. Chr. Erste Zeugnisse menschlicher Besiedlung der Inseln Sámos, Chíos und Lésbos stammen aus dem 5. Jt. v. Chr., also aus der Jungsteinzeit.

Ab 2000 v. Chr. Seeherrschaft des minoischen Kreta in der Ägäis; Gründung vereinzelter Stützpunkte auf den Inseln.

Ab 1450 v. Chr. Gründung vereinzelter mykenischer Siedlungen auf den Inseln.

Ab 1000 v. Chr. Beginn der ionischen Einwanderung nach Sámos und Chíos. Lésbos wird von Äolern besiedelt.

8. Jh. v. Chr. Erstarken der griechischen Stadtstaaten und Beginn der Koloniegründungen im Schwarzen Meer und an den Küsten des Mittelmeers.

Antike

538–522 v. Chr. Unter dem Tyrannen Polykrates zählt Sámos zu den mächtigsten und blühendsten Inseln der Ägäis.

522 v. Chr. Eingliederung der ionischen Städte Kleinasiens und der Inseln ins Persische Reich.

500–494 v. Chr. Letztlich erfolgloser Aufstand der griechischen Städte Kleinasiens gegen die Perserherrschaft, an dem sich auch die Inseln vor der Küste beteiligen.

490 v. Chr. Schlacht von Marathon zwischen Persien und Athen sowie deren Verbündeten.

480 v. Chr. In der Seeschlacht von Salamis müssen die Inseln auf Seiten der Perser gegen Athen und seine Verbündeten kämpfen. Nach dem Sieg der Griechen in der Landschlacht von Plataä 479 und der Vernichtung der persischen Restflotte im gleichen Jahr zwischen Sámos und dem Kap Mykale werden die Inseln vom persischen Joch befreit, müssen sich dafür aber dem von Athen dominierten Attisch-Delischen Seebund anschließen und Tributzahlungen leisten, die de facto von den Athenern nach eigenem Ermessen ausgegeben werden (so z. B. für die neuen Tempelbauten auf der Akropolis).

431–404 v. Chr.	Peloponnesischer Krieg zwischen Athen und Sparta mit jeweils wechselnden Bündnispartnern.
4. Jh. v. Chr.	Nach wechselnden Abhängigkeiten von Athen und Sparta gelangen die Inseln erneut unter persischen Einfluß.
336–323 v. Chr.	Herrschaft Alexanders des Großen, die den Inseln vor der kleinasiatischen Küste die endgültige Befreiung von der Perserherrschaft und die Eingliederung ins Makedonische Reich bringt.
323–146 v. Chr.	Zeitalter des Hellenismus.
146 v. Chr.	Griechenland wird römischer Provinzialverwaltung unterstellt, die Inseln Sámos, Chíos und Lésbos werden der Provinz *Asia* zugeschlagen.

Spätantike und Mittelalter

49–54 n. Chr.	Der Apostel Paulus unternimmt Missionsreisen durch Griechenland.
95–99 n. Chr.	Einem gewissen Johannes, nach orthodoxer Überzeugung identisch mit dem Evangelisten, wird auf Pátmos die Apokalypse offenbart.
313	Toleranzedikt Kaiser Konstantins, das die Christen vor weiteren Verfolgungen schützt.
392	Verbot der heidnischen Kulte durch Kaiser Theodosius.
395	Teilung des Römischen Reiches. Griechenland wird Teil des Oströmischen Reiches, das im Byzantinischen Reich seine Fortsetzung findet.
1204	Aus ökonomischen und machtpolitischen Interessen lenken die Venezianer den 4. Kreuzzug nach Konstantinopel um. Die Kreuzfahrer plündern die Stadt und teilen das Reich in zahlreiche kleine Fürstentümer auf. Von Nicäa in Kleinasien her versuchen die byzantinischen Kaiser ihr Territorium zurückzuerobern, dies gelingt aber nur teilweise. Venedig erhält Stützpunkte in der gesamten Ägäis.
1261	Die Byzantiner erobern Konstantinopel und große Teile der Peloponnes zurück.
1346	Genuesische Kaufleute landen auf Chíos, arrangieren sich sowohl mit dem byzantinischen Kaiser als auch mit dem einheimischen Adel und gründen die Handelsgesellschaft *Maona* (s. S. 134).

Erblast der Geschichte

Das griechisch-türkische Verhältnis

Griechenland und die Türkei gehören zwar beide der NATO an, sind deswegen aber noch lange keine befreundeten Staaten. Mehrfach standen sie in den beiden vergangenen Jahrzehnten an der Schwelle eines bewaffneten Konflikts – zum letzten Mal im März 1984. Das türkische Forschungsschiff *Sismik I* lief in Begleitung mehrerer Kriegsschiffe aus, um in der Ägäis nach Erdöl zu suchen. Griechenlands Ministerpräsident Papandreou drohte via TV damit, dieses Vorhaben mit allen verfügbaren Mitteln zu vereiteln, und ordnete eine Generalmobilmachung an. Die Türkei lenkte ein, der Frieden war vorerst gerettet.

Die Krise ist aber noch lange nicht beigelegt: Beide Länder streiten weiter um die Grenzen ihres jeweiligen Festlandsockels. Hauptmotiv ist die Frage, wer die in der Ägäis vermuteten Erdölvorkommen, die bisher nur bei der makedonischen Insel Thássos gefördert werden, ausbeuten darf. Die Türkei ist nicht bereit, diese Frage durch den Internationalen Gerichtshof in Den Haag entscheiden zu lassen.

Alljährlich fahren über 200 000 Griechen ins Nachbarland, um die antiken griechischen und christlichen Stätten zu besuchen, aber auch um preisgünstig einzukaufen. Andere Hellenen beschimpfen sie deshalb als Landesverräter. Versuche, das Verhältnis zu entspannen, werden nur vereinzelt unternommen. Zwar fanden Konzerte und Schallplatten, auf denen beispielsweise Maria Farandouri und der türkische Liedermacher Livaneli gemeinsam musizierten, ein begeistertes Publikum, doch alte Ressentiments sind immer noch tief in der öffentlichen Meinung Griechenlands verwurzelt. Schließlich haben die Türken 1453 nicht nur Konstantinopel, das dem Namen nach für Hellenen immer noch existiert, erobert und damit das tausendjährige Byzantinische Reich endgültig vernichtet, sondern in den folgenden Jahrhunderten auch ganz Griechenland unterjocht.

Der griechische Freiheitskampf, 1821 begonnen, war keineswegs 1830 mit der Gründung des neugriechischen Staates beendet, sondern währte noch bis 1913, als sich endlich die letzten Inseln dem Mutterland anschließen durften. Zwei einst von Griechen bewohnte Ägäis-Inseln, Imbros und Telendos, sind noch heute in türkischem Besitz. Schließlich wurden 1922/23 die Griechen aus Kleinasien vertrieben, obwohl gemäß dem Abkommen von Sèvres vom 10. August 1920 die

Rückzug der griechischen Armee aus Kleinasien 1922

Region um Smýrna (Izmir) nach einer Volksabstimmung auch hätte griechisch werden können.

Die Angst die Griechen vor den Türken sitzt tief. Und die Griechen wissen sie auch aktuell zu begründen. Halten die Türken nicht seit 1974 nahezu halb Zypern besetzt? Damals hatte die Athener Militärjunta auf der zu 80 % von Griechen bewohnten Insel einen Putsch gegen den Präsidenten Erzbischof Makarios inszeniert, als dieser von der Idee einer Vereinigung Zyperns mit Griechenland abgerückt war. Daraufhin landeten türkische Truppen auf Zypern; die Obristen in Athen verkündeten eine Generalmobilmachung. Beinahe wäre es zum Krieg zwischen Griechenland und der Türkei gekommen, den nur der Sturz der Junta verhinderte. Auf Zypern aber standen sich griechische und türkische Soldaten unmittelbar gegenüber, über 10 000 von ihnen starben. 160 000 griechische Zyprioten wurden schließlich aus dem türkisch besetzten Inselteil vertrieben, und noch immer sind über 40 000 türkische Soldaten völkerrechtswidrig auf Zypern stationiert. Bevor sie die Insel nicht verlassen haben und das Zypern-Problem nicht politisch gelöst ist, wird sich das griechisch-türkische Verhältnis auch auf Dauer nicht bessern können.

1355	Lésbos wird durch Einheirat in die byzantinische Kaiser-familie vom venezianischen Adelsgeschlecht der Gatte-lusi übernommen.
1414	Die genuesische *Maona* von Chíos dehnt ihren Macht-bereich auf Sámos aus.
1453	Die Türken erobern Konstantinopel. Das Byzantinische Reich geht endgültig unter.
1462	Lésbos gerät unter türkische Herrschaft.
1475	Sámos fällt unter türkische Herrschaft.
1566	Auch Chíos wird dem Osmanischen Reich angegliedert.

Neuzeit

1821–30	Griechenland erhebt sich gegen die türkische Herrschaft und erkämpft für den Peloponnes, Attika und Mittelgrie-chenland sowie für die Kykladen die Unabhängigkeit. Erster König wird der Wittelsbacher Otto I. Die übrigen Teile des Festlandes und die restlichen Inseln der Ägäis verbleiben im Osmanischen Reich.
1830	Sámos gewinnt eine gewisse innere Autonomie, weil es fortan von einem, vom osmanischen Sultan ernannten, einheimischen Fürsten regiert wird.
1864	Die Ionischen Inseln, die seit 1815 britisches Protektorat sind, werden mit dem ›freien Griechenland‹ vereint.
1881	Der südlichste Zipfel von Epirus und ganz Thessalien werden griechisch.
1908	Kreta, das seit 1897 unter türkischer Oberhoheit auto-nom ist, erklärt seinen Anschluß an Griechenland.
1912–13	Balkankriege: Zunächst Krieg Griechenlands und ande-rer Balkanstaaten gegen die Türkei, später Krieg zwi-schen Bulgarien und Griechenland. Die Hellenen ver-doppeln nahezu ihr Staatsgebiet. Der Epirus, große Teile Makedoniens und die noch unfreien Ägäischen Inseln werden mit Ausnahme des Dodekanes griechisch.
1914–18	Erster Weltkrieg: Griechenland kämpft auf Seiten der Al-liierten und gewinnt 1919 Westthrakien hinzu.
1919–22	›Kleinasiatische Katastrophe‹: Griechenland greift die Türkei an, um Istanbul, Ost-Thrakien und die kleinasia-tische Küste zu erobern, erleidet jedoch eine katastro-phale Niederlage. Viele in der Türkei lebende Griechen flüchten angesichts türkischer Massaker ins Mutterland.

1923	In Lausanne schließen Griechenland und die Türkei einen Friedensvertrag und vereinbaren einen groß angelegten Bevölkerungsaustausch. In Griechenland müssen über 1,5 Mio. Griechen aus der Türkei neu angesiedelt werden.
1924–35	Griechenland ist Republik.
1936–41	Bürgerliche Diktatur mit faschistoiden Zügen unter General Ioannis Metaxas.
November 1940	Italien greift von Albanien her Griechenland an, das dadurch zum Kriegseintritt auf Seiten der Alliierten gezwungen wird. Als die italienische Offensive ins Stocken gerät, greift die deutsche Armee ein und erzwingt die griechische Kapitulation. Die zahlreichen Aktivitäten griechischer Partisanen gegen die deutsche Besetzung 1941–45 werden in grausamen Vergeltungsmaßnahmen wie Massenerschießungen und Zerstörung ganzer Dörfer beantwortet.
1946–49	Griechischer Bürgerkrieg zwischen den von Briten unterstützten bürgerlichen und von der Sowjetunion unterstützten linken Partisanenverbänden.
1947	Rhodos und die Inseln des Dodekanes, auf denen 1912 Italiener die Türken als Fremdherrscher ersetzt hatten, werden Teil des freien Griechenland; Hellas hat damit seine heutige Ausdehnung erreicht.
1952	Griechenland wird wieder Monarchie und tritt der NATO bei.
1967–74	Militärdiktatur in Griechenland. Nach dem Sturz der Militärjunta über den Zypernkonflikt stimmt die griechische Bevölkerung in einer Volksabstimmung im Dezember 1974 zu 70 % für die Abschaffung der Monarchie. Griechenland wird Republik.
1974–81	Regierungszeit der konservativen *Néa Dimokratía*, zunächst unter Karamanlis, ab 1980 unter Rallis.
1981	Griechenland wird Vollmitglied in der EG. Die sozialistische PASOK gewinnt die Parlamentswahlen und stellt mit Andreas Papandreou den Regierungschef.
1989	Wahlniederlage der PASOK; die *Néa Dimokratía* und ein Linksbündnis, in dem die Kommunisten die Mehrheit haben, bilden die Übergangsregierung.
1993	Aus vorzeitigen Parlamentswahlen im Oktober geht die PASOK mit absoluter Mehrheit der Sitze als Sieger hervor; Regierungschef wird wieder Andreas Papandreou.

Gesellschaft und Kultur

Kommen und Gehen –
Die Bevölkerung

Das *Kafeníon* als
Institution – Sozialer Alltag

Eine andere Welt –
Die orthodoxe Kirche

Kunstgeschichte –
Von der Antike zur
Moderne

Ort des Gesprächs: Das Kafeníon

Bevölkerung

Auf den drei Inseln Sámos, Chíos und Lésbos leben insgesamt etwa 162 000 Menschen, die Hälfte davon allein auf Lésbos. 1971 waren es noch 171000, 1928 gar 267000. Diese extrem hohe Bevölkerungszahl war allerdings direkte Folge der ›Kleinasiatischen Katastrophe‹, die 1922/23 eine große Zahl von Flüchtlingen auf die dicht vor der Küste gelegenen Eilande getrieben hatte. Ein Teil von ihnen erhielt Land auf den Inseln, das zuvor den ausgesiedelten Türken gehört hatte, viele zogen aber auch nach Athen und Piräus weiter oder ließen sich in Makedonien und Thessalien nieder.

Roma-Kinder auf Sámos

Heute stellt sich den Griechen ein neues Flüchtlingsproblem. Seit dem Zerfall der kommunistischen Staatenwelt drängen ethnische Griechen aus den ehemals sowjetischen Staaten am Schwarzen Meer und aus Albanien ins Land. Ihre genaue Zahl kennt niemand, es dürften mehrere Hunderttausend sein. Auf den nordostägäischen Inseln machen sie sich bislang nur als Straßenhändler bemerkbar, die Billigstprodukte aus osteuropäischer Produktion feilbieten.

Auf den Inseln sind häufig Roma zu sehen, die mit Kleidung, Teppichen und Haushaltswaren Handel treiben. Mit ihren Kleinlastern fahren sie von Dorf zu Dorf und beliefern Tavernen und Kaffeehäuser mit jenen Plastikstühlen, die mittlerweile überall die alten hölzernen Stühle mit geflochtener Sitzfläche verdrängen und so die schönsten Dorfplätze verschandeln.

So, wie es in Griechenland über Jahrhunderte hinweg immer wieder neue Einwanderer gab, sind die Griechen selbst schon immer in andere Weltgegenden ausgewandert. Große griechische Kolonien gibt es nicht nur in Nordamerika und Australien, sondern auch in Zimbabwe und Südafrika. Schließlich zogen in den 70er Jahren auch viele Hellenen nach Deutschland. Da die meisten Emigranten das Bedürfnis hatten, im Alter in ihre Heimat zurückzukehren, bauten sie dort Häuser oder kauften Wohnungen. Heute hat sich das geändert: Immer mehr im Ausland aufgewachsene Hellenen können sich mit dem griechischen Chaos in Politik und Wirtschaft und dem System des Klientelismus nicht mehr anfreunden und kehren dem Land der Väter endgültig den Rücken zu.

Dennoch ist die Bautätigkeit auf den Inseln seit den 80er Jahren besonders rege. Angesichts der hohen Inflationsrate stellen Immobilien für viele Griechen die einzige einigermaßen sichere Vorsorge für Alter oder Krankheit dar. Außerdem wollen Eltern ihren Töchtern noch immer ein Haus oder zumindest ein Appartement als Mitgift *(Príka)* in die Ehe mitgeben. Zugleich bot die touristische Konjunktur die Chance, nicht nur zu bauen, sondern das Gebäude während der Saison auch zinsbringend zu nutzen. Bei der Wahl des Bauplatzes – in der Regel eigener Grund und Boden – war man ebensowenig wählerisch wie bei der architektonischen Form: schnell und billig war gefragt. Das Ergebnis hat leider so manche idyllische Landschaft verunstaltet.

Die vielen Neubauten tragen mit dazu bei, daß viele Dörfer auf den Inseln, vor allem die Küstensiedlungen, ein Sommer- und ein Wintergesicht haben. Wo in der warmen Jahreszeit viel Leben herrscht, kehrt in den kalten Monaten oft trostlose Öde ein. Um sich ein wahres Bild von Griechenland machen zu können, sollte man die Inseln auch einmal zwischen November und Februar besuchen!

Sozialer Alltag

Ein Urlauber, der sich nicht dem vom mediterranen Klima geprägten griechischen Tagesrhythmus anpaßt, bekommt vom Leben der Helenen nur die Hälfte mit. Wer erst um 10 Uhr mit dem Frühstück fertig ist, hat nur noch wenig Zeit für Besichtigungen (Museen und Ausgrabungsstätten schließen meist schon um 15 Uhr) und kann auch die betriebsamsten Stunden auf den Märkten nicht mehr miterleben. Wer abends schon um 18 oder 19 Uhr Hunger verspürt, speist unter anderen Mittel- und Nordeuropäern; wer schon um 23 Uhr müde wird, beginnt zu gähnen, wenn das Leben in Musiklokalen und Diskos erst langsam erwacht.

Die meisten Griechen stehen zwischen 6 und 7 Uhr morgens auf und arbeiten bis 13 oder 14 Uhr. Nach einem leichten Mittagessen ist die Zeit für die Siesta gekommen, die bis 17 oder 18 Uhr andauern kann. Bei einem Griechen zwischen 14 und 18 Uhr anzurufen, gilt als schwerer Fauxpas. Ab 19 oder 20 Uhr ist es in den Städten Zeit für die *Vólta:* In kleineren oder größeren Gruppen flanieren Männer und Frauen (häufig noch nach Geschlechtern getrennt) auf den Hauptstraßen und der *Platía* auf und ab. Man ist gut gekleidet, hat, wenn man die Familie mitnimmt, die Kinder herausgeputzt, will sehen und gesehen werden. Erst gegen 21 oder 22 Uhr läßt man

sich dann zum üppigen Abend-
essen nieder. Spätestens gegen 24
Uhr ist der Tag aber beendet, man
geht zu Bett. Hat man Gäste oder
etwas zu feiern, sucht man vielleicht noch eine *Bouzoúkia* auf,
ein traditionelles Musiklokal mit
griechischer Live-Musik. Solch ein
Besuch wird freilich teuer, da man
in der *Bouzoúkia* Getränke normalerweise nicht glas-, sondern gleich
flaschenweise bestellt – und nicht
etwa Wein oder *Oúzo,* sondern bevorzugt Whisky (die Flasche für
120–150 Mark). Dafür kann beim
Orchester aber auch die Musik gewünscht werden, zu der man tanzen will.

In den Dörfern ersetzt ein Besuch im *Kafeníon* den Männern die
abendliche *Vólta.* Die Frauen sitzen derweil im Haus oder vor der
Haustür mit Verwandten und Nachbarn zusammen, unterhalten sich
und erledigen nebenbei fleißig ihre
Handarbeiten. Man trifft sich in dem
Kaffeehaus, in dem überwiegend
politisch Gleichgesinnte sitzen. Das
ist häufig an der Farbe von Fenster-
rahmen und Türen abzulesen: Sind
sie blau, sind Wirt und Gäste An-
hänger der Konservativen, grün ist
die Farbe der Sozialisten, rot die
Farbe der Kommunisten.

Das *Kafeníon* ist ein guter Ort,
um mit Griechen ins Gespräch zu
kommen. Die von der griechischen
Fremdenverkehrswerbung vielgepriesene griechische Gastfreundschaft
(Philoxénia) lernt man dort aller-

Papádes, ein alltäglicher Anblick

dings nur noch selten kennen. Gehörte man früher als *Xénos* (Fremder und Gast zugleich) einer seltenen Spezies an, ist man heute als Tourist Massenware – da kann und will es sich kein Grieche mehr leisten, der Zufallsbekanntschaft einen Kaffee zu spendieren. Man ist *Pelátis* geworden, ganz einfach: Kunde. Gastfreundlich sind die Griechen noch immer, aber diese Eigenschaft drückt sich nicht mehr in Geschenken aus. Sie ist wieder das, was sie schon in der Antike war: ein Wechsel auf die Zukunft.

Wer im alten Athen einem Chioten Gastfreundschaft bot, konnte sicher sein, daß er oder seine Freunde auch auf Chíos entsprechend behandelt würden. Daß das im Umgang mit Westeuropäern so nicht funktioniert, weiß inzwischen jeder Hellene. So erlebt man die *Philoxénia* inzwischen nur noch bei Zimmervermietern, die hoffen, daß man wiederkommt.

Noch nicht in den Bereich der Legende gehört die Feststellung, daß die Kriminalitätsrate in Griechenland äußerst niedrig liegt. Panzerglas sieht man in keiner griechischen Bank, auch als Ausländer ist man nachts um vier in den Straßen von Sámos sicherer als in denen

35

Selbst ist die Frau

Frauenkooperativen auf Lésbos und Chíos

Erste Schritte zur gesetzlichen Emanzipation der Frauen ließen in Griechenland länger auf sich warten als anderswo. Wählen dürfen die Griechinnen erst seit 1952; das ganz auf den Mann als Oberhaupt der Familie zugeschnittene Familienrecht wurde gar erst 1983 reformiert. Bis dahin war die *Príka*, die Mitgift der Frau, noch vom Gesetz gefordert und steuerpflichtig, und der Mann besaß das alleinige Erziehungsrecht für die Kinder. Diese Reform war eine der positiven Leistungen der sozialistischen Regierung unter Andreas Papandreou. Gegen den erbitterten Widerstand der Kirche setzten die Sozialisten auch die Fristenlösung für Abtreibungen durch, die von der Krankenkasse bezahlt werden.

Die Emanzipation der Landfrauen sollte in den 80er Jahren unter anderem durch die Gründung von Touristikgenossenschaften gefördert werden, die der Rat für die Gleichberechtigung der Geschlechter bei der PASOK anregte. Genossenschaftsmitglieder konnten nur Frauen werden. Ziel war es, Frauen durch die Vermietung von Privatzimmern an in- und ausländische Urlauber ein eigenes Einkommen zu sichern und damit auch ihre soziale Stellung innerhalb der Familie anzuheben. Geplant war, den Frauen Fortbildungskurse anzubieten und Solidarisierungseffekte zu erreichen. Gleichzeitig sollte den Touristen die Möglichkeit zu einem Urlaub mit ›Familienanschluß‹ gegeben werden.

Die erste derartige Frauenkooperative wurde 1983 von 24 Frauen in Pétra auf Lésbos gegründet. Das internationale Presseecho war groß, Pétra war in vieler Frauen Munde. Die griechische Werbung übertrieb kräftig: »Die Botschaft der Frauen von Pétra ist wie die Delphische

von Rostock oder Hoyerswerda. Alleinreisende Frauen werden zwar häufig angesprochen, mehr aber auch nicht – und wenn jemand sein Portemonnaie irgendwo liegen läßt, wird es ihm auch dann nachgetragen, wenn Einstecken sich eigentlich mehr lohnen würde.

Das soll freilich nicht heißen, daß die griechische Gesellschaft gewaltfrei wäre. Videospiele, bei denen jeder Tote den eigenen Kontostand erhöht, sind äußerst beliebt;

Idee oder wie die Botschaft von Frieden und von Verständigung über die Grenzen des Landes hinaus. In unserer modernen Sprache heißt das: Touristikgenossenschaft ›Ferien auf dem Lande‹.« (aus einem Prospekt der Griechischen Zentrale für Fremdenverkehr 1985)

Anfangs entwickelten die Frauen viele Aktivitäten, eröffneten an der Platía von Pétra ein Restaurant und verkauften dort auch ihre Handarbeiten. Die Zahl der Mitglieder stieg von 24 auf mehr als 50, über 150 Zimmer standen zur Vermietung an. Die Griechische Zentrale für Fremdenverkehr vermittelte in Zeiten saisonbedingter Flauten griechische ›Sozialtouristen‹, deren Ferien vom sozialistisch regierten Staat finanziell unterstützt wurden.

Heute gehören der Frauenkooperative von Pétra nur noch 36 Mitglieder an, die über ca. 75 Wohneinheiten verfügen. Im Restaurant haben mittlerweile Männer das Sagen, das kommerziell betriebene Veranstaltungsprogramm liegt in den Händen einer Deutschen. Pétra ist ein Touristenzentrum geworden, da wollen viele Frauen nicht mehr 25% vom Mietpreis an eine Kooperative abführen, die diese dringend für Werbung und Verwaltung braucht. Die Solidarität ist geschwunden, von einer »Delphischen Idee« kann keine Rede mehr sein. Darüber hinaus gewährt die Regierung keine Zuschüsse mehr und schickt auch kaum noch ›Sozialtouristen‹.

Anderswo in Griechenland spielen solche Frauenkooperativen aber durchaus noch eine bedeutende Rolle. Es scheint, daß sie abseits der Strände und des Massentourismus mehr Zukunftsaussichten haben. So wächst ihre Mitgliederzahl in den vier zentralen Mastixdörfern auf Chíos noch immer. Die chiotische Kooperative mit Sitz in Pyrgí klagt zwar auch über finanzielle Probleme und mangelnde Unterstützung seitens der Regierung; ihre Mitglieder schätzen aber noch die Hilfe der Genossenschaft und zeigen Engagement. Urlauber können mit aufs Feld gehen oder sich im Haus der Gastgeberin mit griechischen Spezialitäten bekochen lassen.

in den Kinos laufen massenweise asiatische und amerikanische Actionfilme. Auf den Straßen und Plätzen sieht man häufig, wie Eltern ihren sonst so verhätschelten Kindern beim geringsten Ungehorsam Ohrfeigen versetzen oder ihnen die Ohren im wahrsten Sinne des Wortes ›lang ziehen‹. Legosteine und Teddybären kennen sehr viel weniger griechische Kinder als Maschinenpistolen aus Plastik. Der Standardfeind ist – wen wundert's angesichts der Geschichte und der griechischen Schulbücher – in der Regel ein Türke (s. S. 26).

Kirche

Priester *(Papádes)* sind auf griechischen Straßen und Plätzen ein alltäglicher Anblick. Sie tragen lange, meist schwarze oder dunkelblaue Gewänder und eine hohe, schwarze Kopfbedeckung, *Kallimáfki* genannt. Sie haben lange Rauschebärte und binden ihre Haare meist im Nacken zu einem Knoten.

Die Kirche spielt in Griechenland noch immer eine große Rolle (s. S. 40). Sie ist stolz darauf, in den Zeiten der türkischen Fremdherrschaft als einzige Institution das hellenische Bewußtsein am Leben erhalten und oft genug auf seiten von Aufständischen und Freiheitskämpfern gestanden zu haben. Sie ist auch heute noch eng mit dem Staat liiert, der den Priestern die Gehälter bezahlt. 98 % aller Griechen sind griechisch-orthodox; Kirchenaustritte nahezu unbekannt. Schließlich zahlt man ja auch keine Kirchensteuer.

Die Kirche verlangt den Gläubigen nicht besonders viel ab. **Soziales Engagement** ist selten gefragt. Nächstenliebe ein in Hellas kaum gehörter Begriff. Die sonntäglichen Gottesdienste dauern zwar 2–3 Std., doch erwartet kein Priester *(Papás)* von all seinen Gemeindemitgliedern, daß sie die ganze Zeit über in der Kirche anwesend bleiben. Ein Kurzbesuch reicht. Absolute Stille während des Gottesdienstes ist auch nicht erforderlich, man darf ruhig einmal miteinander tuscheln, Kinder können auch lauter sein.

Die **Predigt** *(Homília)* spielt, obwohl die orthodoxe Kirchengeschichte durchaus auch große Prediger kennt, eine untergeordnete Rolle oder entfällt ganz. Der Gottesdienst dient nicht der Ermahnung und Erziehung der irdischen, sondern – wie es ja auch im deutschen Wort noch anklingt – allein dem Lobpreis der himmlischen Wesen. Von denen gibt es, theologisch eindeutig von der Heiligen Dreifaltigkeit geschieden, eine ganze Reihe: neben Engeln, Seraphinen und Cherubinen vor allem eine große Anzahl Heiliger. Sich mit ihnen in der gemeinsamen, im Himmel wie auf Erden zelebrierten Feier der Eucharistie, also des heiligen Abendmahls, mystisch zu vereinen, dient die ganze Liturgie. Auf diese mystische Vereinigung deutet auch die Innenausstattung der Kirchen mit Ikonen und Wandmalereien hin (s. S. 44). An ihr im Abendmahl teilnehmen können nur Getaufte. Durch die Taufe sind sie wie die Eingeweihten der antiken, heidnischen Mysterien zu Mysten geworden, die am göttlichen Mysterium Anteil haben.

Die Kirche nennt sich **orthodox,** da sie nach eigenem Selbstverständnis im Gegensatz zu allen anderen christlichen Kirchen als einzige dem Glauben der Apostel und

Märtyrer, der frühen Christen und der Kirchenväter treu geblieben ist. Seit dem 8. Konzil im Jahre 869 hat sie den christlichen Glaubensaussagen keine neuen Dogmen mehr hinzugefügt. Sie konnte es auch gar nicht, da dogmatische Entscheidungen allein den wahren Konzilien, nämlich den Versammlungen aller orthodoxen Bischöfe, vorbehalten sind. Ein solches Konzil hat aber seit über 1100 Jahren nicht mehr stattgefunden und ist auch nicht geplant. Ein Oberhaupt wie das der römisch-katholischen Kirche, das für sich in Anspruch nimmt, Stellvertreter Gottes auf Erden zu sein und als solcher selbst

Im Johanneskloster auf Pátmos: Stätte der Offenbarung

Dogmen verkünden zu können, kennt die orthodoxe Kirche nicht.

Zu der **Kirchenspaltung,** dem Schisma zwischen West- und Ostkirche, kam es im Jahre 1054. Den theologischen Hintergrund bildete der Filioque-Streit: Während für die Orthodoxen der Heilige Geist nur von Gottvater ausgeht, behaupteten die römischen Katholiken im 11. Jh., er ginge auch von Gottsohn aus. Machtpolitische Interessen dürften beim Schisma jedoch auch ihre Rolle gespielt haben; es war nämlich zugleich der endgültige Bruch zwischen den auf seiten der Päpste stehenden westlichen Kaisern und den von den orthodoxen Patriarchen unterstützten byzantinischen Kaisern.

Ein wesentlicher dogmatischer Unterschied zwischen orthodoxer und römisch-katholischer Kirche

Glaube und Aberglaube

Blumengeschmückter
Bilderstock

Der Alte Mönch aus Léros reist mit sechs schweren Gepäckstücken. Als unser Schiff in Pythagório einläuft, überfällt alle Griechen diese unbeschreibliche, völlig grundlose Hektik und Aufregung, die überall in Hellas Ankunft und Abfahrt zum Streß machen. Kein Grieche hilft dem Mönch, die schwere Last von Bord zu tragen; wortlos packe ich mit an.

Zwei Stunden später treffen wir uns am Hafen von Vathý wieder. Der Mönch reist zur Thermalbadekur nach Ikaría. Er lädt mich zum Bier im Hafencafé ein. Als wir Stunden später in Ágios Kírykos von Bord gehen, mögen mich viele Mitreisende für einen Priesterschüler halten: Während der ganzen Überfahrt hat mich der Mönch beharrlich für die Orthodoxie zu gewinnen versucht. Immer wieder holte er kleine Gegenstände aus einem ihm heiligen Beutel, an denen ich riechen durfte. Ein Stück Leder sollte einmal wie das Holz vom Kreuze Christi duften, ein andermal wie das Gewand, das Maria auf dem Sterbebett trug. Wäre es nach ihm gegangen, hätte ich mit Hilfe des über mich kommenden Heiligen Geistes das ganze Neue Testament mit der Nase eingesogen. Zwischendurch erfuhr ich auch, warum der Mönch so viel Gepäck bei sich hatte: Wir stiegen hinunter aufs Autodeck, weil er

besteht auch in der Haltung zum **Zölibat.** Orthodoxe Priester dürfen vor der Priesterweihe heiraten und haben oft große Familien. Verhei-ratete Priester können allerdings nicht zu Bischöfen gewählt wer-den, die sich daher vor allem aus dem Mönchsstand rekrutieren. Da

mir einige Fotos von selbst gemalten Ikonen schenken wollte. Drei seiner großen Gepäcktaschen waren voll davon.

In einem Küstenort auf Lésbos komme ich ins Gespräch mit einer jungen griechischen Frau, die perfekt englisch spricht. Sie hat die ersten 20 Jahre ihres Lebens mit ihren Eltern in den USA verbracht. Nun betreibt sie gegenüber der Dorfkirche einen Kiosk mit Café. Vor der Kirche will sie einen Bilderstock bauen. Der Dorfpriester hat ihr die Erlaubnis dazu erteilt, als sie ihm von ihren nächtlichen Visionen erzählte. Schon mehrmals stand der heilige Raffaíl nachts in langem, weißem Gewand an ihrem Bett; beim letzten Mal äußerte er wohl den Wunsch, sie möge ihm einen Bilderstock errichten. Dafür braucht sie nun aber extra große Ziegelsteine, wie sie einer Kirche würdig sind. Ihr Mann vergißt nur leider immer wieder, sie in Mytilíni zu besorgen.

Eine junge Familie kommt in die Wallfahrtskirche der hl. Markela auf Lésbos. Die kleine Tochter hat einen Hüftschaden. Ein Unterschenkel ist bis übers Knie in eine Schiene gezwängt, sie geht an Krücken. Die Schließerin der Kirche zeigt ihr Fotos, auf denen andere Kinder abgebildet sind: einmal mit Schiene und Krücken in der Kirche, dann einige Monate später zu Hause völlig gesund. Aus einer Schublade holt sie ein Votivtäfelchen hervor, auf dem ein Bein zu sehen ist. Die Kleine küßt das Votivtäfelchen, dann die Ikone der hl. Markela. Die Schließerin reibt das Täfelchen am Bein des Mädchens, schlägt das Kreuz darüber und hängt das Täfelchen an die Ikone. Die Familie entzündet noch einige Kerzen, schließlich fährt sie hoffnungsfroh und heilsgewiß wieder von dannen.

Einzelfälle? Keineswegs! Ikonen und Heiligenbildchen begegnet man überall in Griechenland: sei es nun in Kirchen, Wohnhäusern, Amtsstuben, Kafenía, Bussen und Autos, Pilgerströme sind in ganz Hellas unterwegs, Votivtäfelchen hängen in vielen Kirchen und Klöstern unter wundertätigen Ikonen. Und Bilderstöcke stehen an allen Straßen.

Auch der Bilderstock der Kioskbesitzerin wird inzwischen wohl erbaut sein. Schließlich wird auch ihr Gatte erkannt haben, daß eine Rückversicherung bei einem Heiligen auf keinen Fall schaden kann.

die Priester erst seit den 80er Jahren ein geregeltes, staatlich garantiertes Einkommen beziehen, das zudem 1000 DM im Monat nicht überschreitet, waren und sind viele Priester zu einer Nebentätigkeit gezwungen. Manchmal betreibt die Gattin ein Kaffeehaus, oft widmet sich die ganze Familie der Land-wirtschaft.

Noch bewohnte **Klöster** findet man in Griechenland in großer Zahl. Die Zahl junger Mönche und Nonnen nimmt seit den 80er Jahren sogar wieder zu. Das Bildungsniveau der Brüder und Schwestern ist höchst unterschiedlich; immer häufiger findet man aber Klosterbewohner, die gut englisch oder gar deutsch sprechen. Sie unterhalten sich gern mit Fremden, die Interesse an religiösen Fragen zeigen, und gewähren gerade ihnen noch die althergebrachte Gastfreundschaft. Im Gespräch sind häufig die verschiedensten Ansichten zu hören. Es gibt fromme Griechen, die angesichts erneut wachsender Bedrohung durch den Islam eine Annäherung der Kirchen für unbedingt notwendig halten. Es gibt aber auch andere, die das gesamte Programm der europäischen Einigung für ein Werk des Teufels halten, allein zu dem Zweck ausgesonnen, die allein rechtgläubige orthodoxe Kirche doch noch unter die Knute des »Satans« – sprich: des Papstes – zu zwingen.

Kunstgeschichte im Überblick

Artefakte aus prähistorischer Zeit und Zeugnisse der drei ersten großen Epochen der griechischen Kunstgeschichte fehlen auf den Inseln Sámos, Chíos und Lésbos nahezu völlig. Werke der **kykladischen Kunst** des zweiten vorchristlichen Jahrtausends, vorwiegend Marmoridole, sieht man vor allem im Archäologischen Nationalmuseum in Athen. Zeugnisse aus der Zeit der ersten Hochkultur auf europäischem Boden, der **minoischen Kunst** Kretas (2000–1450 v. Chr.), sind in großer Zahl im Archäologischen Museum von Iráklio zu finden. Funde aus **mykenischer Zeit** (1500–1200 v. Chr.) sind wiederum im Archäologischen Nationalmuseum in Athen zusammengefaßt.

In den Museen der drei Inseln sind die Epochen der griechischen Kunst seit dem frühen ersten vorchristlichen Jahrtausend präsent.

Geometrische Zeit (1100–700 v. Chr.)

Kleinplastiken, Metallgegenstände und Tongefäße sind nahezu ausschließlich mit geometrischen Motiven wie Mäandern, Strichgruppen, Kreisen und Rhomben verziert; die seltenen figürlichen Darstellungen beschränken sich auf Strichzeichnungen.

Archaische Zeit (700–500 v. Chr.)

Unter dem Einfluß des Orients, zu dem es in archaischer Zeit intensive Handelsbeziehungen gab, entstanden die ersten Großplastiken. Dazu gehören insbesondere die monumentalen Mädchen- und Jünglingsstatuen, für die der Kouros von Sámos eines der schönsten Beispiele ist (s. S. 62). Der archaische Stil zeichnet sich durch metrisches Gleichmaß und geringe Bewegungs- und Raumbezogenheit der Figuren aus, wofür die Geneleosgruppe im Archäologischen Museum von Sámos ein gutes Beispiel ist. Auf Monumentalität bedacht waren die Tempelbauten, nachvollziehbar im Hera-Heiligtum von Pythagório. In der Bauplastik bildeten sich das ionische und auf Lésbos als Sonderform das äolische Kapitell heraus, von dem schöne Beispiele im Archäologischen Museum von Mytilíni zu sehen sind. Beides sind Volutenkapitelle. Beim ionischen Kapitell liegt der beiderseits eingerollte Volutenkörper zwischen einem Eierstab-Dekor und dem Abakus, beim äolischen Kapitell steigen die Voluten aus einem hängenden Blätterkranz auf.

Beliebt waren in archaischer Zeit orientalisierende Motive, insbesondere *Sphingen* (die griechische Sphinx ist im Gegensatz zur ägyptischen fast immer weiblich) und Fabelwesen.

Geneleos-Gruppe im Heraion auf Sámos

**Klassische Zeit
(500–330 v. Chr.)**

Hervorstechendstes Merkmal der klassischen Kunst ist die schöpferische Auseinandersetzung des Künstlers mit Natur und Umwelt. Einzelfiguren stehen ebenso in Beziehung zueinander, wie Bauwerke in Beziehung zu ihren Nachbarbauwerken und zur Landschaft stehen. Trotz genauester Naturbeobachtung und der Fähigkeit, sie exakt wiederzugeben (z. B. im Mus-

Tore zum Himmel

Theologie und Sakralkunst

Die Heiligenbilder der Ostkirche sind keine Porträts im herkömmlichen Sinn. Sie wollen nicht fotografische Abbilder sein, sondern allein das geistig Wesentliche, das Wesen des Abgebildeten erfassen und darstellen. Dazu gehören vielleicht Jugend oder Alter, männliches oder weibliches Geschlecht, Eremitenleben oder Bischofsamt – vor allem aber soll die entrückte Jenseitigkeit und Würde, die frommes Leben oder Martyrium dem Heiligen geschenkt haben, erfahrbar werden. In den Ikonen ist der Heilige selbst gegenwärtig; der Gläubige küßt nicht die Ikone, sondern ihn. Ebenso illustrieren die Ikonen- und Freskenmaler keinesfalls die biblische Geschichte, wollen nicht nach Art einer Bibel für Analphabeten alt- und neutestamentarische Ereignisse nacherzählen, sondern verkünden immer unumstößliche theologische Glaubensgewißheiten.

Ein gutes Beispiel für die theologische ›Stilsicherheit‹ orthodoxer Ikonenmalerei ist die häufig anzutreffende Darstellung *Jesu Geburt*. Sie vollzieht sich nicht in einem rührseligen und theologisch völlig nichtssagenden Stall, sondern in einer Höhle. Die Höhle ist das Symbol des Todes, der durch die Menschwerdung Gottes und seinen späteren Opfertod überwunden wird. Daß Gott tatsächlich Mensch geworden ist, auf ganz menschliche Weise geboren wurde, zeigt einerseits die Mattigkeit der liegenden Maria, andererseits eine Nebenszene, in der das Neugeborene wie jedes Menschenkind zunächst einmal von Hebammen gewaschen wird. Auf den Opfertod weist bereits der Altar hin, auf dem das Kind im Unterschied zu unserer theologisch unbedarften Krippe liegt. Ochs und Esel stellen nicht dekorative Attribute ländlichen Lebens dar, sondern symbolisieren Heidentum und Judentum und formulieren so den Herrschaftsanspruch Christi über

kelspiel eines Sportlers oder im Faltenwurf eines Gewandes), ist das Kunstwerk nicht allein realistisches Abbild, sondern vermag auch Geistiges auszustrahlen. Die klassische Kunst stand um 450 v. Chr. in ihrem Zenit, die Kunst des 4. Jh. v. Chr. ist nur noch ein als Spätklassik bezeichneter Nachklang.

Meisterwerke der Klassik sind auf den Inseln nicht zu finden; dem klassischen Stil am nächsten kommen noch Grabstelen im Archäologischen Museum von Mytilíni.

die gesamte Menschheit. Daß Jesus, obwohl ganz Mensch geworden, kein Menschenkind ist, zeigt der in einer Ecke nachdenklich sitzende Joseph: Er ist nur Statist in der Geschichte, hat an der Zeugung nicht mitgewirkt. Daß mit Jesu Geburt das Heidentum und die alten Zauberer überwunden sind, symbolisiert die Ankunft der drei Weisen aus dem Morgenland, die hier keine Könige, sondern sternenkundige Magier sind. Sie erkennen Jesus als Sohn Gottes an.

Quellen der byzantinischen Sakralkunst sind bis heute nicht nur das Alte und das Neue Testament, sondern auch die zahlreichen Heiligenlegenden und liturgischen Gesänge, die in der frühchristlichen Kirche entstanden und für den orthodoxen Gläubigen ebenso zur Glaubenswahrheit gehören wie die kanonischen Schriften. Die Maler entnehmen ihre Anregungen aber auch den vielen apokryphen Evangelien der ersten nachchristlichen Jahrhunderte, die zwar nicht in den offiziellen Kanon des Neuen Testaments aufgenommen wurden, aber als weitverbreitete Volksliteratur noch jahrhundertelang lebendig blieben. Sie waren ganz einfach erzählerisch lebendiger und beantworteten Fragen, die die kanonischen Schriften ungeklärt ließen – zum Beispiel die nach der Kindheit Jesu oder nach dem Marienleben.

Ikonen und Wandmalereien betonen die Rechtgläubigkeit der Orthodoxie und wenden sich gegen die diversen Irrlehren, die auf den Konzilien des ersten Jahrtausends verdammt wurden. Als Rechtfertigung der Sakralmalerei gilt, daß Gott selbst mit seiner Menschwerdung in Christo der Welt ein Bild von sich geschenkt habe. Daß Christus nicht bilderfeindlich gewesen sei, soll das in vielen Kirchen als Wandmalerei zu sehende *Mandílion*, ein Tuch mit dem Antlitz Christi, beweisen. Es bezieht sich auf eine Legende, die berichtet, König Abgar von Edessa (das heutige Urfa in der Ost-Türkei) habe Jesus um ein Bild gebeten und daraufhin von ihm den wundersamen Abdruck seines Gesichtes auf einem Tuch geschenkt bekommen. Ein weiterer Beweis sind die zahlreichen, nach dem Bilderstreit aufgefundenen Ikonen, die als Werke des Evangelisten Lukas gelten.

Hellenistische Zeit
(330–150 v. Chr.)

Nach den Eroberungsfeldzügen Alexanders wurde die griechische Kunst zum Vorbild für viele andere Kulturen bis hin nach Indien (Gandhara-Stil), blieb zumeist aber äußerliches Beiwerk, da sie ja ihrer geistigen und gesellschaftlichen Basis beraubt war. Nach einem Jahrhundert der Dissonanzen fand die Kunst zu mehr Einheitlichkeit zurück. Porträtkunst und Malerei blühten auf; Skulpturen und Bauwerke wurden von einer neuen Monumentalität geprägt.

Fresko der 40 Märtyrer im Johanneskloster auf Pátmos

Römische Zeit
(150 v. Chr.–390 n. Chr.)

Die römische Kunst war von einem Klassizismus geprägt, der seinen Ausdruck in den vielfachen Kopien klassischer Meisterwerke fand. Griechenland wurde durch die Römer vieler seiner Kunstwerke beraubt; andererseits errichteten die Römer auch zahlreiche Profanbauten, wie z. B. Theater, Thermen und Aquädukte. Eine guterhaltenes Beispiel für eine römische Wasserleitung ist bei Mória auf Lésbos zu sehen. Zahlreich erhalten sind römische Mosaike, von denen einige schöne Exemplare im Archäologischen Museum von Mytilíni ausgestellt sind.

Frühchristliche Zeit
(390–723)

Als Staatsreligion suchte das Christentum ebenso repräsentative Bauwerke zu schaffen, wie sie zuvor die heidnischen Kulte mit ihren Tempeln schufen. Überall, auch auf den Inseln, entstanden prächtige Basiliken, die zudem groß genug waren, die zahlreiche Schar der Taufwilligen aufzunehmen. In Abkehrung von heidnischen Kulten war die Kunst zunächst anikonisch und arbeitete mit Symbolen wie Fisch, Kreuz und Buchstaben, kehrte jedoch schon im 6. Jh. zu bildlichen Darstellungen, vor allem in der Mosaikkunst, zurück.

Überreste frühchristlicher Basiliken sind z. B. in Skála Eressoú auf

Lésbos oder im Stadtteil Ágios Issídoros in Chíos-Stadt zu finden.

Byzantinische Zeit (723–1453)

In der Epoche des Bilderstreits *(Ikonoklasmus, 723–847)* kam es zu einem regelrechten Bürgerkrieg über die Frage, ob bildhafte (ikonische) Darstellungen von Heiligen, biblischen Szenen oder gar von Christus selbst gottgefällig und rechtens seien. Zahlreiche frühchristliche Kunstwerke wurden zerstört; eine Reihe von Ikonen wurden in der Wildnis versteckt und später wiederentdeckt. Solche Funde wurden dann als Wunder verstanden.

Während und nach dem Bilderstreit entwickelte die orthodoxe Theologie Erklärungen über das Wesen der Ikone und leitete daraus einen unabänderlichen Kanon für die Maler ab. So kam es fortan zu keiner stetigen Entwicklung mehr; die stilistischen Unterschiede im Laufe der Jahrhunderte blieben gering und für den Sinngehalt der byzantinischen Kunst unwesentlich. Westliche Interpretationen unterscheiden die nach byzantinischen Kaiserhäusern benannte Komnenische und Paläologische Renaissance im 12. und 13. Jh. In dieser Zeit griffen einige Maler auf Stilelemente der antiken Klassik zurück.

Höhepunkte der byzantinischen Kunst stellen das Kloster Néa Moní und mehrere kleine Kirchen auf Chíos sowie das Johanneskloster auf Pátmos dar (s. S. 102).

Nachbyzantinische Zeit (seit 1453)

Auch in den Jahrhunderten osmanischer Herrschaft entstanden Klöster, Kirchen, Wandmalereien und Ikonen. Meist hielten sich Baumeister und Maler an den byzantinischen Formenkanon. Durch die Auswanderung vieler Künstler aus dem 1453 von den Türken eroberten Konstantinopel auf das venezianisch gebliebene Kreta entstand dort unter dem Einfluß der italienischen Renaissance ein neuer Stil der Ikonenmalerei, der ›Kretische Stil‹. Er vereint die wesentlichen theologischen Bildaussagen der orthodoxen Kirchen mit formalen Anlehnungen an die italienische Malerei. Beispiele dafür sind in der Apostelkirche von Pyrgí auf Chíos zu sehen, aber auch in den Byzantinischen Museen der Inselstädte.

Neugriechische Zeit (ab 1839)

In der Sakralkunst erfolgt nach klassizistischen Einflüssen im 19. Jh. eine Rückbesinnung auf die byzantinische Malerei und Architektur. Zum Wegbereiter für eine neugriechische Malerei wird Theófilos von Lésbos, dessen Werke in großer Zahl in dem ihm gewidmeten Museum in Variá bei Mytilíni hängen.

Abseits der Moderne

Theófilos und die neugriechische Malerei

Theófilos »Fischer von Mytilíni«

Theófilos paßt in kein Schema. Als einer der wenigen neugriechischen Maler hat er sich nicht an westeuropäischen oder amerikanischen Vorbildern orientiert. Er ist in keine Stilschublade zu stecken. Seine Kunst trägt Züge naiver Malerei, erinnert manchmal an die volkstümlichen Malereien, mit denen die *Archontika*, Häuser wohlhabender christlicher Bürger im Osmanischen Reich, geschmückt waren, und enthält auch Züge byzantinischer Sakralkunst.

Das ist kein Wunder, wurde Theófilos Hadjimichail doch um 1870 als Enkel eines Ikonenmalers auf Lésbos geboren. Sicherlich beobachtete er oft seinen Großvater bei der Arbeit. Theófilos hatte sieben Geschwister, sein Vater war Schuhmacher. In Variá, wo seine Eltern von der Großmutter ein Haus geerbt hatten, ging er gelegentlich zur Schule. Da er im Unterricht aber lieber malte als lernte, nahm ihn sein Vater bald zu sich in die Lehre. Mit 15 entschloß sich der Junge, das Elternhaus zu verlassen. Er ging nach Smýrna und scheint dort eine Anstellung beim Portier des griechischen Generalkonsulats erhalten zu haben. Darauf war er stolz: Er, der von einer türkisch besetzten Insel stammte, durfte der Sache des ›freien Griechenland‹ dienen.

Aus den nächsten Jahren weiß man von ihm nur, daß er auf der Pilion-Halbinsel bei Vólos in Thessalien lebte. Dort hat er Wandmalereien in *Archontika* und Kaffeehäusern gemalt, von denen einige noch heute zu sehen sind (z. B. in Makrinitsa und Áno Vólos). Um 1912 scheint er nach Lésbos zurückgekehrt zu sein. Wahrscheinlich würden wir Theófilos heute kaum noch kennen, wäre er dort nicht seinem Landsmann Tériade begegnet. Bei einem Griechen in Paris hatte Tériade 1928 zufällig ein Foto gesehen, das ein Werk des Theófilos aus seiner Zeit auf der Pilion-Halbinsel zeigte. Als Tériade 1930 wieder einmal auf seiner Heimatinsel Lésbos weilte, erinnerte ihn die Wandmalerei in einem Kaffeehaus an jenes Foto. Er fragte nach dem Maler und bekam zur Antwort, daß sei »so ein Kerl«, der durch die Dörfer zöge und für ein Glas Wein die Wände bemale. Tériade suchte ihn auf und war beeindruckt. Er sicherte ihm eine monatliche Zuwendung sowie genug Geld für Farbe und Leinwand zu und bat ihn, so viel wie möglich zu malen. In den nächsten dreieinhalb Jahren schuf Theófilos über 120 Bilder – bis er am 24. Mai 1934 starb. Tériade stellte seine Werke 1936 mit großem Erfolg zunächst in Paris und dann in anderen europäischen Städten aus.

Von diesen Spätwerken des Theofilos sind 86 in dem kleinen Museum in Variá ausgestellt, das Tériade 1965 stiftete. Sie zeigen das ganze thematische Spektrum des Künstlers. Szenen aus dem ländlichen Alltag sind ebenso vertreten wie mythologische Sujets: Eine Frau aus Agiássos sitzt vor der Kulisse des Dorfes am Webstuhl, Fischer tragen ein gut gefülltes Netz an Land, die antike Göttin Demeter findet sich vor einem Fabrikgebäude wieder und der Weingott Bacchus auf einem Faß. Zu seinen schönsten Werken zählen die Landschaftsbilder, die Pétra oder den Golf von Gerás zeigen; seine Phantasie gestattete ihm gleichermaßen die Darstellung von Festszenen am byzantinischen Kaiserhof wie die Illustration der zahlreichen Heldenlegenden über die Großtaten der griechischen Freiheitskämpfer 1821–1829. Darüber hinaus malte Theófilos wie schon sein Großvater Ikonen, von denen einige im Byzantinischen Museum in Mytilíni zu sehen sind.

Von Insel zu Insel

»Es war einer der Plätze in Griechen-
land, an denen die Stunden verrinnen.
Zeit ohne Zeit. Ein Tag wird dann zu
Nichts. Zu nichts als einem Hinsinken,
 einem glücklichen Fall ins Vergessen.
In ein geleugnetes und doch gelebteres
Sein.«

Erhart Kästner

Sámos

Viel Wein, stille Bergdörfer,
idyllische Klöster und
abwechslungsreiche Küsten

Shopping und Museen in der
Inselhauptstadt

High-Tech in der Antike –
Der Eupalinos-Tunnel

Zeitenreise –
Die Römischen Thermen
und das Hera-Heiligtum

Ausflug an die kleinasiatische
Küste nach Ephesos

Frühling auf Sámos

Sámos

Der süße Wein hat Sámos berühmt gemacht. Urlauber lockt die Insel nicht nur zum Baden, sondern auch zum Wandern. Was aus der Antike blieb, ist wenig, aber wertvoll. Griechische Ursprünglichkeit hat sich vor allem in den Weinbaudörfern in den Bergen erhalten.

Obwohl Sámos zu den meistbesuchten griechischen Inseln gehört, hat es sich den Ruf eines idyllischen, abseits ausgetretener Pfade gelegenen Reiseziels erhalten können. In der Tat sind hier die negativen Auswirkungen des Massentourismus nur wenig zu spüren. Es fehlen bombastische Hotelbauten und Anhäufungen von Pelzhändlern wie auf Rhodos. Vor Videoclips schon zum Frühstück wie in den Cafés auf Korfu bleibt man ebenso verschont wie vor Clubdörfern, deren Bewohnern das Reiseziel gleichgültig ist, solange sie nur Sonne, Strand und Sportangebote vorfinden. Anders als im Norden Kretas sind die Küsten noch weitgehend unverbaut.

Trotz vieler Waldbrände in den letzten Jahren sowie äußerst trockener Sommer ist Sámos noch immer eine grüne Insel mit üppigen Olivenhainen, dichten Kiefernwäldern und ganze Berghänge bedeckenden Weinfeldern. Die Bergszenerie ist überraschend abwechslungsreich; am Meeressaum findet man sehr viele gute, wenn auch nur selten sandige Strände. Die Küstendörfer der Nordküste liegen dicht beieinander. Vom einträglichen Weinanbau geprägte und lebendig gebliebene Bergdörfer sind von jedem Urlaubsort am Meer aus leicht zu erreichen. Glücklicherweise bleiben die meisten dieser Bergdörfer von Autos und Mopeds verschont, denn ihre Gassen sind zu schmal und stufenreich.

Dabei hat Sámos nur wenig wirklich einzigartige Sehenswürdigkeiten zu bieten. Seine schön gelegenen, idyllischen Klöster stammen alle aus nachbyzantinischer Zeit und bergen keinerlei überragende Kunstschätze wie die von Pátmos oder Chíos. Nirgends ziehen ›wundertätige‹ Ikonen Scharen von Pilgern an wie auf Lésbos. Die deutschen Ausgrabungen im Hera-Heiligtum sind zwar wissenschaftlich bedeutsam, bieten jedoch wenig fürs Auge. Einzig die Objekte im Archäologischen Museum sind eine echte Attraktion. Byzantinische Kirchlein fehlen nahezu völlig; auch an einzigartigen Natursehenswürdigkeiten wie den ›Versteinerten

Wäldern‹ von Lésbos oder der Felswüste im Westen Ikarías hat Sámos nichts Vergleichbares zu bieten. In Sámos ist es das Gesamtbild, das stimmt, die Harmonie von Dörfern und Landschaft.

So ist Sámos denn auch ein bevorzugtes Ziel für Urlauber, die gern wandern. Hier wird es ihnen leichter als anderswo gemacht, ihren Weg zu finden. Deutsche und Schweizer Reiseveranstalter ließen viele Wege und Pfade markieren; die Samioten sind schon lange an die Fußgänger gewöhnt und zeigen ihnen tatsächlich alte Eselspfade und gepflasterte Wege zum Ziel, statt sie wie auf anderen Inseln auf die ihrer Meinung nach bequemere Asphaltstraße zu schicken. Gerade beim Wandern offenbart Sámos noch einen anderen Reiz, der an die Kykladen erinnert: meist ist am Horizont wieder Land in Sicht. Manchmal sind es Inseln wie Pátmos, Foúrni oder Ikaría, oft sind es Teile der Türkei, die sich im Norden bis weit über die Westküste der Insel in die Ägäis hineinschieben. Auf der Karte gleicht Sámos einem kleinen Fisch, der sich sehr weit in das aufgerissene Maul eines Riesenfisches hineingewagt hat.

Geschichte

Sámos war schon in mykenischer Zeit von achäischen Griechen bewohnt. Zu Beginn des ersten vor-

Samos in Zahlen
(Inselkarte s. hintere Umschlagklappe)

Fläche: 476 km^2
Höchster Berg: Kérkis (1433 m)
Einwohner: ca. 31 000
Küstenlänge: 159 km
Entfernungen von Vathý:
– Piräus 319 km
– Chíos 107 km
– Ág. Kírykos/Ikaría 69 km
– Skála/Pátmos 56 km
– Kuşadası/Türkei 30 km
... zu anderen Orten der Insel:
– Drakéi 73 km
– Marathókambos 41 km
– Karlóvassi 33 km
– Pythagório 13 km
– Kokkari 10 km

christlichen Jahrtausends ließen sich Ionier aus der Argolis auf der Insel nieder und gründeten drei Städte, darunter als wichtigste Sámos an der Stelle des heutigen Pythagório. Bereits im 18. Jh. v. Chr. entstand hier ein erster Tempel für die Göttin Hera. Großer Holzreichtum ermöglichte den Bau vieler Schiffe; im 7. Jh. war Sámos eine der wirtschaftlich stärksten Inseln der Ägäis, 670 v. Chr. entsandte man sogar eine Flotte zur Athen vorgelagerten Insel Ägina, um diesen Haupthandelskonkurrenten zu schwächen.

Seine Glanzzeit erlebte Sámos unter der Herrschaft des Tyrannen Polykrates, von dem Schillers Bal-

Denkmal des Pythagoras in Pythagório, dem antiken Sámos

maner Pläne brauchte. Unter seiner Ägide entstand eine Hafenmole, die zu den Weltwundern der Antike gerechnet wurde. Die Stadt erhielt ein einzigartiges Wasserversorgungssystem mit der technischen Höchstleistung des **Eupalinos-Tunnels** (s. S. 70); im **Hera-Heiligtum** wurde der Bau eines der größten Tempel der Antike in Angriff genommen. Die Baustelle hatte der Tyrann vor Augen, als er 522 v. Chr. von den Persern auf dem Kap Mykale gekreuzigt wurde.

An seinem Hof hatten sich einige der bedeutendsten Zeitgenossen versammelt. Zu ihnen zählten der aus Unteritalien stammende Dichter Ibykos, von dessen Ende Schillers Ballade ›Die Kraniche des Ibykos‹ erzählt, und der Dichter Anakreon aus Teos in Kleinasien. Das Maß seiner Verse, die neben Wein und Lebensgenuß auch die (Knaben-) Liebe priesen, nahmen sich die Anakreonten der römischen Kaiserzeit und die Anakreontiker des 18. Jh. wie Friedrich von Hagedorn und Johann Wilhelm Ludwig Gleim zum Vorbild. Den Philosophen und Mathematiker Pythagoras verwies Polykrates allerdings von seiner Insel, noch bevor er die berühmte Gleichung $a^2 + b^2 = c^2$ aufstellte.

Nach dem Tod des Polykrates wurde Sámos persisch, schloß sich 479 v. Chr. dem Attisch-Delischen Seebund an, wechselte mehrfach die Seiten zwischen Athen und Sparta und wurde 440/39 schließlich von den Athenern nach erfolgrei-

lade ›Der Ring des Polykrates‹ handelt. Er war als Kaufmann mit Unterstützung des sich gegen die herrschende Aristokratie auflehnenden Volkes an die Macht gekommen. Seeräuberei in großem Stil verschaffte ihm die Einnahmen, die er zur Verwirklichung megalo-

cher Belagerung geplündert. Alle Schiffe mußten abgeliefert und die Mauern geschleift werden. In hellenistischer Zeit unterhielten die ägyptischen Ptolemäer auf Sámos eine Flottenbasis, in römischer Zeit gehörte die Insel zur Provinz *Asia*. Ab 1207 herrschten fränkische Barone über Sámos, von 1414–75 unterstand es der *Maona* von Chíos. Dann kamen die Türken. Am griechischen Freiheitskampf (1821–1829) nahmen die Samioten aktiv teil. Sie erreichten damit zwar nicht ihr Ziel, Teil eines freien Griechenland zu werden, aber immerhin eine gewisse Autonomie. Von 1834–1912 wurde Sámos von christlichen Fürsten *(Hegemonen)* regiert, die vom Sultan eingesetzt worden waren. Diesen *Hegemonen* stand eine alle vier Jahre von der Bevölkerung gewählte samiotische Nationalversammlung zur Seite. 1912 wurde Sámos dann Griechenland angegliedert.

Vathý (Sámos-Stadt)

Die Inselhauptstadt (5600 Ew.) erstreckt sich auf fast 2 km Länge entlang des Süd- und Ostufers am inneren Ende eines 5 km langen und bis zu 1500 m breiten Golfes. Am nördlichen Ende geht sie in ein modernes, architektonisch gut eingepaßtes Hotelzentrum über, im Westen wird sie von einigen auffällig großen Lagerhäusern und Fabrik-

gebäuden des letzten Jahrhunderts begrenzt. Nur gen Süden hin erstreckt sich Vathý auch in die Tiefe, klettern Häuser dichtgedrängt die sanften Hänge eines Hügels empor. Jener Ortsteil ist Áno Vathý, die eigentliche Keimzelle der Stadt. Erst in der ersten Hälfte des letzten Jahrhunderts, als die Küsten vor Piraten sicher waren, gesellten sich zu den Bootsschuppen am Meer wieder Kontore und Lagerräume, später dann auch Wohnhäuser. 1855 wurde Vathý zum Verwaltungssitz der Insel erklärt. Áno Vathý sank zur reinen Wohnsiedlung ab. Um die Jahrhundertwende war Vathý auch eine bedeutende Industriestadt. So produzierte hier die 1882 gegründete Zigarettenfabrik *M. C. Carathanassis & Co.* jährlich 40 Mio. Zigaretten. Zu den Abnehmern gehörten mehrere europäische Königshäuser, die *British Royal Mediterranean Army* und ein Spielcasino in Budapest. Als Firmensitz stand auf den Briefbögen des Unternehmens: »Samos, Vathy (Turkey in Asia)«.

Anders als den Inselhauptstädten von Chíos und Lésbos kann man Sámos-Stadt keinerlei orientalisches Flair mehr zusprechen. Mit seiner z. T. vierspurigen Uferpromenade, gepflegten klassizistischen Häusern und einer kleinen Fußgängerzone wirkt Vathý nüchtern-modern und außerhalb der Geschäftszeiten recht verschlafen. Einen Besuch lohnen vor allem das Archäologische Museum und die diversen Einkaufsmöglichkeiten –

wohnen sollte man hier nur, wenn man die guten Linienbusverbindungen in alle Teile der Insel intensiv nutzen will.

Erste Orientierung

An der vierspurigen Uferstraße zwischen **Fähranleger (1)** und **Platía (2)** findet man mehrere gute Hotels, Reisebüros und Cafés. Die Parallelstraße dahinter wurde in eine Einkaufsgasse nur für Fußgänger verwandelt. Sie setzt sich von der Platía aus bis zum kleinen **Stadtpark (3)** mit dem **Archäologischen Museum (4)** fort. Etwa 300 m westlich davon befindet sich der **Busbahnhof (5)**.

Archäologisches Museum und Stadtpark

Ein Besuch im Archäologischen Museum von Sámos zählt zu den Höhepunkten jeder Reise auf die nordostägäischen Inseln und lohnt sich auch für an der Antike weniger Interessierte. Es besteht aus zwei Teilen: einem 1912 im klassizistischen Stil errichteten Altbau und einem erst 1990 von Richard von Weizsäcker eingeweihten Neubau. Im Neubau sind außer dem großen *Kouros* (s. S. 63) auch eine Reihe kleinerer archaischer *Koren* und *Kouroi* ausgestellt: Die Mädchen sind immer bekleidet, die Jünglinge nackt. Besonders schön sind eine kopflose Frauenstatue, die in der linken Hand einen Vogel hält, sowie eine fast säulenartige Statue einer Frau in bodenlangem Gewand. Außerdem sind hier die Fragmente der berühmten *Geneleos-Gruppe* aufgestellt, einer Gruppe von ursprünglich sechs Figuren auf gemeinsamer Basis, die im Hera-Heiligtum gefunden wurde und dort als Kopie wieder aufgestellt worden ist. Offenbar handelt es sich um die Darstellung einer Familie. Sie macht einen Charakterzug archaischer Kunst besonders deutlich: Die Figuren stehen in keinerlei Beziehung zueinander, sondern wirken wie Einzelstatuen starr und rein repräsentativ.

Während im Neubau erklärende Schrifttafeln völlig fehlen, werden die Exponate im Altbau größtenteils – auch auf deutsch – exzellent und umfassend erklärt. Einzigartig sind hier gleich zwei Sammlungen: Im Vestibül des Obergeschosses werden hölzerne Artefakte aus dem 7. und 6. Jh. v. Chr. gezeigt, wie sie sonst nirgendwo in Griechenland erhalten geblieben sind. Man erkennt Möbelteile und Schiffsmodelle, eine hölzerne Kore, hölzerne Votivreliefs sowie eine hölzerne *Hera-Statuette* aus der Zeit um 640 v. Chr. Die zweite Sammlung ist eine Auswahl von bronzenen *Greifenprotomen* (Greifenköpfen), wie sie nirgends in Hellas zahlreicher als im Hera-Heiligtum von Sámos aufgefunden wurden.

Von den intensiven Handelsbeziehungen der Insel mit Ägypten und Vorderasien zeugen Exponate

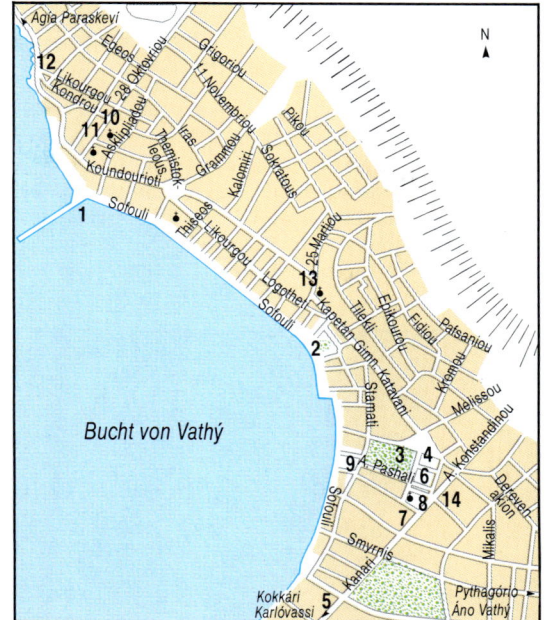

Vathý
1 Fähranleger
2 Platía Pythágoras
3 Stadtpark
4 Archäologisches Museum
5 Busbahnhof
6 Rathaus
7 OTE
8 Ág. Spiridónos
9 Hotel Xenia
10 Byzantinisches Museum
11 Kathedrale
12 Krankenhaus
13 Platía Ág. Nikólaou
14 Olympic Airways

aus dem 9.–6. Jh. v. Chr. Darunter sind ägyptische Kleinbronzen wie ein Horusfalke, ein Apis-Stier, ein Ibiskopf, mehrere Katzen und Kleinfunde aus Babylon, Assyrien und Zypern. Eine Vitrine erklärt anschaulich die Technik des Bronzegusses in der Antike. Des weiteren sind zahlreiche Terrakotten und Scherben bemalter Keramikgefäße aus fast 1000 Jahren antiker Kunstgeschichte zu sehen (geöffnet Di–So 8.30–15 Uhr, Eintritt 800 Drs.).

Neben dem Archäologischen Museum steht am oberen Rand des Stadtparks das alte **Rathaus (6)** von

Vathý (DHMAPXEION), das gerade restauriert wird. Während der Zeit der samiotischen Autonomie diente es als Versammlungsort der von der Bevölkerung gewählten Nationalversammlung. Zwischen dem Rathaus und dem Telegraphenamt **OTE (7)** erhebt sich die Kirche **Ágios Spiridónos (8),** unter Verwendung von viel Marmor im Jahre 1909 erbaut. In ihr beschloß die samiotische Nationalversammlung am 11. November 1912 formell, den Anschluß der Insel ans freie Griechenland zu fordern. Zur Pause lädt anschließend der kleine

Stadtpark mit seinem modernen Gartencafé ein. Von 1834–1912, also während der Zeit der samiotischen Autonomie, war der Park Palastgarten des vom Sultan eingesetzten christlichen Hegemonen. Der Palast stand an der Stelle des heutigen **Xenia Hotels (9)** und wurde im Zweiten Weltkrieg, als Deutsche und Briten abwechselnd die Insel bombardierten, zerstört.

Platía und Byzantinisches Museum

Die Platía von Vathý, nach Pythagoras benannt, ist klein und wird nur von wenigen Lokalen gesäumt. Ihre übliche Funktion als sozialer Mittelpunkt der Stadt und Schauplatz der allabendlichen *Vólta* erfüllt in Sámos die Uferstraße mit ihren Cafés nahe dem Fähranleger.

Im Schatten von vier hohen Dattel-palmen steht seit 1930 auf der Platía ein monumentales Löwen-denkmal, das an die Freiheits-kämpfer von 1821 erinnern soll. Durch die Fußgängerstraße Likoúr-gou Logothéti kommt man von hier zum kleinen **Byzantinischen Museum (10),** das in Räumen des Bischofsamtes von Sámos unterge-bracht ist. Sie beherbergen ein cha-otisches Sammelsurium von Iko-nen, liturgischen Geräten und Ge-wändern aus den letzten sieben Jahrhunderten (Mo, Mi, Fr 9–13 Uhr, Eintritt 100 Drs.).

Áno Vathý

Das Bild der Inselhauptstadt bleibt unvollkommen, wenn man nicht nach Áno Vathý hinaufspaziert. Die Gassen sind eng, nur wenige Autos zwängen sich hindurch; die Kaffeehäuser und Gemischtwaren-handlungen konnten sich noch den altertümlichen Stil kleiner Inseldör-fer bewahren. Auffällig sind die vielen Erker und vorspringenden Obergeschosse der Häuser, die an-gesichts der kleinen Grundstücke dazu verhalfen, die Wohnfläche zu vergrößern. Hausruinen lassen er-kennen, daß es sich bei diesen ty-pisch samiotischen Wohnhäusern keineswegs um reine Steinbauten handelt: Die Wände der Oberge-schosse waren Holzkonstruktio-nen, deren einfache Bauweise un-ter weißem Putz verborgen lag. Das Erdgeschoß diente als Lager-raum und Viehstall, gewohnt wur-de in der ersten Etage.

Im Hafen der Inselmetropole Vathý. Fischer bereiten die nächste Ausfahrt vor.

Der Kouros von Sámos

– Von Renate Scheiper –

Mit einer Beinprothese versehen, lächelt er geheimnisvoll auf die zu seinen Füßen stehenden Besucher hinab: der riesige Kouros von Sámos. Es grenzt an ein Wunder, daß diese Statue eines nackten Jünglings – wie *Kouros* aus dem Altgriechischen übersetzt heißt – nahezu vollständig auf seinem Podest im Museum von Vathý steht. Das ist der systematischen Grabungsarbeit deutscher Archäologen zu verdanken, die seit fast 100 Jahren kontinuierlich im Heraion auf historischer Spurensuche sind.

Erdbeben, Kriege, Raubzüge und christliche Zerstörungswut gegenüber allem ›Heidnischen‹ haben im Laufe der Jahrhunderte aus dem einst so berühmten Hera-Heiligtum ein Trümmerfeld gemacht. Aus Ägypten und Rom, aus Byzanz und der gesamten Mittelmeerwelt pilgerten die Menschen nach Sámos, um der Gattin des obersten Gottes Zeus kostbare Weihgaben darzubringen. Stein- und Marmorstatuen flankierten zu beiden Seiten die 6 km lange ›Heilige Straße‹, die von der damaligen Haupt- und Hafenstadt – dem heutigen Pythagório – zum Hera-Heiligtum führte. Oft hatten die Stifter den Statuen ihren Namen eingravieren lassen, damit nicht nur die Göttin, sondern auch die Nachbarn wußten, auf wessen Geld diese ›Spende‹ zurückging.

»Is-chies aus Resios hat mich geweiht«, lasen die Archäologen auf einem einsamen linken Oberschenkel, der 1973 gefunden wurde. Damit war nicht viel anzufangen. Und ein Herr Is-chies aus Resios war auch den Philologen aus schriftlichen Berichten antiker Schriftsteller nicht bekannt. Doch da jeder einzelne Fund, mag er auch noch so unbedeutend scheinen, exakt archiviert und dokumentiert wird, konnte sich jemand erinnern, daß bereits in den dreißiger Jahren ein ähnlicher Oberschenkel, und zwar ein rechter, zum Vorschein gekommen war. Zwar war der rechte Oberschenkel während des Zweiten Weltkrieges verloren gegangen, doch Beschreibungen und Fotos ergaben, daß die beiden Oberschenkel zusammengehörten.

Ein guter Archäologe muß detektivischen Spürsinn haben, die gesamte Literatur kennen, über ein gutes Gedächtnis und hervorragende Kombinationsgabe verfügen. Zerschlagene Marmorstücke, die 1973 in der Nähe des Oberschenkels verstreut herumlagen, ließen sich zu einem linken Arm zusammensetzen. Aus archaischer, also aus früher Zeit stammten diese Teile. Das erkennt der Archäologe an der Art der Verarbeitung und der Gestaltung eines Gegenstandes.

Überlebensgroß: Der Kouros

Erst sieben Jahre später, 1980, stieß man durch Zufall auf den riesigen Körper des Jünglings. Er lag auf dem Bauch. Kopflos. Behutsam wurde der Torso von der Erde der Jahrtausende befreit und mit einem Kran vorsichtig aus seinem Grab emporgeholt. Der fast fertiggestellte Museumsneubau in Vathý wurde gestoppt. Der Architekt ließ einen Trakt des Neubaus um 2 m tiefer ausheben, bloß damit der kopflose Riese angemessen aufgestellt werden konnte. In Schaumstoff verpackt und auf Matratzen gebettet, reiste der Marmorjüngling auf einem Tieflader über die kurvenreiche Straße nach Vathý. Das vermißte rechte

Bein konnte nach Fotografien rekonstruiert werden, das linke wurde vom Knie an mit einer Prothese versehen. In seiner einzigartigen Größe war der Kouros die Sensation des Museums.

Doch der fehlende Kopf ließ den Archäologen keine Ruhe. Auch während der folgenden Grabungskampagnen kam er nicht ans Licht. Erst ein weiterer Zufall vollendete 1984 endlich das Puzzle: Kurz vor Ende einer Grabungssaison wurden bei Aufräumungsarbeiten Quader der ›Heiligen Straße‹ beiseite geräumt – darunter lag der Kopf!

Hoch erhobenen Hauptes, unergründlich lächelnd scheint der Jüngling durch den Raum zu schreiten – in voller Größe nun 4,79 m hoch. Durch die Glasfenster über ihm flutet das Sonnenlicht. Kein Besucher kann sich dem Zauber dieses Kunstwerkes entziehen. Rotbraune Farbspuren deuten darauf hin, daß der geäderte Marmor früher bemalt gewesen sein muß.

Um 700 v. Chr. gearbeitet, zählt der Kouros von Sámos zu den frühesten Großplastiken im griechischen Raum. Kouroi wurden als Geschenk an die Götter in Tempelbezirken geweiht, und nach ägyptischem Vorbild stellten sie den jeweiligen Gott dar, den der Stifter ehren wollte.

Flammári-Hochebene und Agía Paraskeví

Die **Flammári-Hochebene** ist nur ca. 3 km vom Stadtzentrum Vathýs entfernt. Am besten geht oder fährt man vom Busbahnhof aus die vom Ufer hinführende Straße weiter geradeaus. Man kommt zu einem kleinen Platz mit Platane, wo eine beschilderte Straße nach links bergan führt. Wanderer können die Serpentinen durch Benutzung eines alten, gepflasterten Weges mehrfach abschneiden. Nach 2,6 km ist die Paßhöhe erreicht, und eine überraschend grüne Ebene liegt vor

den Augen des Reisenden. Sie reicht bis an die Ostküste der Insel, wo sie relativ steil ca. 100 m tief zum Meer hin abfällt.

200 m nach Erreichen der Paßhöhe teilt sich die Straße. Rechts geht es zum **Kloster Agía Zóni,** einem wehrhaft wirkenden Bau hinter hohen Zypressen und Eukalyptusbäumen. Der enge, tropisch anmutende Innenhof wird ringsum von doppelstöckigen, von rankendem Grün überwucherten Arkadengängen aus dem 18. Jh. gesäumt. In den ehemaligen Klosterzellen wohnen nur noch zivile Verwalter, denen sich im Sommer einige Erholung suchende Priester hinzugesellen.

Das 1695 von Athos-Mönchen gegründete Kloster ist dem ›Heiligen Gürtel‹ bzw. der Gürtelniederlegung der Gottesmutter geweiht. Eine große, mit Silberoklad verkleidete *Ikone* zeigt die seltene Szene, wie Maria bei ihrer leiblichen Himmelfahrt (die in der orthodoxen Kirche kein Glaubensdogma ist) ihren Gewandgürtel dem Apostel Thomas überläßt, der sie um ein Andenken gebeten hatte. Bemerkenswert ist die mit figuralen Darstellungen reich beschnitzte *Ikonostase* aus dem Jahre 1801. Von der ursprünglichen Ausmalung mit Fresken ist hingegen kaum noch etwas zu erkennen.

Vom Kloster Agía Zóni führt eine schmale Straße quer durch die Ebene zum Weiler **Kamára** mit zwei Tavernen. Zweigt man hier nach rechts auf die Asphaltstraße ab, gelangt man nach 4 km zum hoch an einem Berg gelegenen **Mönchskloster Zoodóchos Pigí** aus dem Jahre 1756. Die Kirche wurde 1786 unter Verwendung von vier antiken Säulen aus Milet erbaut, die übrigen Gebäude stammen aus dem 19. Jh. Auch hier ist eine holzgeschnitzte *Ikonostase* aus dem Jahre 1802 bemerkenswert; besonders schön ist das fein gearbeitete Silberoklad auf der Ikone der Maria als ›Lebensspendender Quell‹ *(Zoodóchos Pigí)*. Die heilige Jungfrau thront über dem Brunnen eines Klosters bei Konstantinopel. Aus ihren Händen und ihrem Gewandschmuck fließt Wasser in den Brunnen. Gebrechliche pilgern hierher, um durch dieses ›heilige Wasser‹ Heilung zu finden.

Vom Kloster kann man auf der Asphaltstraße nach Vathý zurückkehren oder zuvor noch einen Abstecher zum kieseligen **Mourtiá-Strand** mit Sommertaverne (hin und zurück 3,2 km) unternehmen. Die gesamte Rundfahrt ist ohne diesen Abstecher zum Strand 16 km lang.

Ins 9 km entfernte **Agía Paraskeví** (auch *Nísi* genannt) führt von Vathý aus eine Schotterpiste entlang der Ostküste des Golfes. Sie führt an dem nur von Militär bewohnten, aber zugänglichen **Kloster Zoodóchos Pigí tou Kótsika** vorbei und endet im Weiler Agía Paraskeví mit Hotel, Tavernen und kleinem Kiesstrand.

Flugverbindungen: Turbo-Propmaschinen von *Olympic Airways* verbinden Sámos bis zu 4 × täglich mit Athen. Die Aufnahme von Verbindungen mit Kós, Rhodos, Kárpathos, Kreta, Mýkonos und Santorin plant die neugegründete Air Greece für den Sommer 1995.

Schiffsverbindungen: Autofähren verbinden Vathý mindestens 1 × täglich mit Karlóvassi/Sámos, Agios Kírykos/Ikaría und Piräus. Je 5 × wöchentlich ist Vathý mit Foúrni und Páros verbunden. 4 × wöchentlich mit Évdilos/Ikaría und Chíos und je 1 × wöchentlich mit Kós, Léros, Lésbos, Mýkonos, Náxos, Pátmos, Rhodos und Síros.

Von Vathý nach Kuşadası/Türkei: im Sommer täglich, im Winter 1–2 × wöchentlich.

Busverbindungen: Hektographierte Busfahrpläne sind am Busbahnhof in Vathý und in der Tourist-Information erhältlich. Zahlreich sind tagsüber die Verbindungen nach Chóra, Iréo, Karlóvassi, Kokkári (mit Tsamadoú-Strand), Mytiliní und Pythagório. 2–3 × täglich fahren Busse zum Strand Psilí Ámmos und bis nach Votsalákia sowie nach Pagóndas und Pýrgos. Werktags 2 × täglich Busse ins Bergdorf Vourliótes. Einige Anschlußverbindungen in den Westen der Insel ab Karlóvassi (s. S. 83).

Unterkunft: Preiswert und gut für einen Kurzaufenthalt ist das moderne Hotel *Samos* direkt am Fähranleger (105 Zimmer, DZ 55 DM, ✆ 02 73/ 2 83 77, Fax 02 73/2 37 71).

Essen und Trinken: Touristisch, aber sehr stimmungsvoll ist die Taverne *Petrino* in der Odós Georgíou Sotiríou, etwa 80 m oberhalb der Uferstraße. Geboten werden auch ausgefallene, verfeinerte Variationen der typisch griechischen Küche. Urig-einfach geht es hingegen in der Taverne *Gregoris* in der Odós Smírnis/Ecke Odós Michális in der Nähe des Busbahnhofs zu.

Bank/Post: Banken und Postamt liegen in der Nähe der Platia von Vahtý, OTE am Stadtpark.

Strände: Im Norden des Stadtzentrums liegen der schmale Rodítes- und der kaum mehr Platz bietende Gangoú-Strand. Beide sind stark frequentiert – wer die freie Wahl hat, fährt zum Baden besser nach Kokkári, Psilí Ámmos oder Pythagório.

Feste: Karneval am letzten Faschingssonntag. Paraden am 11. November. Kirchweihfeste mit Verteilung der samiotischen Festsuppe *Jortí* am 6. und 12. Dezember.

Auskunft: Tourist-Information nahe der Platía, ✆ 02 73/2 85 30, Hinweisschild auf der Uferstraße in Richtung Fähranleger

Pythagório

Die Stadt des Pythagoras (1500 Ew.) ist neben Vathý das zweite große Touristenzentrum der Insel. Wie für ein Postkartenfoto geschaffen, umstehen niedrige Häuser mit roten Ziegeldächern ein annähernd halbkreisförmiges Hafenbecken. Am Kai liegen große und kleine Jachten, Fischer- und Ausflugsboote; auf der Hafenpromenade sitzen die Urlauber in einer nahezu lückenlosen Kette von Cafés und Restaurants unter Maulbeerbäumen, Akazien und Tamarisken. Im südwestlichen Teil der Stadt steigen die schmalen, oft auf beiden Seiten von Oleander gesäumten Gassen sanft zur Logotheten-Burg hin an, im Norden steiler zur Straße nach Samos. Im Osten ragt das türkische Kap Mykale auf, im Norden drehen sich wie ein neues Wahrzeichen die neun mächtigen Rotoren des Windenergieparks auf dem Hügelkamm, der Pythagório von der Nordküste scheidet.

Ein Blick auf den Stadtplan erklärt, warum der Ort bis 1955 den Namen *Tigáni* (›Pfanne‹) trug: Das

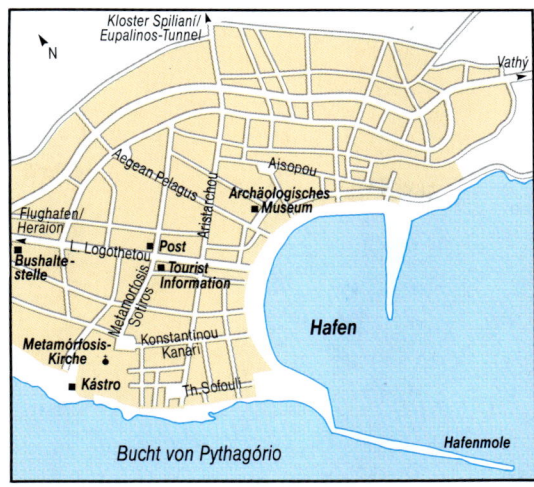

Pythagório

Bucht von Pythagório

Hafenbecken ist die Pfanne, die lange Hafenmole der Stiel. Mit 25 000 Einwohnern und ungezählten Sklaven, einer 6,5 km langen Stadtmauer und einem der bedeutendsten Heiligtümer der Ägäis zählte das antike Sámos zu den Metropolen des Altertums. Überall im heutigen Ort sind zwischen den Häusern antike Grundmauern eingestreut, die aber wegen der modernen Bebauung von den Archäologen nicht weiterverfolgt werden können.

Das idyllische Stadtbild, die antiken Sehenswürdigkeiten, schöne Strände in der Umgebung sowie Busverbindungen nach Vathý und entlang der Südküste machen Pythagório zu einem empfehlenswerten Aufenthaltsort für unternehmungsfreudige Urlauber, die ein gepflegtes Städtchen nicht für ungriechisch halten.

Erste Orientierung

Dreh- und Angelpunkt des Städtchens ist die Bushaltestelle dort, wo die Straße von Sámos her im rechten Winkel in Richtung Flughafen abknickt. Westlich führt die Hauptstraße L. Logothétou 200 m weit hinab zum Hafen. Um zum Tunnel des Eupalinos zu gelangen, fahren motorisierte Urlauber ein kurzes Stück in Richtung Vathý und biegen dann an einer beschilderten Abzweigung nach links ab. Zuvor hat man rechter Hand das antike Theater passiert. Für Fußgänger gibt es einen kürzeren, ebenfalls ausgeschilderten Weg, der von der

Blick auf den Hafen von Pythagório

Straße zum Flughafen nach rechts abzweigt. Diese Straße führt nach 6 km auch zum Hera-Heiligtum.

Logothétis-Burg und Museum

Wahrzeichen Pythagórios ist das **Kástro**, ein Ensemble von Bauten und Ruinen auf einem niedrigen Hügel im Süden des Ortes unmittelbar am Meer. Über dem Zugang verkündet eine Schrift auf griechisch »Christus rettete Samos am 6. August 1824«. Damals hatten die samiotischen Freiheitskämpfer unter ihrem aus Karlóvassi stammenden Anführer Lykourgos Logothetis einen wundersamen Sieg über sehr viel stärkere türkische Truppen errungen. Aus Dank dafür errichtete man eine Kirche, die ›Christi Verklärung‹ *(Metamorfósis,*

6. August) geweiht wurde. Unmittelbar oberhalb davon ist der Zentralturm der Festung gut erhalten, die Lykourgos Logothetis 1822–24 in aller Eile errichten ließ. Baumaterial dafür lag auf dem Kástro-Hügel reichlich herum, da hier schon der Palast des Polykrates und später eine früh-christliche Basilika gestanden hatten. Von dieser im 9. Jh. durch ein Erdbeben zerstörten Basilika künden Grundmauern; Ausgrabungen haben auf dem Kástro-Hügel aber noch nicht stattgefunden.

Das winzige **Archäologische Museum** von Pythagório präsentiert in einem einzigen Raum ein buntes Sammelsurium von römischen Kaiserbüsten, hellenistischen Terrakotten, Öllämpchen und Glasgefäßen, einen großen geometrischen Krater aus dem 8. Jh. v. Chr. und als einziges ungewöhnliches Stück einen ca. 20 cm hohen, bemalten *Rhyton* in Gestalt eines Beines. Dieses kultische Trinkgefäß ist nicht datiert (Di–Do und So 9–14 Uhr, Fr–Sa 12–14 Uhr, Eintritt frei).

Kloster Spilianí und Eupalinos-Tunnel

An der Stelle, wo sich die Straße zum Eupalinos-Tunnel gabelt (links

Über den Dächern von Pythagório

69

High-Tech in der Antike
Der Tunnel des Eupalinos

Zu Zeiten des Polykrates lebten in der antiken Stadt Sámos weit über 20 000 Menschen. Sie mußten mit gutem Trinkwasser versorgt werden. Eine kräftige Quelle sprudelte nördlich des die Stadt begrenzenden Berges und damit außerhalb der schützenden Mauern. Nun wäre es möglich gewesen, das Quellwasser um den Berg herum in die Stadt zu leiten, doch dann wäre im Falle einer feindlichen Belagerung die Wasserversorgung leicht zu unterbrechen gewesen. Polykrates suchte nach einer anderen Lösung. Ein Baumeister aus Megará nahe Athen bot sie ihm an: einen Tunnel durch den Berg.

Drei Bauabschnitte waren nötig. Zum einen mußte die Quelle unterirdisch gefaßt werden, um für Feinde unentdeckbar zu bleiben. Ebenfalls unterirdisch mußte das Wasser zum 800 m entfernten Tunnel gelangen. Vom Tunnelausgang wiederum mußte es ins Stadtzentrum geführt werden. Auch hier entschied man sich, vielleicht aus hygienischen Gründen, für eine unterirdische Leitung.

Mit diesen Erfordernissen stellte der Tunnelbau innerhalb der antiken Technikgeschichte ein einzigartiges Novum dar. Aus Zeitgründen wollte sich Eupalinos wie moderne Tunnelbauer von beiden Seiten aus gleichzeitig in den Berg graben. Also mußten zunächst einmal Tunneleingang und -ausgang auf exakt der gleichen Höhe liegen. Um sie bestimmen zu können, benutzte man ein *Chorobat*, ein Nivelliergerät, das uns in Vitruvs Beschreibung überliefert worden ist: ein langer Tisch mit einer Wasserrinne in der Mitte. Reichte das Wasser überall exakt bis zum Rand, stand der Tisch waagerecht. So konnte über Kimme und

zum Tunnel, rechts hinauf zum Kloster), lag wenige Schritte oberhalb der Stadt am Hang das **Theater** der antiken Stadt, das heute nur noch als Mulde im Gelände zu erkennen ist.

Das **Kloster Spilianí** wird heute von einem alten Ehepaar bewohnt, das darin ein Kafeníon betreibt. Es ist in einen antiken Steinbruch hinein vor eine kleine Grotte gebaut, die vor 400 Jahren zufällig wiederentdeckt wurde. Man fand darin zwei auf eine Schiefer- und eine Marmorplatte gemalte Ikonen, die heute verschwunden sind, und

Korn jeder gleich hoch gelegene Punkt am Berghang bestimmt werden. Daraufhin steckte man eine Pfostenreihe in einer Fluchtlinie über den Berg ab. Wo sie die horizontale Linie schnitt, mußte die zweite Tunnelöffnung liegen. Schwieriger war es, im Tunnel exakt die Richtung einzuhalten. Für die südliche, heute auf 500 m Länge zugängliche Hälfte weiß man, wie das Problem gelöst wurde. Man benutzte dazu einen Lichtstrahl in einem eigens dafür geschaffenen Schacht, der auch in großer Entfernung noch zu sehen war. In der nördlichen Tunnelhälfte jedoch erwies sich das Gestein als so brüchig, daß man besonders einsturzgefährdeten Stellen durch Kurven ausweichen mußte. Wie hier dennoch die Grundrichtung beibehalten wurde, konnte bis heute nicht schlüssig geklärt werden.

Auf jeden Fall trafen sich die Tunnelarbeiter nach fünfeinhalb Jahren Bauzeit nahezu in der Bergmitte. Es konnte aber immer noch kein Wasser fließen, denn Tunneleingang und -ausgang lagen ja auf exakt gleichem Niveau; der Tunnel hatte keinerlei Gefälle. In einem zweiten Arbeitsgang wurde nun unter der östlichen Tunnelhälfte ein Graben ausgehoben, der am Eingang ca. 4 m, am Ausgang ca. 9 m unter dem Tunnelniveau liegt. Darin wurden Tonrohre verlegt, durch die das Wasser mit einem gleichbleibenden Gefälle von 0,5 % fließen konnte.

Wie lange diese einzigartige Wasserleitung in Betrieb war, ist unbekannt. Die Römer jedenfalls führten rund 500 Jahre später noch Ausbesserungsarbeiten an der Nordhälfte des Tunnels durch. Im 19. Jh. wurden europäische Forscher dank einer Beschreibung Herodots wieder auf ihn aufmerksam. Der griechische Geschichtsschreiber aus dem 5. Jh. v. Chr. hatte ihn als eines der drei Werke aufgeführt, »die bei allen Griechen die größten sind«. Der Versuch, ihn 1881 wieder in Betrieb zu nehmen, scheiterte; erst zwischen 1971 und 1974 wurde er vom Deutschen Archäologischen Institut in Athen vollständig freigelegt und wissenschaftlich untersucht.

baute in die Grotte eine kleine, einfache Kapelle hinein. Die ganze Anlage ist zwar ohne jeden kunsthistorischen Wert, der Ausblick von der Klosterterrasse jedoch lohnt den Aufstieg (täglich von Sonnenaufgang bis -untergang, Mittagspause 14–16 Uhr, Eintritt frei).

Der **Tunnel des Eupalinos**, ein technisches Meisterwerk der Antike, ist inzwischen auf 500 m Länge beleuchtet und begehbar. Ihn zu besuchen sollte man auf keinen Fall versäumen (Di–So 9–14 Uhr; Eintritt 500 Drs.). Vom Tunnel des Eupalinos aus sind am Hang einige

Reste der antiken **Stadtmauer** deutlich zu erkennen. Sie umschloß mit insgesamt zwölf Toren und 35 Türmen ein Gebiet, das vom Hafen bis auf den Hügelkamm und weiter bis zum heutigen Hotel *Doryssa Bay* bei den römischen Thermen reichte. Über kleine Fußpfade kann man dem Verlauf der einstigen Stadtmauer folgen.

Römische Thermen und Hera-Heiligtum

Von der antiken Stadt Sámoas führte eine gepflasterte, von unzähligen Weihestatuen gesäumte ›Heilige Straße‹ bis zum 6 km entfernten Hera-Heiligtum. Bis zum Hotel *Doryssa Bay* folgt die moderne Straße Richtung Flughafen fast genau ihrem Verlauf. Unmittelbar an der Bushaltestelle Pythagórios liegen die spärlichen Überreste eines Aphrodite-Tempels, dann passiert man noch laufende Ausgrabungen, sieht Gebäudereste und Teilstücke des antiken Straßenpflasters und gelangt nach 10 Min. zu Fuß zum Eingang der **römischen Therme**. Wasserbecken und das Bodenheizungssystem sind deutlich zu erkennen, die Mauern stehen teilweise noch mehrere Meter hoch (Di, Do–So 9–14 Uhr, Mi 11–14.30 Uhr, Eintritt frei). Die Thermen grenzen unmittelbar an den Strand. Wer mag, kann von hier aus fünfeinhalb schattenlose Kilometer

weit bis zum Hera-Heiligtum wandern.

Pythagório liegt im Osten einer weiten, fruchtbaren Ebene. Nahe ihrem meerseitigen Westende erstreckte sich das antike **Hera-Heiligtum** *(Heraion)*. Was deutsche Archäologen seit 1925 von ihm freilegten, ist für das Auge weit weniger spektakulär als etwa Olympia oder die Akropolis. Nur eine einzige Säule steht aufrecht; ansonsten sind nur Grundmauern zu erkennen. Und doch lohnt sich ein Besuch für jeden, der zuvor ein wenig über den Kult und die Geschichte des Heiligtums gelesen hat.

In der klassischen Mythologie gilt Hera als Gattin des Göttervaters Zeus. Auf Sámos wurde sie aber nicht vorrangig als Gemahlin des höchsten Gottes, sondern als vollkommen eigenständige, uralte Natur- und Fruchtbarkeitsgöttin verehrt. Ihr Kult läßt sich hier bis in die mykenische Zeit zurückverfolgen, also bis ins 2. Jt. v. Chr.

Baugeschichte

Einst standen hier wohl nur der heilige Baum der Göttin, ein Lygosbaum (Keuschlammstrauch), und ein offener, kleiner Schrein für das Kultbild. Erst im 8. Jh. v. Chr. entstand als erster Tempel der **Hekatompedos (7)**. Die Bezeichnung bedeutet einfach nur ›Hundert Fuß‹ – so lang, ca. 33 m, war der Bau aus Lehmziegelmauern mit Tonziegeldach. Seine Breite betrug nur ca. 6,6 m.

Um 570 v. Chr. war Sámos so wohlhabend geworden, daß der Adel der Stadt sein gesteigertes Selbstbewußtsein mit einem in Griechenland noch nie dagewesenen Bauwerk ausdrücken wollte. Man engagierte die beiden Architekten Rhoikos und Theodoros, die offenbar ägyptische Tempel kannten. Sie entwarfen den heute so genannten **Rhoikos-Tempel (8)**, der in nur zehnjähriger Bauzeit entstand. Er war zwölfmal größer als der alte Hekatompedos, maß 105 m in der Länge und 52,5 m in der Breite. Von außen muß er den Anblick eines labyrinthischen Säulenwaldes geboten haben.

Schon 30 Jahre nach seiner Fertigstellung brannte der Rhoikos-Tempel vollständig ab. Zu jener Zeit regierte bereits der Tyrann Polykrates über die Insel, die unter seiner Herrschaft ihre Glanzzeit erlebte. Er gab sogleich den Auftrag, einen noch größeren und prächtigeren Tempel zu erbauen, heute **Großer Hera-Tempel (10)** genannt. Zu ihm gehört die einzige noch aufrecht stehende Säule, die ursprünglich freilich mit 20 m doppelt so hoch war. Beim Tode des Polykrates war wahrscheinlich erst die Cella zur Aufnahme des Kultbildes fertiggestellt.

Als der Historiker Herodot um 460 v. Chr. Sámos besuchte, muß schon ein Teil der Ringhalle gestanden haben. Dann aber sank Sámos Stern, noch im 2. Jh. v. Chr. baute man am Vermächtnis des Polykrates weiter, ohne den Tempel je

ganz fertigstellen zu können. Wie gering die Bedeutung des Heiligtums in römischer Zeit war, zeigt ein kleiner **römischer Tempel (6)**, der nun das Kultbild der Hera aufnahm. Er war sechzehnmal kleiner als der Bau des Polykrates.

Kult

Opfer konnten der Gottheit das ganze Jahr über dargebracht werden. Höhepunkt im kultischen Geschehen waren jedoch die beiden großen Hera-Feste im Vorfrühling und im Hochsommer. Dabei wur-

---

Nur eine einzige Säule steht aufrecht

den heilige Handlungen begangen, die ähnlich wie das heilige Abendmahl in der orthodoxen Kirche kein Nachvollzug, sondern tatsächliche Manifestationen waren: Das Kultbild, das dabei im Mittelpunkt des Geschehens stand, war wie die Ikone kein Abbild des göttlichen Wesens, sondern dieses Wesen selbst.

Im Vorfrühling wurde die ›Heilige Hochzeit‹ begangen, die Ver-

mählung der Göttin mit einer männlichen Gottheit, die in historischer Zeit Zeus genannt wurde. Priester vollzogen dabei die üblichen Hochzeitsriten. Das Hauptfest waren die *Tonaia* im Hochsommer. Dabei wurde die Göttin in Gestalt ihres Kultbildes an den Strand getragen und im Meer gewaschen. Dadurch erlangte sie ihre Jungfräulichkeit wieder. Dann wurde es feierlich eingekleidet, mit Opferkuchen aus Gerstenmehl, Honig und Öl gespeist und mit Ruten vom Keuschlammstrauch bis zur näch-

Hera-Heiligtum (Heraion)

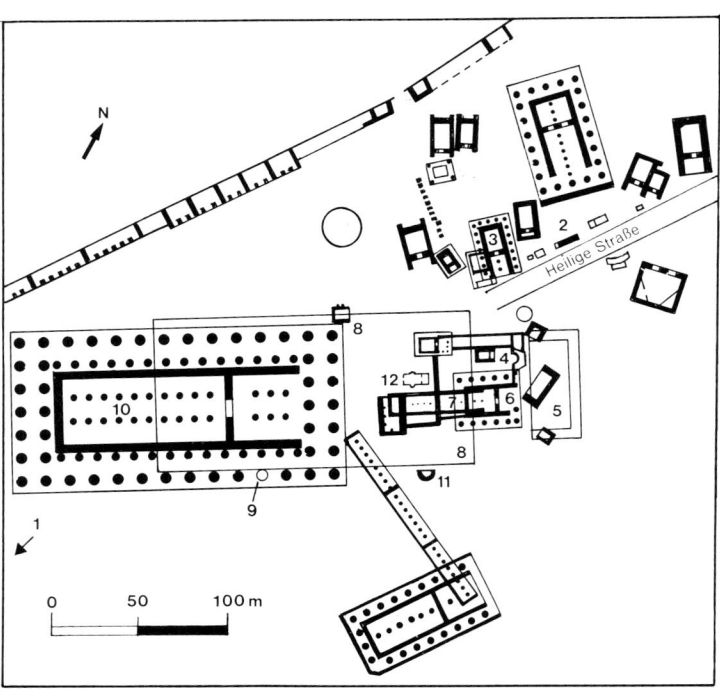

sten ›Heiligen Hochzeit‹ gebunden.

Rundgang

Der heutige **Eingang (1)** liegt erlebnisfeindlich auf der Rückseite des Heiligtums. Mein Vorschlag: Durchqueren Sie zunächst einmal das Ausgrabungsgelände, um zur ›Heiligen Straße‹ zu gelangen, über die auch die antiken Pilger von Pyhtagório her kamen, und beginnen Sie dort Ihre Besichtigung. Die wichtigsten Monumente sind im Gelände auch durch deutschsprachige Inschriften auf Hinweissteinen markiert.

Die ›**Heilige Straße**‹ erhielt um 200 n. Chr. den Pflasterbelag, auf dem der heutige Besucher geht. Sie führte 6 km weit von der antiken Stadt hierher und war auf beiden Seiten von Weihegeschenken und Inschriftensteinen gesäumt. An ihr wurde auch der große *Kouros* gefunden, der jetzt im Archäologischen Museum von Vathý steht (s. S. 58). Kurz vor dem Endpunkt der ›Heiligen Straße‹ wurde von den deutschen Archäologen am Originalstandort neben der **Basis des Geneleos** eine Kopie der *Geneleos-Gruppe* **(2)** aufgestellt (s. S. 43).

Am Ende der ›Heiligen Straße‹ ist der **Hermes/Aphrodite-Tempel**

Hera-Statuette (Arch. Mus. Vathý)

(3) nur einer von mehreren in den Randbereichen des Heiligtums freigelegten Tempeln, die etwa seit dem 6. Jh. für andere Gottheiten im Heiligtum der Hera errichtet wurden. Sie waren naturgemäß sehr viel kleiner als das Haus der Hera.

Wendet man sich nun nach links, kommt man zur gut erkennbaren, halbrunden Apsis einer **frühchristlichen Basilika (4)**. Heidnische Heiligtümer wurden von den frühen Christen fast immer dadurch in den Besitz des neuen Gottes gebracht, daß man auf ihnen eine Kirche erbaute. Hinter der Ostwand der Apsis trifft man auf einen Keuschlammstrauch, der sich auf dem Areal des **Großen Altars der Hera (5)** befindet. Um 560 v. Chr. wurde der Altar auf die noch heute erkennbare Größe von $36,5 \times 16,5$ m erweitert. Hier wurden der Göttin Opfertiere dargebracht.

Klar erkennbar sind auch die Fundamente vom **Römischen Hera-Tempel (6)** und Spuren vom **Hekatompedos (7)**. Er liegt bereits auf dem Gebiet des späteren **Rhoikos-Tempels (8)**. Die **alleinstehende Säule (9)** markiert dann in etwa die Südostecke des **Dipteros-Tempels (10)**. Weitere, im Gelände inschriftlich markierte Gebäudereste sind die **Exedra der Ciceronen (11)**, ein halbrunder Statuensockel, auf dem in römischer Zeit Statuen Ciceros und seiner Familie standen, sowie römische **Thermen (12)**, eine kleine Badeanlage aus dem 3. Jh. n. Chr. (geöffnet Di–So 8.30–15 Uhr, Eintritt 800 Drs.).

Dörfer in der Umgebung von Pythagório

Am Rande der Heraion-Ebene liegen mehrere Dörfer, die man von Pythagório aus auch mit einem Leihfahrrad bequem erreichen kann.

Der Badeort **Iréo**, nur 800 m vom heutigen Eingang zum Hera-Heiligtum entfernt, war noch vor zehn Jahren so etwas wie ein Geheimtip für junge Individualurlauber. Die kleinen Fischerhäuser am Meeresufer und die einfachen Tavernen am Strand vermitteln noch etwas vom alten Flair. Umstanden sind sie aber von zahlreichen Neubauten, zumeist Pensionen und Appartementhäusern. Der Strand besteht teils aus Kies, teils aus Kieselsteinen.

Von Iréo führt eine gute Staubstraße landeinwärts zum 1400 m entfernten Wehrturm **Pýrgos Sarakíni** mit dem Doppelkirchlein **Ágios Ioánnis kai Géorgios**. Die 1577 erbaute Anlage gehört zum Johanneskloster auf Pátmos, das auf Sámos Ländereien besitzt, die z. T. an Bauern verpachtet sind. Im Turm wohnt ein Mönch aus Pátmos, der selbst etwas Landwirtschaft betreibt, vor allem jedoch den Pachtzins einsammelt.

Die Staubstraße führt weiter zum 700 m entfernten Dorf **Mýli**, das man freilich auch über eine Asphaltstraße von Pythagório her erreichen kann. Mýli besitzt von allen Orten an der Südküste den schönsten Dorfplatz – als Urlauber in Pythagório sollte man hier auf jeden Fall einen Abend verbringen. Unter den Zweigen zweier gewaltiger Maulbeerbäume haben die Wirte dreier preiswerter Tavernen Tische und Stühle aufgestellt; vom Touristentrubel im nahen Pythagório ist kaum etwas zu spüren.

Zwischen Mýli und dem 180 m hoch gelegenen, 4 km entfernten **Pagóndas** dehnen sich alte Olivenwälder aus. Die Ölmühlen von Pagóndas sind die bedeutendsten Olivenölproduzenten der Insel. Vom Wohlstand der Ölbauern zeugen im Dorf mehrere, sonst auf Sámos seltene, dreigeschossige Herrenhäuser aus dem letzten Jahrhundert und der für samiotische Verhältnisse ungewöhnlich große Dorfplatz. Ein kleines Folkloremuseum des örtlichen Kulturvereins an der Platía ist nur sonntags von 16–18 Uhr geöffnet.

Das etwas landeinwärts am Rande der Heraion-Ebene gelegene Dorf **Chóra** (1250 Ew.) war vom 16. Jh. an bis zum Jahre 1834 die Hauptstadt der Insel. **Mytiliní** (2500 Ew.) liegt hingegen auf einer Hochebene zwischen Chóra und Vathý. Vom Meer her ist der Ort nicht zu sehen; die Dorfbewohner leben vor allem vom Wein- und Tabakanbau. Wie der Name schon andeutet, wurde dieser Ort im 16. Jh. von Lesbiern gegründet, die nach einem schweren Erdbeben ihre Heimatinsel verlassen hatten. Direkt an der Hauptstraße werden in einem kleinen Museum im Rathaus des Dorfes etwa 120 Fossilienfunde gezeigt, die aus der Umgebung Mytilinís stammen.

Am südlichen Ortsende zweigt von der Hauptstraße ein durch ein fast schon verblichenes Hinweisschild markierter, mittelmäßiger Feldweg zum 3,2 km entfernten **Kloster Agías Triádas** ab. In dem zweigeschossigen, festungsartig wirkenden Bau aus dem Jahre 1824 leben noch Mönche, die an jedem Sonntagmorgen zwischen 7 und 10 Uhr die Messe zelebrieren. Vom Kloster aus kann man an den Überresten der antiken Stadtmauer Pythagórios vorbei zum Tunnel des Eupalinos und weiter nach Pythagório wandern (ca. 5 km).

Die Küste östlich von Pythagório

Östlich von Pythagório liegen der gute Strand von Psilí Ámmos und der Weiler Possidónio der hier bis auf 1300 m heranrückenden kleinasiatischen Küste direkt gegenüber. Ein Ausflug dorthin lohnt von jedem Ort im Osten der Insel aus.

Der Weg nach Psilí Ámmos führt am **Mykáli Beach** vorbei, einem kilometerlangen, völlig schattenlosen Kieselsteinstrand, dessen Hinterland bis Ende der 80er Jahre noch gänzlich unverbaut war. Jetzt hat man in die dorfferne Einöde die ersten großen Hotels gesetzt – Musterbeispiel einer auf Umwelt und Urlauber keinerlei Rücksicht nehmenden baulichen Fehlentwicklung. Die Straße führt dann an einer ab Mai meist ausgetrockneten, ehemaligen Saline vorbei, die sich einige Flamingos noch immer als Winterquartier wählen. Dann ist der schönste Sandstrand im Osten der Insel, **Psilí Ámmos**, erreicht. Das Ufer fällt hier extrem flach ab und ist damit auch für Kleinkinder eine ideale Badestelle. Landschaftlich reizvoll ist der Blick auf die gegenüberliegende, bereits zur Türkei gehörende Leuchtturminsel und das Kap Mykale.

Von der Straße nach Possidónio zweigt eine Stichstraße zum

Am Strand von Psilí Ámmos

Cafés, Bars und Restaurants säumen die Uferfront in Kokkári

Kérveli-Strand ab. Der Strand dort ist zwar kurz und schmal und besteht überwiegend aus großen Kieselsteinen, bietet jedoch Ruhe und Tamariskenschatten. Oberhalb des Strandes liegt eines der schönsten Inselhotels, das *Kerveli Village Hotel.*

Possidónio war ursprünglich ein winziges Fischerdorf mit einer Handvoll Häuser; allmählich entwickelt es sich aber zum Urlaubsort. Der Kiesstrand im Ort ist zwar nur ca. 30 m lang und lohnt die Anfahrt kaum, doch die Lage der Siedlung ist traumhaft schön. Nirgends ist das offene Meer zu sehen, man fühlt sich wie an einem großen, von Bergen gesäumten Binnensee. Das zum Greifen nahe scheinende Ufer der Türkei ist bereits Asien (s. Abb. S. 10/11). In dieser Meerenge vernichteten die Griechen 479 v. Chr. die Überreste der persischen Flotte und konnten dadurch auch die ionischen Städte Kleinasiens vorübergehend von der persischen Herrschaft befreien.

Schiffsverbindungen: Kleine Autofähren verbinden Pythagório 1–3 × wöchentlich mit Agathoníssi und Pátmos. Im Sommerhalbjahr verkehren nahezu täglich Ausflugsboote von Pythagório nach Pátmos und Samiopoúla.

Busverkehr: Häufige Busverbindung mit Vathý und Iréo. 2 × täglich Busse über Pýrgos nach Karlóvassi sowie nach Chóra und Mytiliní

Unterkunft: Ein besonders schönes Hotel für ruhesuchende Urlauber ist das 1992 eröffnete *Kerveli Village Hotel* oberhalb des Strandes von Kérveli. Wer nicht auf den mehrmals täglich verkehrenden Hotelbus nach Vathý angewiesen sein will, benötigt allerdings ein Leihfahrzeug. Das sehr umweltfreundliche Hotel verfügt über einen Pool und zwei kleine Kiesstrände, die Hotelgästen vorbehalten sind (50 Zimmer, DZ inkl. Halbpension 125 DM, ☎ und Fax 02 73/2 30 06).

Zentraler und auch sehr gut wohnt man im großen Strandhotel *Doryssa Bay* an den römischen Thermen bei Pythagório. Zum Hotel gehören ein Tennisplatz und ein großer Pool (320 Zimmer, DZ inkl. HP ab 200 DM, ☎ 02 73/6 13 60, Fax 02 73/6 91 42 77). Direkt an der Hafenpromenade von Pythagório liegt das zweigeschossige Hotel *Polyxeni* (23 Zimmer, DZ ab 80 DM, ☎ 02 73/6 13 59). Ruhiger schläft man im Ort im Hotel *Stratos* (24 Zimmer, DZ ab 105 DM, ☎ 02 73/2 82 86).

Für Sandstrandfans ideal sind die *Elena Apartments* in Psilí Ámmos (8 Apts., DZ 50 DM, ☎ 02 73/2 36 45, Fax 02 73/2 89 59). Zudem werden in Pythagório viele Privatzimmer vermietet.

 Essen und Trinken: Sehr preiswert ißt man auf der Platía von Mýli. Exzellente, mikrowellenheiße griechische Küche (besonders gut: *Stifádo* und *Souvláki*) serviert die Taverne *Posidonio Kerkesos* in Possidónio.

In Pythagório ist die Taverne *Avli* am Eingang zum Kástro besonders ruhig und stimmungsvoll. Unter Zitrus- und Granatapfelbäumen speist man gut, aber nicht billig im *Afroditi* in der Odós Pythagóra.

Bank/Post: An der Odós Lykoúrgou Logothétou in Pythagório.

Strände: Außer an den oben genannten Stränden kann man auch unmittelbar am Stadtrand von Pythagório baden. Ein kilometerlanger Grobsand-Kies-Strand erstreckt sich vom Kástro-Hügel bis nach Iréo.

 Feste: Am Pfingstmontag Kirchweihfest im Kloster Agía Triádas bei Mytiliní und (mit Musik und Tanz) in Pagóndas. Im Juni Fest der Fischer mit Musik und Tanz in Pythagório. 26./27. Juli: Kirchweihfest mit Musik und Tanz in Chóra. 6. August: Fest zur Erinnerung an den Seesieg von Mykale in Pythagório. 15. August: Kirchweihfest mit Musik und Tanz in Chóra. 21. November: Kirchweihfest im Kloster Spilianí

Auskunft: *Town of Pythagorion Tourist Information Office*, an der Hauptstraße zwischen Bushaltestelle und Hafen, ☎ 02 73/6 13 89, von April bis Oktober täglich 8–22 Uhr (auch für Geldwechsel und Telefonate)

Entlang der Nordküste nach Karlóvassi

10 km westlich von Vathý liegt an der Nordküste das neben Pythagório und Sámos-Stadt dritte bedeutende Urlaubszentrum der Insel: **Kokkári** (900 Ew.). Der kleine historische Ortskern aus der Zeit zwischen 1850 und 1970 ist kaum noch zu erkennen, da er landseitig völlig von Neubauten zugedeckt wird. Anders als in Vathý oder Pythagório fehlen hier aber noch größere Hotels, die nicht nur die Landschaft verschandeln, sondern auch die dörfliche Infrastruktur zerstören. Nicht zuletzt deshalb ist

Kokkári insbesondere bei jüngeren Individualreisenden beliebt. Die winzige Platía und die lange Uferfront an einer schönen, kleinen Bucht stehen voller Tische und Stühle von Cafés, Bars und Restaurants – das Flair erinnert am Abend ein wenig an die Cote d'Azur. Man kann am kleinen Strand in der Bucht oder am kilometerlangen Kieselsteinstrand vor dem Neubauviertel baden.

Einige der schönsten Badebuchten der Insel liegen nur 1,5 bzw. 2 km westlich des Ortes: **Lemonákia** und **Tsamadoú**. Der Kiesuntergrund läßt das Wasser im reinsten Blau und Türkis schimmern, der Autoverkehr fließt kaum hörbar weit oberhalb der Strände vorbei. Am Strand von Tsamadoú wird auch FKK praktiziert.

Hinter dem kleinen Weiler **Avlákia** zweigt eine schmale, kurvenreiche Bergstraße ins 320 m hoch gelegene Weinbauerndorf **Vourliótes** ab. Der alte Ortskern ist völlig autofrei, die kleine Platía ist unbestritten die romantischste der ganzen Insel. Hier muß man einmal gesessen und gegessen haben! Weil das schon so viele taten, konnte sich das Dorf sogar eine moderne Verschönerung der Platía leisten: 1991 wurden vier nostalgische Laternen und ein Springbrunnen installiert.

Am Ortsanfang von Vourliótes zweigt eine Zementstraße zum nur 2,5 km entfernten **Kloster Vrondá** ab. Es liegt 450 m hoch in einem dicht bewaldeten Tal in völliger Weltabgeschiedenheit und dient heute dem Militär als Stützpunkt. Der urtümliche Innenhof und die Klosterkirche aus dem Jahre 1566 dürfen trotzdem besichtigt werden. Vom Kloster aus kann man über einen landschaftlich faszinierenden Pfad in gut eineinhalb Stunden nach Kokkári hinabwandern. Festes Schuhwerk ist nötig. Der größtenteils markierte Pfad beginnt an der Nordostseite des Sportplatzes unterhalb des Klosters.

Die Küstenstraße erreicht als nächstes **Platanákia** mit großen Tavernen unter hohen Platanen. Nach rechts führt eine kurze Stichstraße zu einem Strand mit groben Kieselsteinen, nach links zweigt ein Sträßlein in Richtung Manolátes ab. Sie führt durch das fast tropisch grüne Nachtigallental **Valeondádes**. Bis in den Sommer hinein blüht hier beinahe schon baumartiger Oleander in einem Trockenbachbett, rot markierte Pfade führen abseits der Straße in ca. 1 Std. zu Fuß nach Manolátes hinauf.

Manolátes ist ein blumenreiches Weinbauerndorf auf 350 m Höhe, dem zwar die schöne Platía von Vourliótes fehlt, das dafür aber Tavernen an ursprünglich gebliebenen Gassen zu bieten vermag. Von Manolátes aus kann man in ca. 2 Std. nach Vourliótes hinüberwandern.

Die Küstenstraße verläuft am oberen Ortsrand von **Ágios Konstantínos** entlang, einem Badeort ohne Strand. Am westlichen Ortsende zweigt erneut eine kurvenreiche Straße in die Berge ab. Sie führt über das für gute Erdbeeren bekannte **Ámbelos** nach **Stavrinídis**, eines der letzten vom Fremdenverkehr noch unberührten Bergdörfer der Insel. Vorbei an Abzweigungen zu weiteren Bergdörfern und zur kleinen Küstensiedlung **Ágios Nikólaos** mit exzellenter Fischtaverne erreicht die Küstenstraße schließlich Karlóvassi, die zweitgrößte Stadt der Insel.

Karlóvassi (5500 Ew.) ist ein ungemein weitläufiges Städtchen, das zu Fuß zu erkunden kein Vergnü-

gen bereitet. Es erstreckt sich vom großen historischen Gerbereiviertel im Osten bis zum Hafen im Westen 5 km entlang der Küste und weit in die Küstenebene hinein. Die Einheimischen nennen den Ort pluralisch *Ta Karlovassiá*, denn er besteht aus fünf recht deutlich voneinander getrennten Vierteln: dem Gerbereiviertel *Órmos*, dem modernen Zentrum *Néo Karlóvassi* (hier kommt der Linienbus an), dem überwiegend klassizistischen *Meséio Karlóvassi*, dem landeinwärts auf einem Hügel gelegenen

Zeugnis einstigen Wohlstands: Die Kirche von Karlóvassi

Potámi-Strand

und weitgehend ausgestorbenen historischen Ortskern *Paléo Karlóvassi* sowie dem Hafen- und Hotelviertel *Limáni*.

50 Gerbereien und Seifenfabriken brachten vom 19. Jh. bis zum Zweiten Weltkrieg Karlóvassi Wohlstand (s. S. 23). Die großen Fabrikgebäude stehen heute größtenteils leer und verschandeln die Landschaft. Mit dem dort verdienten Geld bauten sich die Unternehmer schöne Villen mit großen Gärten, die man vor allem in *Meséio Karlóvassi* zu sehen bekommt. Sie stifteten auch reichlich für den Bau der etwas zu groß geratenen Kirchen. Stadtzentrum ist heute *Neó Karlóvassi*, das seit 1987 auch Sitz der Mathematischen Fakultät der Universität der Ägäis ist. Größtes Unternehmen am Ort ist jetzt die Weinkellerei der Genossenschaft der Weinbauernkooperativen an der Uferstraße nahe dem Hafen (s. S. 88). Dort ist auch noch eine kleine *Kaiki*-Werft in Betrieb. Oberhalb des Hafens thront auf einem Bergkegel die 1904 erbaute Dreifaltigkeitskriche von *Paléo Karlóvassi* – ein Ortsteil, der noch dörflichen Charakter hat.

Vom Hafen aus führt eine Straße ca. 1,5 km weiter nach Westen zum **Potámi-Strand**, der neben Kieselsteinen nur einige wenige Grobsandflächen aufweist. Dort steht kurz vor einer Brücke ein leicht zu übersehendes Schild mit der Aufschrift »For Ancient Church Transformation of Saviour«. Es weist den Fußweg zur nur 50 m entfernten **Kirche Metamórfosis** aus dem 11. Jh. Die Kuppel ruht auf vier Marmorsäulen mit schönen byzantinischen Kapitellen.

Schiffsverbindungen ab Karlóvassi: Wie Vathý, zusätzlich 2 × wöchentlich Kaiki nach Foúrni

Busverkehr: Auf der Nordküstenstraße verkehren im Sommer täglich 7 Busse zwischen Vathý und Karlóvassi. Zwischen Vathý und dem Strand von Tsamadoú verkehren zusätzlich bis zu 14 Busse täglich. Vourlíotes wird von Vathý werktags 2 × täglich angesteuert. Von Karlóvassi fahren Busse mehrmals wöchentlich in die Orte im Inselwesten; Stadtbusse verbinden die verschiedenen Ortsteile von Karlóvassi 18 × täglich miteinander.

Unterkunft: In allen Küstenorten wird Unterkunft geboten. Privatzimmer werden auch in Platanákia und Vourlíotes (*Pension Mary's House*, ℂ 02 73/9 32 91) vermietet.

Essen und Trinken: Außergewöhnlich schmackhafte griechische Küche zu normalen Preisen wird im Restaurant *Ammos Plaz* an der Uferstraße in Kokkári serviert. Als beste Fischtaverne an der Nordküste gilt die *Psaro*-taverna Oi Psarades in Ágios Nikólaos unmittelbar am Meer (Hinweisschild an der Küstenstraße).

Bank/Post: Banken und Postämter gibt es in Kokkári und Karlóvassi, eine Post zusätzlich in Ágios Konstantínos

Feste: Am Morgen des Pfingstmontag Kirchweihfest an der Kapelle beim Restaurant *Ta Aidonia* im Nachtigallental auf dem Weg nach Manólates. Am 17. Juli, 15. August und 7./8. September Kirchweihfeste in Vourlíotes mit Musik und Tanz. Am 20. Juli, 6. August und 14./15. August Kirchweihfeste mit Musik und Tanz in Karlóvassi. Am 27. Juli Kirchweihfest in Kokkári

Auskunft: Tourist Information im Zentrum von Kokkári nahe der Bushaltestelle

Entlang der Südküste nach Karlóvassi

Die südliche Hälfte der Inselrundstraße führt auf der gesamten Strecke hoch oberhalb der Küste durch die Berge. Nur an wenigen Stellen besteht die Möglichkeit, zum Meer hinunter zu gelangen.

Die Hauptroute führt von Chóra über Pýrgos nach Karlóvassi; zwischen Chóra und Pýrgos kann man alternativ die landschaftlich schönere Strecke über Pagóndas und Spatharéi (z. T. Asphalt, z. T. gute Piste) wählen. Dabei passiert man das **Nonnenkloster Evangelístrias** und kann den guten Blick auf das Samos vorgelagerte Inselchen **Samiopoúla** genießen. Seiner schönen Sandstrände wegen ist es im Sommer Ziel von Ausflugsfahrten von Pythagório aus; in dieser Zeit ist auf der sonst unbewohnten Insel auch eine Taverne geöffnet. **Spatharéi** liegt reizvoll in 550 m Höhe.

An der Hauptroute gilt hinter Chóra ein erster Abstecher dem **Mönchskloster Timíou Stavroú**, Christi Kreuzerhöhung geweiht (Besuchszeit täglich, außer freitags,

Kloster Timíou Stavroú

nur 9–12 und 17–19 Uhr). Es wurde 1592 gegründet, die Bauten stammen aber aus dem Jahre 1838. Ursprünglich umgaben sie die mächtige Kirche aus Naturstein auf allen vier Seiten; der Südflügel brannte jedoch 1950 ab. So kann man jetzt einen freien Blick auf die Heraion-Ebene und die in dunkles Olivengrün eingebetteten Dörfer Mýli und Pagóndas genießen. Beachtenswert ist die geschnitzte *Ikonostase* aus Lindenholz, die zwei Künstler aus Chíos in zehnjähriger Arbeit schufen. Vom Kloster führt die Asphaltstraße noch 1,8 km wei-

ter bergan in das 260 m hoch gelegene kleine Dorf **Mavratzéi**.

Koumaradéi an der Hauptstraße nutzt seine günstige Lage an der Route aller Inselrundfahrten. Besucher können zwei Töpfereien, eine Teppichweberei und eine kleine Manufaktur besichtigen, in der in der Umgebung gesammelte Kräuter gereinigt, verpackt und auch verkauft werden. Ein Abstecher führt von hier aus zum ehemaligen **Mönchskloster Megális Panagías**, dem einstmals bedeutendsten der Insel. Es liegt wie eine kleine Festung in einem bewaldeten, völlig einsamen Tal. Nachdem der letzte Mönch 1989 starb, wird es vom Dorfpriester täglich nur noch von etwa 10–15 Uhr geöffnet. Dann kann man in der 1593 vollendeten Klosterkirche die Fresken aus der gleichen Zeit betrachten, die alle Wände bedecken.

Pýrgos duckt sich, vom Meer her nicht sichtbar, in 370 m Höhe zwischen grüne Hügel. Von hier aus ist ein Abstecher in die stillen Bergdörfer **Messógio** und **Pándrosso** am Hang des 1130 m hohen Profítis Ilías möglich. Hinter Pýrgos gewinnt man zum erstenmal einen Blick auf die weite Bucht von Marathókambos und den Westen der Insel. Über der mit Olivenbäumen bestandenen Küstenebene erhebt sich der 1433 m hohe, völlig kahle Berg Kérkis, in der Ferne sind bei gutem Wetter die Foúrni-Inseln zu sehen.

Ein Abstecher an die Bucht führt über **Kouméika** mit schöner Platía in den Küstenweiler **Bállos** mit Kieselsteinstrand. Eine Bergstraße führt von Kouméika weiter nach **Skouréika**, einem von Fremden nur selten besuchten, noch sehr ursprünglichen Dorf. Auf Sámos ist es für seine leckeren Pferdebohnen berühmt. Das Weinbauerndorf **Platanós** oberhalb der Inselrundstraße besitzt die schönste Platía im Westen der Insel. Drei große Platanen beschatten ein kleines Hotel, Gemeindeamt, Kiosk und viele Tavernen. Am gedeckten Brunnenhaus aus dem Jahre 1837 wird manchmal Wäsche gewaschen, viele Frauen im Dorf tragen noch die traditionellen weißen Kopftücher. Die Bäckerei an der Platía nennt sich immer noch stolz *Germanikon Artopoeion* (Deutsche Bäckerei): Diese Bezeichnung legten sich in den 30er Jahren viele griechische Bäckereien zu, als sie ihre ursprünglichen Backöfen durch elektrische, aus Deutschland importierte Backöfen ersetzten.

Statt auf der sehr gut ausgebauten Hauptstraße nach Karlóvassi weiterzufahren, kann man auch die Nebenroute über **Kontéika** wählen, die überwiegend durch Weinfelder führt.

 Busverkehr: Auf der Südküstenstraße verkehren 2 × täglich Busse zwischen Vathý, Pythagório und Karlóvassi.

Unterkunft: Privatzimmer werden in den Bergdörfern Koumaradéi, Pýrgos und Platanós vermietet sowie in der Küstensiedlung Bállos.

Der Sámos-Wein ist nicht mehr süß

Noch im vergangenen Jahrhundert machte der süße Wein von Sámos den Aperitifweinen aus Porto, Madeira und Jerez Konkurrenz. Heutzutage verwenden ihn die meisten Europäer bestenfalls in der Küche. Dabei wird auf Sámos immer noch ein exzellenter Süßwein produziert. Hier steht er auch auf jeder Getränkekarte; exportiert wird er aber vor allem als Grundlage für Schlaf und Kreislauf fördernde Arzneimittel sowie als Meßwein für die katholische Kirche.

Die Winzer der Insel haben sich dem veränderten Geschmack der Weintrinker angepaßt. Sie ernten auf den insgesamt 1800 ha Weinanbaufläche der Insel zwar immer noch zu 95 % die weiße Muskattraube *(Léfko Moscháto)*, aus der auch der Süßwein gewonnen wird, bauen den Wein aber trocken aus. Auf den restlichen 5 % der Anbaufläche wachsen rote Fukiano-Trauben, aus denen trockene Rot- und Roséweine gekeltert werden. Für den lokalen Verbrauch wird außerdem ein milder *Retsína* produziert. Für den *Retsína* wird das zu einer Kugel geformte Harz der Aleppo- oder Strandkiefer (max. 12 g je 100 l) 14 Tage lang dem von der Kelter ins Faß fließenden Most beigegeben und löst sich darin durch die Gärungswärme auf. Früher diente die Methode zur Haltbarmachung des Weins, heute retsiniert man ihn einzig und allein des speziellen Aromas wegen.

Wein anbauen darf auf Sámos nur, wer Mitglied in einer der 28 Winzergenossenschaften der Insel ist. Bereits seit 1934 sind diese Genossenschaften mit heute 6000 Mitgliedern in der EOS, der Vereinigung der Winzergenossenschaften, zusammengeschlossen. In ihren beiden Produktionsbetrieben, in Malagári westlich von Vathý, und in Karlóvassi, werden alle Trauben angeliefert. Die Kellereien können täglich bis zu 1000 t Trauben verarbeiten und bis zu 18 Mio. l Wein lagern; der jährliche Ausstoß beläuft sich auf 8–10 Mio. Tonnen. Die Geschäfte der EOS werden von Vorstand und Aufsichtsrat geleitet; grundlegende Entscheidungen trifft eine jährliche Generalversammlung, in der jede der 28 Einzelgenossenschaften über eine ihrer Anbaufläche entsprechende Stimmenzahl verfügt.

Der Zwang zur Mitgliedschaft in der Genossenschaft verhindert, daß sich fremde Großkellereien – wie z. B. *Boutari* auf Santorin – etablieren und gewachsene Strukturen zerstören können. Für den Weinliebhaber liegt ein Nachteil darin, daß kein Bauer mehr seinen eigenen Faßwein ausschenkt. Statt dessen kann man aber die *Soúma* probieren, einen Tresterschnaps, der immer noch privat gebrannt wird.

Nach der Ernte werden die Trauben zum Trocknen ausgebreitet

Der Inselwesten

 Essen und Trinken: Gutes Essen und einzigartige Aussicht bietet die Taverne *Balconi* in Koumaradéi.

Die zypriotischen Spezialitäten *Kléftiko* (im Lehmbackofen gebackenes Lammfleisch) und *Halloúmi* (ein gegrillter zypriotischer Käse) werden in der Taverne *O Kypriakos* in der Küstensiedlung Bállos serviert. Tavernen gibt es auch in Pýrgos und Platanós.

Bank/Post: In Pýrgos gibt es ein Postamt.

Feste: 15. August: Kirchweihfest mit Musik und Tanz in Pýrgos und Platanós. 13./14. September: Kirchweihfest im Kloster Timíou Stavroú mit großem Jahrmarkt

Der Westen der Insel wird vom 1433 m hohen Kérkis beherrscht, dessen Höhe in der Ägäis nur noch von Bergen auf Kreta, Euböa und Samothráki übertroffen wird. Im Norden fällt er so steil und schluchtenreich ins Meer ab, daß hier noch keine Straße angelegt werden konnte. Nur Wanderer können den Inselwesten umrunden; alle anderen haben die Möglichkeit, ihn auf zwei verschiedenen Touren kennenzulernen. So mancher bezieht hier auch gleich Quartier; denn die Strände zwischen Votsalákia und Limniónas sind die sandigsten der Insel.

Lékka, Kastaneá, Nikoloúdes und **Kosmadéi** sind vier Dörfer zwischen Karlóvassi und dem Kérkis, die zwar weder Kunstschätze noch Klöster zu bieten haben, aber ihrer Ursprünglichkeit und der schönen Lage wegen einen Besuch lohnen. Von Lékka aus ist der Blick auf Karlóvassi besonders gut; auf dem Weg nach Nikoloúdes durchquert man duftende Kiefernwälder; zwischen Nikoloúdes und Kosmadéi färben sich die Hänge zwischen April und Juni ginstergelb; von Kastaneá aus kann man über eine gute Piste nach Marathókambos weiterfahren.

Oberhalb weitläufiger Olivenhaine, auf denen der Wohlstand des Dorfes basiert, erstreckt sich an einem Hang **Marathókambos** (2200 Ew.). Es wurde im 16. Jh. durch Einwanderer von Chíos, Kálimnos und dem Peloponnes gegründet. Sein Hafen ist das 5 km entfernte **Órmos Marthókambou**, heute vor allem ein kleiner, beschaulicher Ferienort. Wer nicht am Kieselsteinstrand gleich neben dem Hafen baden will, wandert nach Westen an der Küste entlang, wo schon nach 1000 m der erste Sandstrand beginnt. Lange, mit Kieselsteinen durchsetzte Sandstrände ließen 3 km weiter westlich aus **Votsalákia**, das ursprünglich nur eine kleine Streusiedlung mit Häuschen in Olivenhainen war, einen stetig anwachsenden Urlaubsort werden.

Von hier aus kann man in etwa 90 Min. zunächst über einen Feldweg, dann über einen guten Pfad zum kleinen **Nonnenkloster Evangelismós Kérketeos** wandern. Es scheint in 500 m Höhe am steilen Hang des Kérkis über der Ägäis zu schweben. Kunstschätze haben die erst kurz nach dem Zweiten Weltkrieg erbauten, bescheidenen Klostergebäude nicht zu bieten; beeindruckend ist es aber zu sehen, wie sich das halbe Dutzend Nonnen hier oben aus kleinen Klostergärten und von ihren Ziegen, Hühnern, Bienen und Ölbäumen weitgehend selbst ernährt. Den klostergemäß gekleideten Wanderer erwarten kühles Quellwasser und ein Gläschen *Oúzo*; wer sich der Hitze und des anstrengenden Aufstiegs wegen zu leicht bekleidet hat, darf damit nicht rechnen.

An der Küste folgt der lange Sandstrand **Psilí Ámmos**, an dem auch FKK üblich ist, und noch etwas weiter **Limniónas** mit Grobsandstrand und kleinen Pensionen in Olivenwäldern. Hier biegt die Hauptstraße landeinwärts ab, führt an einigen Kohlemeilern und dem stillen Dorf Agía Kyriakí vorbei in die beiden abgelegensten Dörfer der Insel, **Kallithéa** und **Drakéi**. Zwischen Kallithéa und Drakéi sieht man tief unten in der Bucht von **Ágios Issídoros** eine weltabgeschiedene *Kaíki*-Werft, zu der eine Piste hinunterführt. In straßenlosen Zeiten war dieser Küstenfleck der Hafen der beiden Bergdörfer.

Busverkehr: Im Hochsommer 2 × täglich Busverbindung zwischen Vathý, Marathókambos und Votsalákia. 2–3 × wöchentlich wird die Fahrt bis nach Drakéi fortgesetzt. Von Karlóvassi nach Lékka mehrmals täglich; nach

Kastanéa 7 × wöchentlich, nach Nikolóudes und Kosmadéi an zwei Wochentagen je 2 × täglich
Tankstellen: Im Inselwesten gibt es keine Tankstellen. Man sollte in Karlóvassi oder in Agíi Theódori, wo die Hauptzufahrt nach Marathókambos von der Inselrundstraße abzweigt, noch einmal auftanken!

Unterkunft: Hotels, Pensionen und Appartements in Órmos, Marthókambou, Votsalákia, Psilí Ámmos und Limniónas

Essen und Trinken: Ebendort sowie in Marathókambos, im Hochsommer auch in Kallithéa

Bank/Post: Postamt in Marathókambos

Feste: Kleine Kirchweihfeste ohne Musik und Tanz am 25. März und 15. August im Nonnenkloster Evangelismós Kérketeos

Ausflug nach Ephesos

Kuşadasí (22 000 Ew.) ist neben Bodrum das bedeutendste Touristenzentrum an der türkischen Ägäisküste. Sámos wirkt dagegen äußerst beschaulich. In der modernen *Marina* des Ortes, dessen Name übersetzt ›Vogelinsel‹ bedeutet, haben 600 Boote bis hin zur Luxusjacht Platz, die Hotels am Ort und an den nahen, langen Sandstränden beherbergen Tausende von Touristen. Das Souvenirangebot in den Bazargassen ist um ein Vielfaches reichhaltiger als auf den griechischen Inseln; hier wie in den Restaurants am Ufer wird fast überall deutsch gesprochen.

Nur 20 km entfernt in Selçuk (15 000 Ew.) liegen die weitläufigen und äußerst anschaulichen Ausgrabungen des antiken Ephesos.

Im Altertum war **Ephesos** das bedeutendste Finanz- und Handelszentrum Kleinasiens und zählte zeitweise eine Viertelmillion Einwohner. Der Artemis-Tempel aus dem 6. Jh. v. Chr., der in seinen gigantischen Ausmaßen dem Hera-Tempel von Sámos entsprach, galt als eines der antiken Weltwunder und war ein bedeutendes Wallfahrtsziel. Über seine ökonomische Bedeutung für die Hersteller und Verkäufer von Devotionalien wird in der Apostelgeschichte (Apg. 19, 23–40) berichtet: Als der Apostel Paulus in Ephesos immer mehr Menschen bekehrte, zettelte der Goldschmied Demetrius einen Aufruhr an, da er um sein Geschäft fürchtete.

Den orthodoxen Christen war Ephesos Wallfahrtsort, weil hier ein später in eine Kapelle umgebautes Haus steht, in dem Maria ihre letzten Lebensjahre verbracht haben soll. Im Jahre 431 war Ephesos Schauplatz des III. Ökumenischen Konzils, das die Lehre des Nestorius verdammte und die Verehrung Marias als Gottesmutter begründete. Später wurden in Ephesos auch die ›Siebenschläfer‹ verehrt (deren Patronatstag bei uns für die bäuerlichen Wetterregeln von Bedeutung ist). Die sieben Christen entgingen während einer Christenverfolgung um das Jahr 250 dem Martyrium, weil sie durch ein Wunder in einen todesähnlichen Schlaf sanken, aus dem sie erst unter dem christlichen Kaiser Theodosius II. (408 – 450) wieder erwachten.

Ephesos,
Kuretenstraße

Rundgang

Im Rahmen eines organisierten Tagesausflugs besucht man zunächst die Ruinen der **Johannesbasilika**, die unter Kaiser Justinian (527– 565) über dem legendären Grab des Evangelisten Johannes errichtet wurde. Danach wird das **Ephesos-Museum** besichtigt, dessen Exponate überwiegend aus römischer Zeit stammen. Von besonderer Bedeutung sind zwei römische Marmorstatuen der Artemis, die als exakte Kopien eines nicht erhaltenen hölzernen Kultbildes gelten. Zwischen Taille und Brust der Göttin sind etliche Stierhoden als Fruchtbarkeitssymbole befestigt, die auf

uralte Opferriten verweisen. Manche Archäologen interpretieren die Stierhoden als Brüste und bezeichnen die Artemis von Ephesos auch als vielbrüstige Göttin.

Einen Gang durch die ausgedehnten Ausgrabungen der hellenisch-römischen Stadt beginnt man am besten am oberen, also am südlichen Eingang. Vorbei am **Varius-**

bad (1), einer römischen Thermenanlage aus dem 1. Jh., gelangt man zur gleich alten **Basilika am Staatsmarkt (2)**, dem oberen Marktplatz der Stadt. Der 165 m lange Bau diente als eine Art Börse. Dahinter liegt das **Odeon (3)** aus dem 2. Jh., das auf 23 Sitzreihen 1400 Zuschauern Platz bot. Der einst holzgedeckte Bau diente nicht nur als Konzertsaal und lyrisches Theater, sondern auch als Ort der Ratsversammlungen. Ebenfalls hinter der Basilika und neben dem Odeon stand das **Prythaneion (4)**, das eigentliche Rathaus, in dem Tag und Nacht das heilige Feuer der Herdgöttin Hestia brannte. In diesem Bau, von dem noch zwei Säulen aufrecht stehen, wurden die beiden Artemis-Statuen mit den Stierhoden gefunden, die im Ephesos-Museum zu sehen sind.

Von der **Oberen Agora (5)** führt die in der Antike *Embolos*, von den Archäologen *Kuretenstraße* genannte gepflasterte Gasse hinab zur **Unteren Agora (6)**. Links dieser Straße wurde auf einer 50 × 100 m großen Terrasse von den Ephesern erstmals ein Tempel zu Ehren eines römischen Kaisers, des Domitian (81–96), errichtet. Dieser **Domitian-Tempel (7)** sollte wohl dafür sorgen, der Stadt die Gunst Roms zu erhalten.

Auffällige Bauten an der *Kuretenstraße* sind dann die Brunnenanlage des **Trajan-Nymphäums (8)**, die einst dreigeschossige **Scholastiker-Therme (9)** mit angeschlossener Gemeinschaftslatrine und da-

zugehörigem Freudenhaus und der von den Archäologen anschaulich restaurierte **Hadrians-Tempel (10)** mit schönem Reliefschmuck. Auf der anderen Straßenseite wurde das ausgedehnte Wohnviertel der sogenannten **Hanghäuser (11)** freigelegt, die terrassenförmig hintereinander erbaut waren. Auf dem Obergeschoß des unteren Hauses stand meist das Untergeschoß des nächsthöher gelegenen. Die Häuser waren äußerst komfortabel mit Atrium, Wasserbecken und Gärten ausgestattet, man fand Mosaikfußböden und Fresken an den Wänden. Die Häuser waren von engen Stufengassen aus zugänglich, die auf die *Kuretenstraße* mündeten.

Die *Kuretenstraße* führt auf die **Celsus-Bibliothek (12)** zu, deren Fassade von österreichischen Archäologen, die in Ephesos graben, mit Hilfe österreichischer Wirtschaftsunternehmen eindrucksvoll rekonstruiert wurde. Über das Unternehmen informieren deutschsprachige Tafeln äußerst ausführlich. Die antike Bibliothek trägt den Namen eines römischen Prokonsuls, der zwischen 105 und 107 Statthalter der römischen Provinz *Asia* mit Sitz in Ephesos war, und wurde von 110–135 n. Chr. im Auftrag seiner Söhne erbaut. Sie war zugleich öffentliche Bücherei und Grabbau des Celsus.

An der Celsus-Bibliothek beginnt die zweite Hauptstraße der Stadt, die *Marmorstraße*. Sie passiert sogleich die **Untere Agora (6)**. Der Marktplatz mit 111 m Seitenlänge

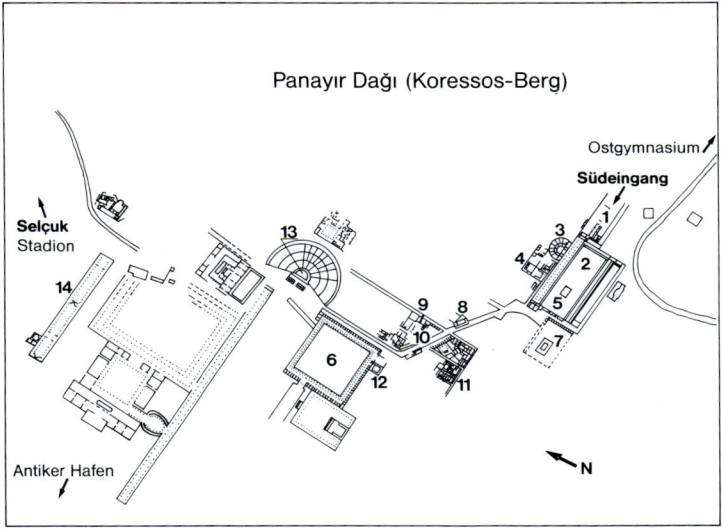

Ephesos

---

war von einer doppelten Säulenga-
lerie umgeben. Im Westen des Plat-
zes gelangt man durch ein Tor und
über eine 160 m lange und 24 m
breite Prachtstraße zum Hafen der
antiken Stadt. An der *Marmorstraße* folgt das sehr gut erhaltene **Theater (13)**, das auf 66 Rängen 24 000
Zuschauer fassen konnte. Es gibt
heute den Bauzustand der Zeit um
100 n. Chr. wieder. Der Weg zum
Ausgang führt an den Überresten
antiker Sportstätten vorbei. Möglich ist noch ein Abstecher zu den
Ruinen der **Marienkirche (14)**, in
der das III. Ökumenische Konzil
stattfand. Sie gilt als erste der Got-

tesmutter geweihte Kirche überhaupt.

Tagesausflug: Ephesos im Rahmen eines Tagesausflugs auf eigene Faust zu besuchen, lohnt nicht. Man
schließt sich besser einer organisierten Tour mit deutschsprachiger Füh-
rung an, wie sie von allen Reisebüros
auf Sámos angeboten wird. Wer darauf
verzichten will, muß die Exkursion
nach Ephesos per Taxi unternehmen.
Mehrtagestour: Grundsätzlich ist es
möglich, in der Türkei zu übernachten.
Wer allerdings per Charterflug nach
Griechenland gereist ist, verwirkt mit
solch einer Übernachtung seinen Anspruch auf den Rückflug.

Einreisepapiere: Zur Ausreise aus
Griechenland in die Türkei ist ein
Reisepaß erforderlich; der Personalaus-
weis genügt nicht (s. S. 250).

Pátmos
Ikaría
Foúrni

Pátmos:
Stätte der Offenbarung

Ikaría:
Bizarrer Fels und
wenig Fremde

Foúrni:
Insel der Fischer

Glockenturm des Johannesklosters
auf Pátmos

Pátmos

Pátmos gilt in Hellas als heilige Insel. Hier wurde dem Evangelisten Johannes die Apokalypse offenbart. Das trutzige Johannes-Kloster birgt Schätze von unermeßlichem Wert. Das Inselstädtchen gibt sich mit weißen Häusern und verwinkelten Gassen fast kykladisch. Zahllose Strände säumen das buchtenreiche Eiland.

Pátmos gilt den Griechen als ›Heilige Insel‹: Hier soll Gott dem Evangelisten Johannes die ›Apokalypse‹, das letzte Buch des Neuen Testaments, offenbart haben. Die Grotte, in der dies geschehen sein soll, ist heute nicht nur Pilgerziel frommer Christen, sondern auch obligate Besichtigungsstation von jährlich mehreren zehntausend Kreuzfahrt-Touristen (s. S. 104).

Hoch über dem Hafenort Skála legt sich das weiße, kykladisch anmutende Dorf Chóra um das 900 Jahre alte Johanneskloster, das wie eine Festung auf einem der höchsten Hügel der Insel thront (s. Umschlaginnenklappe). Seine Schatzkammer birgt Handschriften und Dokumente, Ikonen und Meisterwerke der Sakralkunst von unschätzbarem Wert. Weitere Klöster und ein angesehenes Priesterseminar liegen am Ortsrand von Chóra.

Auf dem 3 km langen Weg von Skála nach Chóra offenbart sich dem Besucher die landschaftliche Schönheit der Insel. Ihre Form erinnert an die eines Seepferdchens. Immer wieder schnüren Buchten den ohnehin schmalen und nur flachhügeligen Inselkörper ein. Skála erstreckt sich über die gesamte Inselbreite von der West- bis zur Ostküste; an der engsten Stelle bei Diakóftou ist Pátmos nur ca. 300 m breit. Im Norden reckt sich die In-

Pátmos in Zahlen
(Inselkarte s. S. 99)

Fläche: 34 km^2
Höchster Berg: Profítis Ilías (269 m)
Einwohner: ca. 2700
Küstenlänge: 63 km
Entfernungen von Skála:
– Piräus   300 km
– Vathý/Sámos   56 km
– Ág. Kírykos/Ikaría   48 km
... zu anderen Orten der Insel:
– Chóra   3 km
– Gríkos   5 km
– Kámbos   11 km

sel dann nach Osten und schützt so große Teile der Inselgestade vor den Nordwinden. Viele Buchten werden von kleinen Stränden gesäumt. Feinsandig ist nur der von Psilí Ámmos im Südwesten, an Hotelbauten grenzt der von Gríkos. Manche Strände sind mit dem Bus, viele nur mit dem Leihfahrzeug zu erreichen. Am schönsten ist es freilich, sie mit dem Badeboot oder zu Fuß anzusteuern – dann offenbart sich der ›amphibische Charakter‹ der Insel am besten.

Geschichte

Archäologische Befunde und die Worte des Evangelisten beweisen,

Pátmos

daß Pátmos schon in der Antike besiedelt war. Entscheidend für die Inselgeschichte wurde die Klostergründung im Jahre 1088.

Im 11. Jh. war es zur Kirchenspaltung gekommen; das Byzantinische Reich mußte im Westen wie im Osten zahlreiche Gebietsverluste hinnehmen. In Kleinasien stellten die Seldschuken eine große Gefahr dar, vor der viele Christen an die Küste und auf die Ägäischen Inseln flohen. Zu ihnen gehörte auch Christodoulos, Abt eines Klosters bei Milet. Als er von dem byzantinischen Kaiser das Recht erbat, auf der seit den Araberüberfällen im 7. Jh. menschenleeren Insel Pátmos ein Kloster gründen zu dürfen, war diesem das unter strategischen Ge-

sichtspunkten nur recht: Durch die Gründung befestigter Klöster konnten Inseln sowohl wiederbelebt als auch zu Bollwerken gegen ein weiteres Vordringen des Feindes aus dem Osten hochgerüstet werden.

Noch während der Bauarbeiten mußten Christodoulos und seine Mönche im Winter 1092/93 die Insel wegen eines Seldschukenüberfalls verlassen. Sie zogen auf die Insel Euböa, wo der Abt am 16. März 1093 starb. Kurz darauf erfüllten ihm seine Brüder den letzten Wunsch, überführten nach Abzug der Seldschuken seine Gebeine nach Pátmos und fuhren mit dem Klosterbau fort. Arbeiter und Soldaten, die anfangs noch weit entfernt von den Mönchen siedeln mußten, durften 1132 Chóra als Schutzgürtel für das Kloster gründen; Pilger, deren Gebete nach einer Wallfahrt erhört worden waren, schenkten

Aufstieg zum Johanneskloster

dem Kloster Ländereien in Kleinasien und auf zahlreichen Inseln.

Sein Ruf als Ort göttlicher Offenbarung bewahrte Pátmos nach 1204 vor der Eroberung durch Venedig oder fränkische Ritter und hinderte ein Jahrhundert später auch die seit 1309 auf Rhodos ansässigen Johanniterritter daran, Pátmos ebenso wie die übrigen Inseln des Dodekanes zu besetzen. Als 1453 Konstantinopel fiel, wurde Pátmos dem Osmanischen Reich eingegliedert, blieb allerdings frei von türkischer Besiedlung. Über all die Jahrhunderte hinweg sicherte geschickte Diplomatie dem Kloster das Recht auf freien Handel, den es eifrig zur Mehrung seines Reichtums nutzte.

Die relative Freiheit der Insel lockte wohlhabende Flüchtlinge an. Die ersten kamen aus Konstantinopel, weitere folgten, als Rhodos 1522 und Kreta 1669 türkisch wurden. Damit entstand auf der Insel eine laizistische Opposition, die den Mönchen das alleinige Recht auf Handel und Boden streitig machte. 1722 kam es endlich zu einer Teilung des Bodens zwischen Kloster und sonstigen Inselbewohnern. Während des griechischen Freiheitskampfes verhielten sich die Patmier recht ruhig, um keine türkischen Privilegien zu verlieren.

Mit der Gründung des freien Griechenland, der Herausbildung der neuen Zentren Síros und Athen und dem Aufkommen der Dampfschiffahrt begann der wirtschaftliche Niedergang der Insel. Als die Italiener sie 1912 besetzten, verlor sie auch noch ihr kleinasiatisches Hinterland. 1947 wurde Pátmos wie die übrigen Inseln des Dodekanes dem freien Griechenland angegliedert; erneuter wirtschaftlicher Aufschwung setzte erst in den 80er Jahren durch den Tourismus ein. Erstmals seit über 170 Jahren ist seitdem die Bevölkerungszahl der Insel wieder angestiegen. Im Johanneskloster leben noch etwa 20 Mönche und Novizen.

Skála und Chóra

Skála, der Hafenort der Insel, ist dem Tourismus ›geweiht‹. Ehrwürdige Priester begegnen in den Gassen jungen Damen in bunter Strandbekleidung; am schmalen Stadtstrand mahnen Schilder vergeblich das Tragen von Bikini-Oberteilen an. Am Anleger mit dem Hafengebäude aus der italienischen Besatzungszeit warten Busse und Taxis auf Kreuzfahrer und Pilger, am Kai werben kleine *Kaikis* für Fahrten in die Badebuchten der Insel.

Von Skála führen eine Asphaltstraße und ein Stufenweg hinauf in die Chóra. Beide passieren auf halbem Weg das Offenbarungskloster **Moní tis Apokálipsis** aus dem 17. Jh., das mit seinen verschachtelten, blendend weiß gekalkten Bauten wie ein Kykladendorf en miniature wirkt. Stufen führen hinunter zur Grotte, in der der Evangelist Johannes seinem Schü-

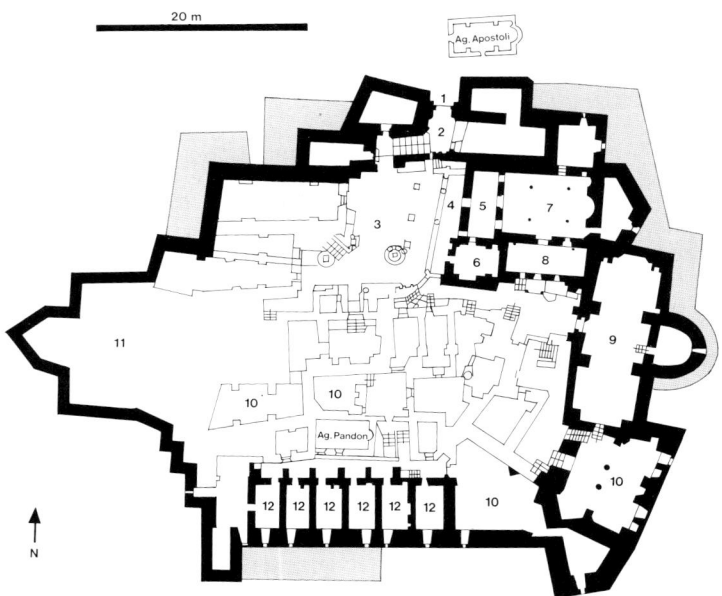

20 m

Ag. Apostoli

Ag. Pandon.

N

Johanneskloster

ler Prochoros seine Vision der Apokalypse diktiert haben soll. Sie ist
heute in eine kleine Doppelkirche
integriert, Johannes und der hl.
Anna geweiht. Die Risse in der
Decke sollen während eines Erdbe-
bens entstanden sein, das mit der
Offenbarung einherging. Zwei Ni-
schen in der Felswand, mit Silber
umrahmt, kennzeichnen die Stellen, auf die der Evangelist bei Mü-
digkeit sein Haupt bettete und auf
die er seine Hand beim Diktieren
abstützte. Auf dem natürlichen Fels-

pult, das jetzt mit dem Altartuch
bedeckt ist, soll Prochoros den Text
auf Pergament geschrieben haben.
Zwei Ikonen an der *Ikonostase* zeigen, wie Johannes dem Prochoros
diktiert.

Das **Johanneskloster in Chóra**
wird von einer zinnenbekrönten,
ursprünglich fensterlosen Mauer
geschützt. Der Eingang liegt auf der
Nordseite. Das **Klostertor (1)** mit
seiner Pechnase wird von zwei Türen flankiert. Durch einen gedeckten **Gang (2)** gelangt man in den
engen **Klosterhof (3)**, der auf drei
Seiten von nicht öffentlich zugänglichen Zellentrakten umstanden
wird. Im Osten flankiert ihn die **äu-**

ßere Vorhalle (4) der Klosterkirche (*Exonarthex*). Sie ist mit Fresken aus dem 17.–19. Jh. geschmückt. Die Malereien der **inneren Vorhalle (5**, *Esonarthex*) stammen aus der Zeit um 1600.

Im Süden des Esonarthex führt eine kleine Tür in die **Kapelle** des Klostergründers Christodoulos **(6)**. Hier ruhen in einem hölzernen, mit Treibsilber überzogenen *Reliquiar* aus dem Jahre 1796 seine Gebeine. Ebenfalls vom Esonarthex aus gelangt man in die **Hauptkirche (7)** aus dem späten 11. Jh. Auch hier stammen die Fresken aus der Zeit um 1600. An die Hauptkirche schließt sich südlich eine **Marienkapelle (8)** mit Wandmalereien aus dem 12. Jh. an.

Nach der Besichtigung der Kirchen kann man einen Blick in das **Refektorium (9)** aus dem 11./12. Jh. werfen und dann dem Hinweis-

schild zur Schatzkammer folgen. Unterwegs passiert man einige **Wirtschaftsräume (10)** und **Zellentrakte (12)**. In der klimatisierten **Schatzkammer (11)** liegen einige der über 1000 Handschriften und der über 3000 gedruckten Bücher des Klosterbesitzes aus. Besonders wertvoll sind eine *illuminierte Handschrift* des Buches Hiob aus dem 9. Jh. (Manuskript Nr. 171) und ein *Evangeliar* aus den Jahren 1334/35 (Codex Patmos 81). Die aufgeschlagene Seite zeigt den Evangelisten Matthäus, der gerade die Anfangsworte seines Evangeliums schreibt. Weitere Exponate sind Ikonen, darunter auch eine seltene *Mosaikikone*, liturgische Geräte und reich bestickte Gewänder, wertvolle Patriarchen- und Bischofsstäbe mit kostbaren Einlegearbeiten sowie kunstvoll geschnitzte *Weihkreuze* mit Miniaturdarstellungen biblischer Szenen. Besonders schön ist auch der Schmuck in der letzten Vitrine am vorgeschriebenen Rundgang: Prunkstücke sind zwei *Ohr-*

Chóra

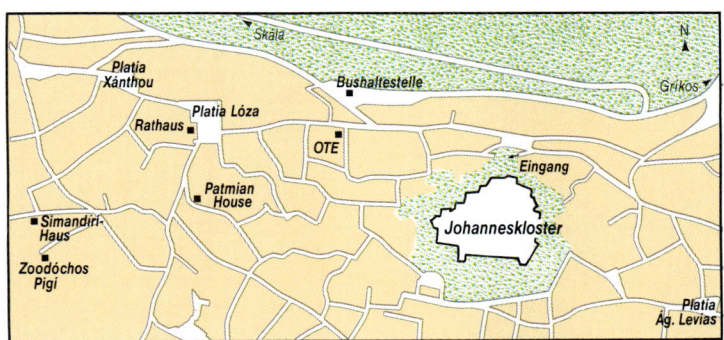

Apokalypse auf Pátmos

Die Offenbarung des Johannes bildet das letzte Buch des Neuen Testaments. Sie ist an sieben christliche Gemeinden in Kleinasien gerichtet, darunter die von Ephesos, Smýrna und Pergamon. Nachdem Johannes kurz berichtet, was ihm auf Pátmos widerfuhr, beginnt der Wortlaut der Offenbarung mit Ermahnungen an eben diese Gemeinden. Doch zuvor benennt Johannes die hier herrschenden Mißstände: Man lausche Häretikern, verzehre auf heidnischen Altären geopferte Tiere und fröne der althergebrachten Hurerei. Umkehr tut not!

Im Anschluß entfaltet sich Seite für Seite ein Szenarium des Schreckens. Die Apokalyptischen Reiter richten mit Hunger, Pest und Schwert, die Sterne stürzen auf die Erde herab, die Posaunen der Engel künden Feuer und Hagel an, Ungeheuer steigen vom Himmel herab und aus Meer und Erde auf. Die alte Welt wird vernichtet, das sündhafte Rom zur Einöde. Meer, Himmel und Erde vergehen. Erst nach 1000 Jahren wird der Thron Christi für das *Jüngste* Gericht bereit sein. Die Seligen werden in das *Neue Jerusalem* einziehen, in eine himmlische Stadt aus Edelsteinen, Gold und Perlen, in der nie Dunkelheit herrscht, da Gottes Herrlichkeit sie erleuchtet.

Nehmen wir einmal an, der Text der Offenbarung sei Menschenwerk, nicht göttliche Vision. Wer war dann jener Johannes, was bezweckte er mit diesen apokalyptischen Zeilen?

Historisch sicher ist nur dies: Jener Johannes lebte in den Jahren 95/96 n. Chr. als Verbannter auf Pátmos. Allein vom Lebensalter her kann er mit dem Jünger Christi also kaum identisch sein. Stilistisch und theologisch unterscheidet er sich so sehr vom Verfasser des Johannes-Evangeliums und der Johannes-Briefe, daß die Forschung die Annahme eines identischen Verfassers ablehnt.

Wahrscheinlich war der Johannes der Apokalypse ein Judenchrist, der vielleicht nach der Zerstörung des Tempels in Jerusalem im Jahre

gehänge aus dem 17. Jh. in Gestalt patmischer Segelschiffe. Beide Klöster sind geöffnet: Mo–Sa 8–14 Uhr; So 8–12 Uhr; Do und So auch 16–18 Uhr; zusätzliche Öffnungszeiten, wenn Kreuzfahrtschiffe eintreffen. Eintritt zur Schatzkammer 500 Drs.

Ein Rundgang durch die **Chóra** führt in südlicher Richtung durch enge, verwinkelte Gassen zur kleinen Platía Agías Levías, mit zwei Taver-

70 nach Kleinasien flüchtete, wo er die verschiedensten christlichen Gemeinden offenbar gut kennenlernte. Womöglich war er ein Wanderprediger, der häufig mit Visionen arbeitete. Sie waren in der Urkirche keine Seltenheit. Plötzliche Eingebungen waren Ausdruck des Volksglaubens und fanden Eingang in die kirchliche Liturgie. Und auch Visionen vom Weltuntergang waren keine Seltenheit: Aus der Zeit zwischen 200 v. Chr. und 200 n. Chr. sind bis heute mehrere Dutzend jüdische und christliche Apokalypsen erhalten geblieben.

Die Offenbarung des Johannes war konkret an die sieben kleinasiatischen Gemeinden adressiert. Drohungen sollten sie auf dem rechten Weg halten; Verheißungen die Bereitschaft fördern, nötigenfalls sogar das Martyrium auf sich zu nehmen. Gerade zum Zeitpunkt der Entstehung dieser Schrift war das nötig geworden, denn Kaiser Domitian ließ wieder einmal, wie 30 Jahre zuvor schon Kaiser Nero, Christen von wilden Tieren zerreißen und viele andere qualvolle Tode sterben.

Während die Offenbarung des Johannes im Westen bereits im 3. Jh. in den Kanon des Neuen Testaments aufgenommen wurde, lehnten die östlichen Kirchenväter ihre Geltung als »heilige Schrift« noch strikt ab. Erst im Jahre 692 wurde sie auf einem Konzil kanonisiert. Allerdings wird sie bis auf den heutigen Tag in der Ostkirche weder in gottesdienstlichen Lesungen noch in der Liturgie berücksichtigt.

Auch existierten im byzantinischen Raum lange Zeit keinerlei bildliche Darstellungen der Apokalypse, von der Verwendung einzelner Motive wie dem des *Himmlischen Jerusalem* oder des Alpha und Omega einmal abgesehen. Erst unter dem Einfluß von Albrecht Dürers Holzschnittzyklus zur Apokalypse, der in einer von Lucas Cranach d. Ä. vereinfachten Form auch in der Erstausgabe der Lutherbibel erschien, finden sich in den Athos-Klöstern seit 1568 nachbyzantinische Freskenzyklen mit apokalyptischen Darstellungen. Außerhalb der Mönchsrepublik sind sie aber noch immer selten zu finden (z. B. auf Rhodos) – selbst im Johanneskloster auf Pátmos sucht man sie vergebens.

nen und einer Café-Bar, in nördlicher Richtung zum klassizistischen Rathaus und von dort weiter den Schildern folgend zum **Simandíri-Haus**. In diesem noch bewohnten Privathaus kann man sehen, welch großzügige Räume sich hinter den abweisenden Mauern der Herrenhäuser verbergen (geöffnet: täglich 9–15 und 17–20 Uhr, Trinkgeld von 250 Drs./Person wird erwartet).

Unmittelbar in der Nähe dieses *Archontikó* steht das **Nonnenkloster Zoodóchos Pigí** aus dem Jahre 1607 mit blumenreichem Innenhof (täglich 8–12 und 16–19 Uhr). Von hier aus kann man in ca. 20 Min. zum **Nonnenkloster Evangelismós** wandern. Die Klosterkirche wurde in den 80er Jahren von einer der Nonnen vollständig im byzantinischen Stil ausgemalt (täglich 9–11 Uhr).

Dörfer und Strände

Das neben Chóra und Skála einzige Dorf der Insel ist **Kámbos**. Von der schönen Platía aus führt die Hauptstraße hinunter zum Kiesstrand von **Káto Kámbos** und weiter zum Kieselsteinstrand von **Lámbi** (beide mit Tavernen). Kleine Sand-/Kiesstrände liegen unterhalb der erst 1992 fertiggestellten Asphaltstraße, die von Káto Kámbos über den Weiler Vagía an die Nordostspitze der Insel führt. Über eine schmale Asphaltstraße, die später in eine unregelmäßige Piste übergeht, kommt man von Kámbos aus auch zur Bucht **Livádi Kalógiron** mit Steinstrand und einem idyllisch um eine Kirche gruppierten Bauernhof.

Von der Straße zwischen Skála und Kámbos zweigt zunächst eine Stichstraße zum Campingplatz von **Meli** (mit Kiesstrand) und zum modernen, von einem Mönch be-

wohnten **Kloster Koumanás** ab. Eine weitere Stichstraße führt zum Sand-/Kiesstrand **Agrioliváti**, eine dritte zum fruchtbaren Küstensaum von **Léfkes** mit Steinstrand.

Südlich von Skála liegt die Bucht von **Gríkos** mit langem Sand-/Kiesstrand, mehreren Hotels und Pensionen. Um zum schönsten Strand der Insel, **Psilí Ámmos**, zu gelangen, fährt man von Chóra aus auf einer Piste bis zur Bucht Stravrós und geht von dort auf deutlich erkennbarem Pfad etwa 30 Min. zu Fuß. Psilí Ámmos und andere Badebuchten werden von Skála aus auch von Badebooten angesteuert.

Schiffsverkehr: Autofähre nach Sámos 1–3 × wöchentlich; fast täglich Ausflugsboote nach Pythagório/Sámos sowie 1–2 × wöchentlich nach Ágios Kírykos/Ikaría. Täglich große Autofähren nach Piräus, Léros, Kálimnos, Kós und Rhodos. 1 × wöchentlich Autofähre nach Chíos und Lésbos.

Busverkehr: Zwischen Skála und Chóra verkehren Linienbusse etwa 10 × täglich, zwischen beiden Orten und Gríkos 6 × täglich, zwischen Skála und Káto Kámbos 2 × täglich.

Unterkunft: Zimmervermieter stehen zu jeder Schiffsankunft in großer Zahl am Kai. Wer ein Privatzimmer in Chóra sucht, wendet sich am besten an das Tourist Information Office in Kála oder an den Wirt der Taverne *Vagelis* an der Platía Ag. Levías von Chóra. Eines der besten Hotels auf Pátmos ist das *Golden Sun* in Gríkos mit deutscher Wirtin (25 Zimmer, DZ ab 70 DM, ✆ 02 47/3 23 18)

Essen und Trinken: Als beste Fischtaverne gilt unter Einheimischen *To Pirofani* an der Uferstraße in Skála. Gutes Essen bietet ein Tankerkapitän a. D., der die Taverne *Agriolivadi* am gleichnamigen Strand betreibt. Als eines der besten (und teuersten) Restaurants der Ägäis gilt das *Patmian House* in einem alten Archontikó in der Chóra (Tischreservierung empfehlenswert, ☎ 02 47/3 11 80, täglich 19–23 Uhr). In der Taverne *Panagos* an der Platía von Kámbos sind die *Kalamáres* und die manchmal erhältliche Rinderzunge *(Glossá)* exzellent.

Bank/Post: In Skála: Postbank am Hafen, Nationalbank im Zentrum.

Taverne in Chóra

Feste: 15./16. März: Todestag des Klostergründers Christodoulos; spätnachmittags jeweils Gottesdienste im Kloster. 7./8. Mai: Festtag des Evangelisten Johannes; am späten Nachmittag des 7. Mai und am frühen Morgen des 8. Mai Gottesdienste in der Grotte der Apokalypse. 5. August: Kirchweihfest Verklärung Christi mit Musik und Tanz in Kámbos und Káto Kámbos. 14. August: Am Vorabend von Mariä Entschlafung Musik und Tanz am Strand von Káto Kámbos. 13. September: Vorabend des Festtages der Kreuzeserhöhung; Musik und Tanz am Strand von Gríkos.

Auskunft: Tourist Information Office, auf der Rückseite des Hafengebäudes, ☎ 02 47/3 11 58 und 3 16 66, monatlich wechselnde Öffnungszeiten, meist Mo–Fr 7.30–14 Uhr

Ikaría

Ikaría präsentiert sich als herbe Schönheit mit kargen, zu bizarren Formen erodierten Felsen, steinigen Hochebenen, fruchtbaren Tälern und üppigen Wäldern. An den Stränden im Nordwesten ist noch viel Platz für Individualisten. Als Verkehrsmittel empfiehlt sich der Jeep.

Ikaría ist kein Ziel für Inselkonsumenten. Das felsige Eiland des Ikaros macht es dem Fremden schwer, die Insel kennenzulernen. Das fängt schon bei den Straßenverhältnissen an. Auf der ganzen Insel, 40 km lang und bis zu 8 km breit, gibt es nur eine einzige gute, 60 km lange Asphaltstraße. An ihr liegen nur etwa ein Viertel aller ikariotischen Dörfer. Alle übrigen Orte sind nur über abenteuerliche

Ikaría in Zahlen
(Inselkarte s. S. 112)

Fläche:	255 km²
Höchster Berg:	Fárdi (1037 m)
Einwohner:	ca. 5700
Küstenlänge:	102 km
Entfernungen von Ág. Kírykos:	
– Piräus	257 km
– Skála/Pátmos	48 km
– Foúrni	19 km
... zu anderen Orten der Insel:	
– Christós R.	61 km
– Gialiskári	55 km
– Évdilos	40 km

Staub- und Schotterstraßen, die kein Linienbus und kein Taxi aus den Hafenorten befährt, zu erreichen. Ein Jeep ist hier das ideale (Miet-)Fahrzeug. Die Bewohner Ikarías kürten bisher bei freien Wahlen traditionell die Kommunisten zur stärksten Partei – da kam bei keiner Athener Regierung der Nachkriegszeit je der Wunsch auf, die Ikarioten mit guten Straßen zu verwöhnen. Wegweiser fehlen fast völlig. Ortsschilder sind selten. Vernünftige Inselkarten gibt es nicht. Man muß nicht nur immer wieder fragen, wie man wo hinkommt, sondern auch noch, wo man sich gerade befindet. Tavernen sind dünn gesät, Fremdenzimmer werden nur in wenigen Dörfern vermietet. Strände gibt es freilich im äußersten Südwesten bei Gialiskári *(Jaliskári)* und Armenistís, 60 km von der Inselhauptstadt Ágios Kírykos entfernt.

Die Landschaft der Insel ist überwältigend schön und abwechslungsreich. Ein bis zu 1037 m hoher Gebirgszug *(Óros Athéras)* durchzieht Ikaría von West nach

Ost. In den Höhenlagen ist er von Heidekraut, Erdbeerbäumen, Steineichen und Kräutern wie Thymian, Salbei und Oregano bedeckt. Gen Süden fallen seine Hänge steil und überwiegend völlig kahl zum Meer hin ab; nur wenige enge Täler eignen sich hier zum Anbau von Getreide und Oliven oder lassen Platz für Küstensiedlungen wie Ágios Kírykos, Thérma und Karkinágri. Im Norden sind die Täler zahlreicher, steigen sanfter zum Inselrükken an und bieten vielen Dörfern Raum. Hier wachsen Platanen und Kastanien, Kiefern, Walnuß- und Obstbäume. In höheren Lagen kommen Weingärten hinzu. Zahlreiche Bäche stürzen von der Zeit der ersten Regenfälle im Oktober bis weit ins Frühjahr hinein durch enge Schluchten und oft auch über eine Vielzahl kleiner Wasserfälle zur Küste hinab. In dieser Jahreszeit ist Ikaría am schönsten.

Ikaría ist eine Insel mit vielen Eigenarten: Untypisch für die Ägäis sind die vielen Dörfer im Inselnorden, denen eine zentrale Platía, überhaupt ein erkennbares Zentrum fehlt. Die Ausrichtung der Dorffeste ist immer noch eine Angelegenheit der Gemeinschaft. Öffentliche Aushänge listen genau die einzelnen Ausgabeposten für Tomaten, Gurken, Fleisch usw. auf und legen Rechenschaft über die Einnahmen durch Essensverkauf, Tombola und Spenden ab. Überschüsse kommen nicht einzelnen Tavernenwirten zugute, sondern der Dorfgemeinschaft. Typisch für

Ikaría sind die mit Schieferschindeln gedeckten Häuser aus unverputztem Naturstein. Große Felsschollen werden als Seitenwände oder Dächer in Stall-, Haus- und Kirchenbauten einbezogen. Die Kirchen sind größtenteils unverschlossen: Sie bergen keine Schätze.

Auf den Pisten müssen Autofahrer und Wanderer immer wieder Gatter öffnen, die zusammen mit kilometerlangen Steinmauern das Überwechseln der hier frei weidenden Ziegen von einem Gemeindegebiet aufs andere verhindern sollen. Die Ziegen liefern den Ikarioten auch den *Filakí*, einen einzigartigen Ziegenfellrucksack, den man anderswo in der Ägäis nur noch in Museen sieht. Die Beine dienen als Träger und Bauchgurte, der ganze Rucksack sieht aus wie eine auf dem Rücken getragene Ziege, nur fehlen Kopf und Hals.

Mythologie und Geschichte

In der Antike galt Ikaría als die Insel, auf der Dädalos seinen Sohn Ikaros beigesetzt hatte. Gemeinsam hatten sie den ersten Flugversuch der Menschheitsgeschichte unternommen. Den Warnungen seines Vaters zum Trotz war Ikaros der Sonne zu nahe gekommen. Das Wachs, das die Vogelfedern seiner Flügel verband, schmolz, Ikaros stürzte vor ›Ikaría‹ ins Meer.

C. Saraceni »Sturz des Ikarus« (16. Jh.)

Ionier aus dem kleinasiatischen Milet besiedelten Ikaría in der Mitte des 8. Jh. v. Chr. und gründeten drei Städte. Während der Herrschaft des Tyrannen Polykrates (538–522 v. Chr.) gehörte die Insel zu Sámos. Viel mehr ist über die antike Geschichte Ikarías nicht zu erfahren. In byzantinischer Zeit war die unwirtliche Insel ein Verbannungsort für unliebsame Adlige. Von 1191–1333 stand sie unter der Herrschaft venezianischer Adliger, bis 1481 dann unter der der genuesischen *Maona* von Chíos (s. S. 134). Im 16. Jh. war die Insel weitgehend entvölkert; die Türken zeigten so wenig Interresse an ihr, daß sie erst 1601 offiziell ins Osmanische Reich integriert wurde. 1912 vollzog sich der Anschluß an Griechenland; 1944–49 war Ikaría Verbannungs- und Gefängnisinsel für Sympathisanten und Mitglieder der linken Partisanenorganisation. Auch Mikis Theodorakis lernte 1947/48 Ikaría als Häftling kennen.

Ágios Kírykos und Thérma

Das verschlafene Städtchen **Ágios Kírykos** (2000 Ew.) ist zugleich

Hauptort und -hafen der Insel. Auf der langen Mole am Fähranleger steht ein wohl unbestreitbar häßliches, modernes Ikaros-Denkmal. Am kleinen Kai unmittelbar vor den 300 m vom Fähranleger entfernten Kafenía im Ortszentrum legen die Fischer- und Postboote von der Nachbarinsel Foúrni an, um ihre Fracht zu entladen und gelegentlich auch Diesel aufzunehmen. In diesen Kafenía zu sitzen und das beschauliche Treiben zu beobachten ist die beste Beschäftigung für Ortsfremde.

Vom Foúrni-Anleger aus fahren mehrmals täglich kleine Passagierboote in das drei Straßenkilometer oder 20 Gehminuten entlang der Küste entfernte **Thérma**, einen typisch griechischen Kurort. Thérma, das in einem kurzen, engen, üppig grünen Taleinschnitt liegt, wird nur durch einen niedrigen Hügelzug von Ágios Kírykos getrennt. In Thérma entspringen mehrere radonhaltige Heilquellen mit Temperaturen zwischen 45° und 58° Celsius, die von griechischen Kurgästen alljährlich zwischen Mai und Oktober zu mehr als 100 000 Heilbädern genutzt werden. Kuranzeigen sind Arthritis, Rheuma, Neuralgien und Frauenkrankheiten.

Auch wer sich gesund fühlt, sollte sich das griechische Kurwesen einmal anschauen (oder gar ein Einzelbad für weniger als 5 DM nehmen). Die Badeeinrichtungen sind unglaublich einfach, aber sauber; die Atmosphäre ist Welten von der in Badenweiler oder Baden-Ba-

den entfernt. Auf den wenigen Gassen und Straßen von Thérma wimmelt es den ganzen Morgen über von zumeist älteren Menschen in Pyjamas, Nachthemden und Morgenmänteln, die mit dem Handtuch unterm Arm zum Badehaus pilgern. Spätnachmittags sitzen sie dann in den Kaffeehäusern am Ufer und genießen entspannt den oftmals ersten Urlaub ihres Lebens.

Über Asphalt nach Évdilos, Armenistís und Nas

Die Inselhauptstraße windet sich von Ágios Kírykos aus innerhalb weniger Kilometer bis auf 900 m Höhe hinauf, wo sieben mit EG-Hilfe errichtete Windräder je 55 kWh ins Elektrizitätsnetz der Insel einspeisen können. Dann führt sie in großer Höhe an den Rändern tief in die Nordküste einschneidender Täler entlang und erreicht erst nach insgesamt 32 km bei **Karavóstamo** wieder die Küste. Von hier aus ist schon **Évdilos** (500 Ew.) zu sehen, der zweitgrößte Ort und zweite Fährhafen der Insel. Évdilos lohnt nur eine kurze Rast am Hafen.

3 km hinter Évdilos erreicht die Asphaltstraße den Weiler **Kámbos**. Unmittelbar rechts an der Hauptstraße findet man hier ein modernes Restaurant und ein altes Kafeníon, das zugleich als Gemischtwarenhandlung dient (Haus

Nr. 100). 15 m weiter wohnt in einem modernen Haus auf der gleichen Seite die Schlüsselverwahrerin des Museums von Kámbos. Es steht 30 m entfernt neben der Kirche Agía Iríni aus dem 11. Jh. auf dem Gelände einer ehemals frühchristlichen Basilika. In dem kleinen Einraummuseum sind neben Scherben griechischer Keramik und antiken Grabreliefs auch einige Beispiele phönizischer Keramik zu sehen. Von Kámbos aus führt eine kleine Stichstraße hinunter zum kiesigen Strand **Plaz Parthení**.

Wie an den folgenden Stränden weiter westlich, mündet auch in diesen Strand ein kleiner Wasserlauf, der zu winzigen, von Schilfrohr umstandenen Tümpeln aufgestaut ist. In ihm leben kleine Schildkröten und Aale.

Vorbei an der Streusiedlung Avláki führt die Asphaltstraße dann nach **Gialiskári** (*Jaliskári*) und **Armenistís**. Zwischen diesen beiden Weilern erstrecken sich die einzigen Sandstrände der Insel, die z. B. in der Hochsaison den 40 Einwohnern von Armenistís täglich bis

zu 800 Gäste bescheren. Mit seinen kleinen einfachen Tavernen am Ufer ist Armenistís dennoch ein beschaulicher Ferienort geblieben, in dem die Urlauber untereinander schnell Kontakt finden. Außerdem ist der Ort der beste Ausgangspunkt für eine Erkundung des Inselinneren.

Von Armenistís aus führt eine gute, nicht asphaltierte Straße 3 km weiter nach Westen zur Bucht von **Nas**. Durch eine enge, üppig grüne Schlucht, der man fast 1 Std. lang zu Fuß bergan folgen kann, stürzt

hier ein Bach über viele kleine Katarakte, unter denen sich immer wieder kleine Teiche bilden, hinunter in einen engen Taleinschnitt auf Meereshöhe, den ein kurzer Kieselsteinstrand säumt. Im Bach entspringen radonhaltige Quellen, an denen gern gebadet wird.

Bevor man von den beiden Tavernen am Wegesrand zu Bach und Strand hinuntersteigt, sollte man zunächst von der linken Taverne aus den Hang am linken Bachufer genauer in Augenschein nehmen. Fast unmittelbar am Strand sind dann auf einem niedrigen Felsplateau die Überreste eines antiken **Artemis-Tempels** zu erkennen, der zur Zeit von Archäologen freigelegt wird. Bei genauerem Hinsehen kann man am Hang auch Überreste von antiken Mauerzügen aus regelmäßig behauenen Quadern identifizieren. Tempel und Mauern werden vorläufig ins 5. Jh. v. Chr. datiert.

Pistentour von Ág. Kírykos über Plagiá nach Évdilos

Eine schmale Asphaltstraße führt von Ágios Kírykos in westlicher Richtung am Ufer entlang. Sie passiert nach 5,5 km das dicht oberhalb der Straße gelegene **Kloster Evangelístrias**. Es wurde bereits

Ikaría

1757 gegründet und war über 150 Jahre lang für seine Gastfreundschaft weithin berühmt. 1954 wurde es in ein Nonnenkloster umgewandelt. 1993 wurde es bei einem Waldbrand weitgehend zerstört, unversehrt blieb nur die Kirche. Mit dem Wiederaufbau wurde jedoch sofort begonnen.

An der Straße folgen dann **Xylosýrtis** und **Chrysóstomos**, zwei schmucke Dörfer, deren schöne Häuser aber zumeist nur im Sommer bewohnt sind, wenn die nach Amerika ausgewanderten Eigentümer nach Hause kommen. Hinter Chrysóstomos geht die Straße in einen Staubweg über, der mehrmals wilde Schluchten quert; eine neue Straße ist jedoch im Bau. Der Blick hinunter aufs Meer, auf Dreschplätze und mannshohe Terrassenmauern ist grandios, doch leider führt kein Weg ans Meer hinunter. Auch **Plagiá**, das auf Karten so eingezeichnet ist, als läge es direkt an der Ägäis, entpuppt sich in Wirklichkeit als Bergdorf. Gleich neben der großen Kirche mit der für die Südküste obligaten blauen Kuppel steht eine der schönsten Tavernen der Insel, die einen Namen wie ›Balkon der Ägäis‹ wahrhaft verdient hätte.

Hinter Plagiá wird die bisher noch annehmbare Piste mehr als schlecht. Es geht steil und kurvenreich bergan, auf der einen Seite droht der Abgrund, auf der anderen die Bergwand. Beifahrer kommen ins Schwitzen, Fahrer verfluchen etwaigen Gegenverkehr (eine neue

Straße ist auch hier in Bau). Dann erreicht die abenteuerliche Staubstraße eine Paßhöhe auf etwa 500 m Höhe. Eine kleine Ebene mit richtigem Kiefernwald signalisiert Erholung. Wenige hundert Meter hinter der Paßhöhe zweigt eine ungeteerte Trasse nach rechts ab und führt in langen Windungen auf den Berg Koskina mit den Überresten einer mittelalterlichen Festung. Der Ausblick ist phantastisch. Die Hauptstraße führt am Rande eines fruchtbaren Tales entlang über Kossíkia, Stéli, Dáfni und Akamátra hinunter nach **Évdilos**.

Theoktísti-Kloster

In einem dicht bewaldeten Hochtal nahe der Nordküste wurde im 17. Jh. ein Kloster gegründet, das heute leersteht. Die kleinen Klostergebäude aus dem 19. Jh. sind von romantischer Einfachheit und verbergen sich zwischen Kastanien, Zypressen und Feigenbäumen, Eichen und Wacholdersträuchern. Einige sind ganz aus Naturstein erbaut, andere wurden unter Einbeziehung der zahlreich im Gelände verstreuten, überdimensionalen Felsschollen errichtet. In der Klosterkirche, die man zwar nicht betreten, aber von außen gut einsehen kann, zieren Fresken aus dem späten 17. Jh. die Wände. Etwa zehn Höhenmeter bzw. 40 m zu Fuß oberhalb des Klosters wirkt eine kleine Ka-

Kapelle des Theoktísti-Klosters

pelle rein äußerlich wie eine un-mittelbare Anregung für Le Corbu-siers Kirche *Notre-Dame-du-Haute* in Ronchamp: Eine von zwei riesi-gen Felsplatten gebildete Grotte wurde durch eine einfache, kurze Natursteinmauer geschlossen und dann als Kirche geweiht. Der In-nenraum ist nur 4 m lang und ma-ximal 2,80 m breit, zehn einfachste Stufen führen zur (heute leider ver-schlossenen) Tür.

Das Theoktísti-Kloster ist im schilderlosen Ikaría nicht einfach zu finden. Am einfachsten ist die Zufahrt vom Weiler **Pigí** aus. Hier stehen am unteren Dorfrand unmit-telbar nebeneinander zwei kleine Kapellen mit schönem Schiefer-dach. Folgt man von hier aus dem Weg abwärts, ist nach 100 m eine Gabelung mit rot-weißem Bilder-stock erreicht. Hier hält man sich links. Nach 200 m zweigt nach links ein befahrbarer Waldweg ab, dem man folgt. An der Gabelung nach 150 m muß man sich rechts halten, und nach 250 m ist das Klo-ster erreicht.

Der Inselwesten

Landschaftlicher Höhepunkt jeder Ikaría-Reise ist eine etwa 80 km lange Tour – am besten mit dem

An der Südküste ▷

Jeep – durch den Inselwesten. Um sie an einem Tag zu schaffen, muß man auf jeden Fall bei Sonnenaufgang starten. Wegweiser fehlen in dieser Region fast völlig oder sind falsch; man sollte also keine Gelegenheit versäumen, nach dem richtigen Weg zu fragen.

Von Armenistís aus fährt man zunächst ins große Bergdorf **Christós Ráchon**, auch einfach *Ráches* genannt. Es ist das Schulzentrum für den gesamten Inselwesten und besitzt sogar ein *Líkio*, eine gymnasiale Oberstufe also. Tagsüber wirkt der Ort meist verschlafen. Das Leben spielt sich hier vor allem nachts ab. Die meisten Läden machen gegen Mitternacht ihre besten Umsätze; Besuche in den Häusern von Freunden sind selbst noch um 2 Uhr mogens üblich. Durch dichten Kiefernwald führt der Weg weiter bergan. An einer beschilderten Weggabelung folgt man dem Wegweiser nach Pézi und Karkinágri. Die Landschaft wandelt sich völlig, führt über eine steinige Hochebene, auf der viele Ziegen weiden. Dann senkt sich die Straße hinab ins Hochtal von **Langáda** mit der Wallfahrtskirche Kímesis tou Theotókou. Das Dorf ist heute nahezu unbewohnt, noch vor 30 Jahren lebten hier über 500 Menschen.

Die Landschaft wird nun immer bizarrer, die Felsen sind hier so stark erodiert, daß man oft den Eindruck hat, sie könnten jeden Moment zusammenstürzen. Einzelne Felsschollen liegen an Steilhängen

oder balancieren auf Kuppen, als wollten sie jeden Augenblick herunterfallen. Die Staubstraße windet sich in endlos scheinenden Serpentinen zum 700 m tiefer gelegenen Meer hinab, bei gutem Wetter reicht der Blick bis Amorgós im Süden der Ägäis. Im Weiler **Kálamos** gabelt sich die Straße: rechts geht es entlang der Westküste zurück nach Armenistís, links zunächst einmal hinunter nach **Karkinágri**. Von Herbst bis Frühjahr leben hier nur 300 Menschen, im Sommer 2000. Der Briefträger kommt zweimal wöchentlich mit dem Motorrad von Christós Ráchon herüber; es gibt zwar eine Volksschule, aber keinen Polizisten. Karkinágri liegt scheinbar am Ende der Welt. Aber das Tal ist fruchtbar: In der einzigen ganzjährig geöffneten Taverne kommen fast nur frische Produkte lokaler Provenienz auf den Tisch.

Über Kálamos geht die Fahrt dann weiter an die Westküste. Die Küstenszenerie ist nicht minder eindrucksvoll als zuvor. Hinter Amálo liegt links unterhalb der Straße gut erkennbar das verlassene **Kloster Evangelístrias**, dessen Bauten noch von Landwirten zur Lagerung von Geräten und Vorräten genutzt werden. In der frei zugänglichen Klosterkirche ist eine sehr folkloristisch gestaltete *Ikonostase* aus dem Jahre 1820 einen Blick wert; ansonsten sollte man einfach die unvorstellbare Ruhe zwischen den mit Schieferschindeln gedeckten Bauten genießen. Bald drauf steigt die Straße wieder an, passiert die Bergdörfer **Vrakádes** (wo Mikis Theodorakis 1947 in Gefangenschaft gehalten wurde) und **Kouniádi**, beide mit schönen Kafenía, und senkt sich dann hinab nach Nas und Armenistís.

Der Inselosten

Im äußersten Osten Ikarías wird zur Zeit ein Flughafen gebaut, dessen Landebahn sich quer über die Inselspitze von Loutrá im Norden bis Fanári im Süden erstreckt. Diese Bauaktivitäten vermindern die Attraktivität des Inselostens noch zusätzlich: ein Besuch lohnt sich bestenfalls, um die Kenntnis der Insel zu vervollständigen.

Von der Asphaltstraße zwischen Ágios Kírykos und Thérma zweigt eine beschilderte Piste (die als Flughafenzubringer asphaltiert wird) nach **Fanári** ab, einer reinen Sommersiedlung am Meer. Von der Asphaltstraße zwischen Ágios Kírykos und Évdilos aus zweigt eine Zementpiste in die Streusiedlung **Perdíki** ab, von wo aus ein schlechter Feldweg hinunterführt zum Küstenweiler **Loutrá** mit einer winzigen, verfallenen Thermalbadeanlage. Von hier aus kommt man über die Flughafenbaustelle weiter zum **Kap Drákanon** (auch: Kap Fanári) im äußersten Osten der Insel. Dort erhebt sich noch immer in eindrucksvoller Höhe von mehr als 10 m ein Rundturm aus der Zeit um 300 v. Chr., der als Leucht- und Wachtturm gedient haben mag.

Schiffsverbindungen: Von Évdilos an der Nordküste 4 × wöchentlich Autofährverbindung mit Piräus, Karlóvassi/Sámos und Vathý/Sámos sowie 3 × wöchentlich mit Páros. Von Ágios Kírykos 6 × wöchentlich Autofährverbindung mit Piräus, Karlóvassi/Sámos und Vathý/Sámos; 5 × wöchentlich mit Foúrni, 3 × wöchentlich mit Páros; 1 × wöchentlich mit Pythagório/Sámos, Chíos, Mýkonos, Náxos und Síros. Außerdem mindestens 3 × wöchentlich *Kaiki*-Verbindung mit Foúrni und 1–2 × wöchentlich Verbindung mit Ausflugsbooten nach Foúrni und Pátmos.

Karkinágri an der Südwestküste wird zwischen Mitte Juni und Mitte September 1 × wöchentlich von Autofähren auf ihrem Weg zwischen Piräus und Sámos angelaufen. Ansonsten besteht 3 × wöchentlich eine *Kaiki*-Verbindung zwischen Ágios Kírykos und Karkinágri.

Busverbindungen: Über Busverbindungen geben auf Ikaría nur die Busfahrer zuverlässig Auskunft. Mindestens 1 × täglich verkehrt ein Bus zwischen Ágios Kírykos und Armenistís, 2 × täglich zwischen Ágios Kírykos und Évdilos. Lokale Busverbindungen bestehen mehrmals täglich zwischen Ágios Kírykos und Thérma sowie zwischen Armenistís und Christós Ráchon.
Jeep-Vermieter: Jeeps kann man in Ágios Kírykos und Armenistís mieten.

Unterkunft: In Armenistís/Gialiskári: Bestes Hotel der Insel ist das 1989 erbaute Hotel *Cavos Bay* mit kleinem Meerwasser-Swimmingpool, ruhig am Ortsrand von Armenistís gelegen. Ins Dorfzentrum läuft man 3 Min., zum nächsten Sandstrand 10 und nach Nas 40 Min. (45 Zimmer, DZ ab 55 DM, ☎ 02 75/4 14 49). Sehr gut wohnt man bei längerem Aufenthalt in den Zimmern oder Appartements von Dimitri und Helga Joannidopoulos in einer ruhig gelegenen, modernen Villa mit prächtigem Garten direkt über dem Meer. Der perfekt deutsch sprechende Inhaber unternimmt mit seinen Gästen gemeinsam Jeep-Touren und Wanderungen (7 DZ, auch als Großappartement zu vermieten, DZ ab 45 DM, Vorabinfo im Winterhalbjahr über ☎ in München, 0 89/6 90 10 97, sonst auf Ikaría, ☎ 02 75/4 14 55, Reservierung unerläßlich). Außerdem werden in Gialiskári und Armenistís zahlreiche Privatzimmer vermietet.

Für eine Zwischenübernachtung in Ágios Kírykos eigenen sich die einfachen Pensionen *Akti* oberhalb des Foúrni-Anlegers (14 Zimmer, DZ ab 30 DM, ☎ 02 75/2 26 94) und *Adam's* direkt im Ortszentrum (7 Zimmer, DZ ab 30 DM, ☎ 02 75/2 24 18).

✕ Essen und Trinken: Ganzjährig geöffnete Restaurants sind selten; sie finden sich nur in Ágios Kírykos, Évdilos, Karkinágri und Christós Ráchon. Im Sommerhalbjahr kann man auch in Armenistís, Gialiskári, Avláki, Kámbos, Fanári und Thérma essen. Das stimmungsvollste Restaurant in Ágios Kírykos ist das *Ta Klimataria* im Ortszentrum.

Bank/Post: Banken gibt es in Ágios Kírykos und Évdilos, ein Postamt außerdem in Christós Ráchon. In Armenistís wechseln das örtliche Reisebüro und das Hotel *Cavos Bay*

Strände: Gute Strände findet man nur zwischen Évdilos und Armenistís. Der Kieselsteinstrand von Nas ist besonders reizvoll. Weitere, nur zur Erfrischung empfehlenswerte Strände bietet Fanári. In der Umgebung von Ágios Kírykos liegen nur kleinere Steinstränden.

Feste: Die Kirchweihfeste werden auf Ikaría noch unter Anteilnahme der ganzen Dorfgemeinschaft begangen. Mit Musik und Tanz gefeiert werden der 17. Juli in Ágios Kírykos und in Aréthousa/Nordküste, der 20. Juli in Ágios Kírykos, der 26. Juli in Karkinágri, der 6./7. August in Christós Ráchon, der 15. August in Langáda/Südwesten, in Gialiskári, in Christós Ráchon, in Akamátra und in Aréthousa/Nordküste.

Foúrni

Im Gegensatz zu anderen Inselzwergen in der Ägäis ist Foúrni nicht von Entvölkerung bedroht, denn die Fischerei floriert. Obwohl die Insel mit abgeschiedenen Buchten und faszinierenden Landschaftspanoramen lockt, spielt der Fremdenverkehr nur eine Nebenrolle.

Noch kann man auf Foúrni Inselurlaub wie vor 15 Jahren machen. Es gibt kein Reisebüro und kein Hotel; am einzigen Kiosk werden weder Ansichtskarten noch ausländische Zeitungen verkauft. Die beiden Inselstraßen sind nicht asphaltiert. Bus und Mopedverleih fehlen. Nirgends werden Sonnenschirme und Liegestühle vermietet; historische Sehenswürdigkeiten sucht man vergeblich.

Genau genommen ist Foúrni der Name einer ganzen Inselgruppe, die 1912 dem neugriechischen Staat angeschlossen wurde. Daß Foúrni aus mehreren Inseln besteht, wird den meisten erst dann klar, wenn sie schon dort sind. Zwei Inseln sind bewohnt: die Hauptinsel Foúrni und das benachbarte Thymaína. Die ersten Familien ließen sich wahrscheinlich erst im 19. Jh. auf den kargen Inseln nieder. Auf Thymaína gibt es nur ein einziges Dorf, in dem etwa 60 Familien leben. Es besitzt nicht einmal ein Kafeníon; keiner der Insulaner vermietet ein Privatzimmer. Man lebt gut von der Fischerei und

ist auf den Fremdenverkehr nicht angewiesen. Strom bezieht man über ein Unterseekabel von der Hauptinsel; die Versorgung mit Lebensmitteln und allem, was man sonst noch benötigt, sichern kleine Boote, die nach Bedarf zwischen Thymaína und Foúrni hin und her pendeln.

Auf der Hauptinsel Foúrni leben im gleichnamigen Hauptort ca. 800 Menschen, weitere 200 im 15,3 Straßenkilometer entfernten

Foúrni in Zahlen
(Inselkarte s. S. 125)

Fläche: 30 km^2
Höchster Berg: Korakás (514 m)
Einwohner: ca. 1300
Küstenlänge: 126 km
Entfernungen von Foúrni:
– Piräus   272 km
– Karlóvassi/Sámos   33 km
– Ág. Kírykos/Ikaría   19 km
... zu anderen Orten der Insel:
– Chryssomiliá   15 km
– Thymaína   2 km

121

Der Fisch und die Fischer

Nur Touristen können griechische Fischer um ihr naturverbundenes Leben beneiden. Unter Griechen genießt Fischfang kein hohes Sozialprestige. Schon Plato ermahnte die Jugend, immer frei *»von dem Drang und dem Verlangen nach der Jagd zu Wasser«* zu bleiben; Plutarch hielt den Fischfang sogar für *»eines freien Mannes unwürdig«*.

Die Fangmethoden haben sich seit der Antike kaum geändert. Der Fisch wird geangelt oder in Reusen gefangen, der Oktopus wird z. T. noch mit dem Dreizack harpuniert. Gebräuchlichste Netze sind heute wie vor 2500 Jahren das trichterförmige Wurfnetz, das man durch einen Wurf im Wasser auslegt und später wieder einholt sowie das Schleppnetz, das hinter dem Boot hergezogen wird. Viele Fischer fischen heute im Schein heller Karbidlampen, von dem die Tiere angelockt werden; in der Antike verwendete man zu demselben Zweck Tannenholzfackeln.

Trotz seiner 15 000 km langen Küstenlinie besitzt Griechenland keine moderne Fischereiflotte wie Japan, Großbritannien oder die skandinavischen Länder. Der Großteil der griechischen Fangschiffe ist mit weniger als 100 BRT vermessen; nur etwa 100 Fischdampfer sind größer. So werden jährlich auch nur ca. 110 000 t Fisch eingefahren, davon die Hälfte aus dem Mittelmeer und ein weiteres Drittel aus den unmittelbaren Küstengewässern. Nur wenig mehr als 10 % des Fangs stammt aus dem Atlantik. Die Fangergebnisse des kleinen Dänemark sind zwanzigmal größer.

Als Nebenerwerb oder Freizeitbeschäftigung ist das Fischen auf den Inseln und an den Küsten immer noch weit verbreitet. Als Broterwerb spielt es nur noch eine bescheidene Rolle: In der Fischerei und den damit verbundenen Gewerben arbeiten ca. 10 000 Griechen hauptberuflich. Daß eine ganze Insel wie Foúrni davon lebt, ist in Griechenland einzigartig. Auch die Einstellung von ägyptischen Saisonarbeitern für die Fangflotte findet man außer auf Foúrni sonst nur noch auf Límnos und in Piräus. Die Fischerei schafft nur wenige industrielle Arbeitsplätze. Moderne Fangschiffsneubauten werden kaum in Auftrag gegeben, zu Fischkonserven werden nur 3,5 % der jährlichen Erträge verarbeitet.

Fischer sind selten wohlhabend. Meist haben sie nur geringen oder überhaupt keinen Landbesitz. Die Ägäis birgt noch immer viele Gefahren, die Arbeitszeit ist lang. Morgens um vier in einer Fischerknei-

Mühsam: Nach jedem Fang müssen die Netze gesäubert
und geflickt werden. Oftmals muß die gesamte Familie helfen.

pe zu sitzen, mag dem Urlauber romantisch dünken; der Fischer würde sicherlich gern länger schlafen. Die Fangfahrten machen nur einen
Teil seiner Arbeit aus; die gesamte Familie muß häufig beim Leeren
und anschließenden Flicken der Netze helfen und neue Köder aufzie-
hen.

Zudem sind die Ägäis und das gesamte Mittelmeer vergleichsweise
fischarm. Weil die Gibraltarschwelle ein Einströmen des kalten Tief-
wassers aus dem Atlantik verhindert, kommt es nur zu einem geringen
Vertikalaustausch der Wassermassen; die See bleibt nährstoffarm.
Schon seit vielen Jahrzehnten wird trotz Verbots mit Dynamit gefischt.
Die Folge sind nicht nur verkrüppelte Fischer, sondern auch die Vernichtung der Nahrungskette und des Fischnachwuchses.

Hohe Fischpreise sind die Folge. 1 kg Fisch der besten Qualität
bringt dem Fänger ca. 20 DM ein. Der Händler auf dem Markt verlangt
dafür 30 DM, der Kellner im Restaurant bis zu 50 DM. Fisch weiterzu-
verwerten ist inzwischen lukrativer geworden als ihn zu erbeuten.

Dorf Chryssomiliá. Eine Wanderung über diese Staubpiste zählt zu den faszinierendsten Landschaftserlebnissen, die die Ägäis zu bieten vermag. Man erkennt deutlich, daß die Hauptinsel eigentlich aus zwei Bergstöcken besteht, die nur durch einen schmalen, niedrigen Isthmos miteinander verbunden sind. Man bewegt sich quasi auf einem Höhen-Panoramaweg, von dem aus die baumlosen Hänge zu beiden Seiten steil zum Meer hinabfallen und hat in der Ferne immer die Berge von Sámos oder Ikaría vor Augen. Daß die Fournioten von der Landwirtschaft nicht leben können, wird angesichts dieser schönen, aber menschenfeindlichen Natur schnell klar: Ihr Metier ist die Fischerei (s. S. 122).

Der Hauptort Foúrni

Der Fähranleger von Foúrni ist das eigentliche Zentrum des Dorfes. Er nimmt die Mitte des von Tamarisken und Oleander beschatteten Hafensaums ein, der erst seit dem Hafenausbau im Jahre 1989 teilweise asphaltiert ist. Hier befinden sich auch alle Tavernen und die meisten Kaffeehäuser des Ortes. Dem Anleger unmittelbar gegenüber steht der Inselkiosk, der von frühmorgens bis spätabends geöffnet hat. Hier beginnt als eigentliche Dorfstraße eine schmale, gepflasterte Tamariskenallee. An ihr

liegen die größtenteils noch urigeinfachen Gemischtwarenhandlungen von Foúrni. Sie endet bei etwa 200 m am winzigen Dorfplatz mit einem weiteren Kafeníon, zwei schattigen Platanen, der schmucklosen Dorfkirche, dem Gefallenendenkmal und einem Marmorsarkophag, der vermutlich aus hellenistischer Zeit stammt.

Nach rechts geht eine Gasse ab, die an den Privatzimmern von Eftichia Amorgianou (die Zimmer werden von Nikos Kondilas vermittelt) vorbei an den oberen Ortsrand führt und sich dann als Pfad bis auf den Windmühlenhügel fortsetzt, von dem aus man in wenigen Minuten zum **Strand von Kámbi** hinunter gelangt. Der Grobsand-/Kiesstrand bietet zwischen an Land gelagerten Booten idyllischen Tamariskenschatten, und die etwas oberhalb des Ufers gelegene Taverne von Erasmi Achladi darf als eine der schönsten Aussichtsterrassen der griechischen Inselwelt gelten.

Ausflüge

Chryssomiliá, das zweite Inseldorf, sollte man gesehen haben. Wenn der Seegang nicht zu hoch ist, kann man morgens mit einem kleinen Boot in ca. 45 Min. hinübergelangen. Das Dorf ist deutlich zweigeteilt. In die Siedlung unten am Wasser ziehen die Dorfbewohner

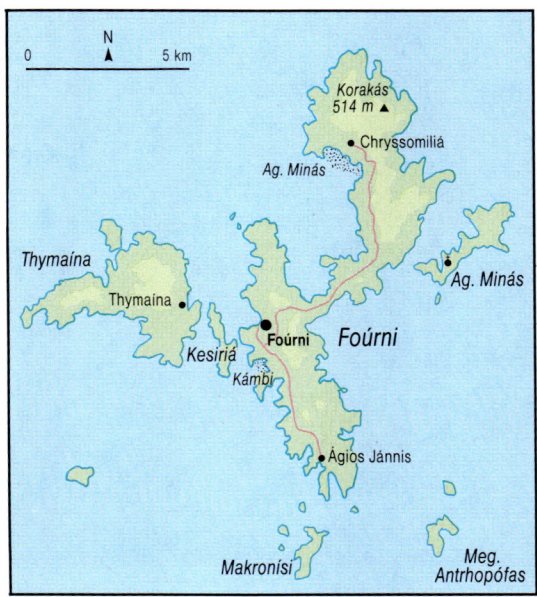

Foúrni

in der heißen Jahreszeit, um sich von hier aus der Fischerei widmen zu können. Die Streusiedlung ist nicht sonderlich attraktiv, bietet jedoch Fremdenzimmer an und – zumindest zwischen Mai und September – auch einfache Verpflegungsmöglichkeiten in zwei sporadisch geöffneten Kafenía. Folgt man dem Ufer 10 Min. gen Süden, erreicht man die schöne **Badebucht von Ágios Minás** mit Sand, Kieselsteinen und Tamariskenschatten.

Das eigentliche Dorf Chryssomiliá liegt 200 m über dem Meeresspiegel und besteht überwiegend aus neuen oder modernisierten Häusern an stufenreichen Gassen. Es gibt sogar eine Dorfschule, in der 1992/93 ein Lehrer acht Schüler sechs verschiedener Jahrgänge unterrichtete. Das Dorfkafeníon ist nur im August und im Winter geöffnet.

Den Fußweg zurück nach Foúrni kann man gar nicht verfehlen. Wer nicht zu Fuß gehen mag oder kann, sollte sich vor dem Aufstieg ins Oberdorf im Kafeníon des Sommerdorfes erkundigen, ob ihn der Besitzer nicht gegen Barzahlung in seinem geländegängigen Pickup mit nach Foúrni nehmen kann (Fahrzeit für 15,3 km ca. 55 Min.).

Ágios Jánnis ist der Name eines nur noch im Sommer von einigen

125

Blick auf den Hauptort Foúrni

Menschen bewohnten, aus wenigen Häusern bestehenden Weilers im Süden von Foúrni. Man kann in ca. 90 Min. hinwandern oder sich mit dem Boot hinbringen lassen. Der nur etwa 25 m lange Sandstrand von Ágios Jánnis liegt extrem windgeschützt; ein Picknick sollte mitgebracht werden.

Inselrundfahrten im *Kaiki* veranstaltet der Touristenbootsmann Georgios, wenn mindestens fünf Teilnehmer zusammenkommen und die See ruhig ist. Dabei kann dann auch das **Inselchen Ágios Minás** im Osten von Foúrni angesteuert werden, auf dem bis in die 80er Jahre hinein noch ein Viehzüchterehepaar völlig einsam in einem ehemaligen, noch immer blendend weiß gekalkten Kloster lebte. Heute ist Ágios Minás unbewohnt.

Schiffsverbindungen: Autofähren nach Piräus 3 × wöchentlich, nach Ágios Kírykos/Ikaría 5 × wöchentlich, nach Karlóvassi/Sámos und Vathý/Sámos 4 × wöchentlich, nach Páros und Náxos 2 × wöchentlich, nach Pythagório/Sámos und Chíos 1 × wöchentlich.

Regelmäßige *Kaiki*-Verbindung 3 × wöchentlich mit Ágios Kyriaki/Ikaría und 2 × wöchentlich mit Karlóvassi/Sámos; Verbindung mit Ausflugsbooten nach Ormos Marathókambos/Sámos 1 × wöchentlich. Auf Foúrni nehmen Fischer manchmal, obwohl aus Versicherungsgründen eigentlich nicht erlaubt, Passagiere nach Pátmos mit.

 **Unterkunft**: Zwei Appartements und zahllose Privatzimmer im Hauptort Foúrni vermietet Nikos Kondilas (☏ 02 75/5 13 64). Sechs Zimmer vermietet Manolis Markakis, Inhaber des dritten Lokals nördlich vom Kiosk; er serviert ausgezeichnete selbstgebackene Kuchen (☏ 02 75/5 12 68 und 5 13 55). Drei Zimmer mit schöner Dachterrasse vermietet Sonna Sklavou (☏ 02 75/5 14 36). Weitere, sehr einfache Privatzimmer stehen in der Sommersiedlung von Chryssomiliá und am Strand von Kámbi den Touristen zur Verfügung.

Essen und Trinken: Die Tavernen am Hafen haben ganzjährig geöffnet. Fisch und Langusten sind hier preiswerter als auf den anderen Inseln, Psará ausgenommen.

Bank/Post: Banken gibt es nicht; Bankdienste offeriert das Postamt an der Dorfgasse.

Feste: An zwei Tagen im Jahr, dem 25. März und dem 28. Oktober, wird die kleine Platía zum Folkloretheater. Schüler tanzen dann in Trachten zu griechischer Musik aus dem Kassettenrekorder. Das größte Fest der Insel wird am 15. August mit Musik und Tanz in den Tavernen gefeiert.

Chíos
Psará
Inoússes

Bilderbuch des Mittelalters –
Verlassene Dörfer und
prächtige Klöster auf Chíos

Rundgang durch
die Inselhauptstadt

Mastix –
Harz als Exportschlager

Psará: Verödung
nach dem Massaker

Inoússes: Insel der Reeder

Kratzputzmuster zieren die Häuser in Pyrgí

Chíos

Die Dörfer im Süden von Chíos haben ihr mittelalterliches Gesicht weitgehend unversehrt gewahrt. Von einzigartiger Schönheit sind die byzantinischen Kirchen und Klöster der Insel; kontrastreich ist ihre Landschaft mit fruchtbarem Hügelland im Süden und kargen Gebirgen im Norden. Originelle Hotels und exzellente Tavernen warten auf Gäste.

Die Insel Chíos, in etwa halb so groß wie Lésbos und doppelt so groß wie Sámos, verfügt über nur ca. 1700 Fremdenbetten in etwa 30 offiziell registrierten Hotels und Pensionen. Der Tourismus spielt auf Chíos lediglich eine Nebenrolle; ausländische Urlauber konzentrieren sich am Strand von Karfás nahe der Inselhauptstadt.

Chíos-Stadt liegt der manchmal zum Greifen nah erscheinenden kleinasiatischen Küste unmittelbar gegenüber. Abends sind die Lichter von Çeşme zu sehen; Izmir – das alte Smýrna – läßt sich erahnen: Diese bis 1923 griechische Metropole war früher der Bezugspunkt der Insel, nicht Athen. Aus Smýrna kamen die Häute, die in den großen Gerbereien der Insel verarbeitet wurden; in der Türkei saßen die wichtigsten Abnehmer für die bedeutendsten Naturprodukte von Chíos, Seide und Mastix.

Seide wird heute nicht mehr gewonnen, wohl aber das Harz der Mastixbäume. Sie wachsen im Süden der Insel, im Hügelland der *Mastichóchoria*, der Mastixdörfer (s. S. 157 ff.). Hier sind die höchsten Gipfel nur 250–525 m hoch;

Chíos in Zahlen
(Inselkarte s. S. 146)

Fläche: 842 km²
Höchster Berg: Pelinéon (1297 m)
Einwohner: ca. 48 000
Küstenlänge: 213 km
Entfernungen von Chíos-Stadt:

– Piräus	306 km
– Rafína	204 km
– Vathý/Sámos	107 km
– Mytilíni/Lésbos	100 km
– Çeşme/Türkei	17 km
… zu andern Orten der Insel:	
– Ágio Gála	62 km
– Volissós	40 km
– Mestá	35 km
– Kardámyla	28 km
– Pyrgí	25 km

dazwischen erstrecken sich fruchtbare Täler, in denen auch Oliven, Getreide, Melonen und Gemüse gedeihen. Die Küstensiedlungen des Südens sind winzig, sie entstanden aus Bootsliegeplätzen der großen Binnendörfer. Von denen haben einige wie Mestá und Olýmbi völlig, andere wie Pyrgí oder Kalamotí nur noch teilweise ihr mittelalterliches Stadtbild bewahrt. Diese *Mastichóchoria* sind in ganz Griechenland einzigartig und gehören zu den größten Sehenswürdigkeiten des Landes.

Stimmungsvoll ist auch der **Kámbos**, eine Schwemmlandebene im Süden der Inselhauptstadt. Hinter hohen Mauern stehen inmitten duftender Orangen-, Mandarinen- und Zitronenhaine einst prächtige Villen, von denen manche heute noch bewohnt sind.

Ganz anders sieht die Nordhälfte der Insel aus. Hohe Gebirge und karge Hochebenen ermöglichen den Bewohnern ein nur spärliches Auskommen. Viele Nordchioten sind darum ausgewandert oder fahren zur See; einige der größten Reeder Griechenlands stammen von hier. Chandris gehört dazu, dessen Kreuzfahrtschiffe mit dem markanten X am Schornstein auf allen Weltmeeren zu finden sind. Die meisten Seemannsfamilien haben sich in den Dörfern der nördlichen Ostküste niedergelassen. In Vrondádos, Langáda und Kardámyla beweisen zahlreiche große, neue Häuser, daß die Chioten ihre Heuer zusammenhalten und in Immobilien investieren.

Zu den großen Sehenswürdigkeiten der Insel zählen neben den Mastixdörfern die byzantinischen Kirchen im Süden und vor allem das Kloster Néa Moní am Berghang im Hinterland der Hauptstadt. Es birgt einige der kunsthistorisch bedeutsamsten und schönsten mittelalterlichen Mosaike Griechenlands.

Geschichte

Erste Siedlungsspuren lassen sich für das 6. Jh. v. Chr. nachweisen. Die ersten griechischen Siedler waren in mykenischer Zeit Archäer aus Euböa; der älteste Beweis für eine Besiedlung durch Ionier sind protogeometrische Vasen aus dem 9. Jh. v. Chr. Als mythischer Gründer der Stadt galt den alten Griechen Oinopion, ein Sohn der Ariadne und des Dionysos oder Theseus. Ihm wurde die Einführung des Weinanbaus auf der Insel zugeschrieben, der wesentlich zur wirtschaftlichen Bedeutung der Insel in vorchristlicher Zeit beitrug. Chíos exportierte seinen Wein zu Höchstpreisen und erzielte mit Mastixharz bereits in der Antike hohe Erlöse. Außerdem widmete man sich dem Transithandel auf der Route vom Schwarzen ins Mittelmeer. Der Wohlstand war so groß, daß die Chioten anders als viele andere griechische Stadtstaaten keine eigenen Kolonien gründeten, sondern sich nur mit einigen wenigen Siedlern an der Gründung der Stadt Naukrates in Ägypten beteiligten. Im 6. Jh. v. Chr. hatte die Stadt Chíos, die an der Stelle der heutigen Inselmetropole stand, fast 80 000 Einwohner – Sklaven nicht mitgerechnet. Für das 5. Jh. v. Chr. kann von mindestens 250 000 Sklaven auf Chíos ausgegangen werden.

Von der Bedeutung der Insel in byzantinischer Zeit zeugen die Grundmauern mehrerer frühchristlicher Basiliken und vor allem das Kloster Néa Moní mit seinen prächtigen Mosaiken (s. S. 150). Nach der Eroberung Konstantinopels durch Venezianer und Kreuzritter im Jahre 1204 versuchte zunächst Venedig, die Insel unter seinen Einfluß zu bringen, mußte 1262 aber die Macht an das genuesische Adelsgeschlecht der Zaccaria abgeben. Nach einem byzantinischen Intermezzo von 1329 bis 1346 fiel Chíos an die *Maona*, eine genuesische Handelsgesellschaft. Ihre Mitglieder nannten sich Giustiniani. Die Insel erlebte eine neue wirtschaftliche Blütezeit (s. S. 134).

1566 fiel auch Chíos an das Osmanische Reich. Dank seiner Mastix- und Seidenproduktion genoß die Inselwelt weitgehende Autonomie und konnte so im 18. Jh., in dem die Oberschicht noch immer italienisch sprach, sogar zu einem Hort des neu aufblühenden Hellenentums werden. Als die Griechen auf dem Festland und vielen Inseln den Freiheitskampf gegen die Türken aufnahmen, hielten sich die wohlhabenden Chioten still – ihnen ging es ja gut.

Doch aus Sámos kam der Revolutionsführer Lykourgos Logothetis mit 2000 Mann nach Chíos, um die Chioten zum Kampf aufzustacheln. Da die Chioten sich weigerten, beschossen die Samioten aus eigener Initiative das türkische Kástro und töteten viele Türken. Als der Sultan am 11. April 1822 starke Flottenverbände zur Unterstützung seiner Garnison nach Chíos entsandte, flüchteten die Samioten und überließen die Chioten ihrem Schicksal. Die türkischen Truppen nahmen grausame Rache. Bis auf die Mastixdörfer wurden alle Siedlungen zerstört. Von den 120 000 Inselbewohnern konnten nur 15 000 fliehen. 15 000 Mastixbauern blieben unbehelligt, aber über 41 000 Chioten wurden versklavt, der Rest massakriert. Nachdem der Freiheitskämpfer Konstantinos Kanaris am 1. Juli 1822 das Schiff eines türkischen Admirals in Brand setzte, mußte zur Vergeltung die Mehrzahl der überlebenden Mastixbauern sterben. Künstlerisches Echo fand das Massaker von Chíos bei Eugène Delacroix und Victor Hugo.

Zu altem Glanz ist die Insel nie wieder gekommen; am 11. November 1912 wurde Chíos mit dem freien Griechenland vereint.

Chíos-Stadt

Nähert man sich dem großen Hafenbecken der Inselmetropole (25 000 Ew.) von See her, so scheint

E. Delacroix »Massaker von Chíos«

die Stadt wie eine Oase zwischen steil auf nahezu 800 m Höhe ansteigenden, fast völlig kahlen Gebirgshängen und dem Meer zu liegen. Nur nach Südwesten hin wird die Landschaft etwas lieblicher, aber auch hier verstellen niedrige Hügel den Blick in die Weite. Dabei beginnt unmittelbar hinter dieser Hügelkette eine der fruchtbarsten Ebenen der Ägäis, der Kámbos mit seinen großen, hinter schützenden Mauern gelegenen Zitrusfruchthainen.

133

Die genuesische Maona

Die italienische Hafenstadt Genua war bis zu ihrer Eroberung und Zerstörung durch die Langobarden im Jahre 643 eine byzantinische Stadt. Ihr Wiederaufstieg setzte nach zahlreichen Sarazenenüberfällen erst im 11. Jh. ein. Der genuesische Adel begann nämlich Bauern und Fischer mit Booten und Waffen auszurüsten, um gemeinsam mit Pisa Rachefeldzüge gegen die Araber zu unternehmen.

Diese Strafexpeditionen führten die Genueser bis nach Korsika, Sardinien und Sizilien sowie auf die Balearen. Dabei wurde reiche Beute gemacht, die der genuesische Adel zum Aufbau einer Handelsflotte nutzte. Als im Jahre 1097 das Zeitalter der Kreuzzüge anbrach, konnte Genua den Rittern Geld und Schiffe leihen, gut daran verdienen und sich zugleich auch Macht und Einfluß sichern. 1162 wurde Genua von Kaiser Barbarossa als autonome Stadtrepublik anerkannt. Die Geschäfte florierten, obwohl zu nunmehr äußeren Rivalen wie Pisa und Venedig innere Machtkämpfe hinzugekommen waren. Anders als beim mächtigen Konkurrenten Venedig brachte der Handel nicht dem ›republikanischen‹ Gemeinwesen, sondern allein den Kaufleuten Gewinn.

So war die Stadtrepublik bei der Bekämpfung von Feinden immer auch auf die Hilfe von Privatleuten angewiesen. Deren Vergütung erfolgte grundsätzlich aus der Kriegsbeute. Als Kaufleute wieder einmal eine Flotte ausgerüstet hatten, um im Staatsauftrag Rebellen zu bekämpfen, die es dann aber vorzogen, zu fliehen denn zu sterben, konnte die Republik ihre Gläubiger nicht entlohnen. Aus finanzieller

Das Stadtbild wirkt weniger einheitlich als das von Sámos-Stadt oder Mytilíni auf Lésbos, herausragende Einzelmonumente fehlen. Selbst das Kástro, die einst mauerumgürtete Altstadt von Chíos, fällt vom Hafen aus nicht auf; denn gerade dieser Mauerabschnitt fiel der Stadtmodernisierung zum Opfer. Eine ungezügelte Neubautätigkeit in den 60er und 70er Jahren hat auch die meisten der nach dem schweren Erdbeben vom 22. März 1881 im neoklassizistischen Stil erbauten Wohnhäuser der Stadt zerstört. Wenige der einst typischen, zweistöckigen Wohnhäuser mit Kieselsteinmosaiken im Innenhof und schmiedeeisernen Gittern an den Balkonen blieben erhalten, vor allem in den Straßen Koundouriótis, Venizélou und Livanoú.

Verlegenheit entsandte die Republik die Flotte mit vagem Auftrag in die Ägäis. Dort eroberten die Schiffsbesatzungen nach dreimonatiger Belagerung 1346 die Insel Chíos.

Da sie zur vollständigen Okkupation der Insel aber zahlenmäßig zu schwach waren, trafen die Genueser mit dem byzantinischen Kaiser und dem örtlichen Adel ein geschicktes Arrangement. Der Kaiser durfte nominell die Oberhoheit behalten, faktisch wurde Chíos aber eine Kolonie der genuesischen Kaufleute. Der lokale Adel, meist der kaiserlichen Familie entstammend, durfte all seine Ämter, Privilegien und Besitztümer behalten; das bestehende Feudalsystem blieb unangetastet, Religionsfreiheit wurde garantiert. Später wurden auch Heiraten zwischen katholischen Genuesern und orthodoxen Adligen üblich.

Das Abkommen erwies sich für beide Seiten als vorteilhaft: Die byzantinischen Adligen profitierten vom genuesischen Handels-Know-how und ihren weitreichenden Geschäftsbeziehungen, die Genueser besaßen mit dem Mastix eine neue Handelsware und mit Chíos einen strategisch günstig gelegenen Handelshafen in der Ägäis. Die genuesischen Kaufleute organisierten sich in einer Art Handelsgesellschaft, die sie nach einem Wort arabischen Ursprungs, das »Flotte« bedeutet, *Maona* nannten; ihre Mitglieder nannten sich *Maonesi*. Im 16. Jh. wurde für sie dann der Name Giustiniani gebräuchlich.

Im Laufe der Zeit dehnte die *Maona* ihren Einfluß auch auf benachbarte Inseln wie Sámos und Ikária aus. Nachdem die Türken 1453 Konstantinopel erobert hatten, mußte sie sich aber wieder auf Chíos beschränken. Ein Vertrag mit dem Sultan sicherte der *Maona* weiterhin weitgehende Autonomie und Handelsfreiheit; erst 1566 mußten die Genueser die Insel an das Osmanische Reich abtreten.

Erste Orientierung

In der Südostecke des Hafens steht unübersehbar der moderne Klotz des Hotels **Chandris (1)**. Dahinter führt die Küstenstraße weiter, am Strandbad vorbei, zum Flughafen und zum Badeort Karfás, dem touristischen Zentrum von Chíos.

An der Uferstraße Prokiméa zwischen dem Hotel Chandris und dem Anleger der großen Autofähren liegen die meisten Cafés der Stadt. Unmittelbar vor dem Zollamt führt von ihr die kurze Hauptverkehrsstraße Odós Kanári, an der die **Tourist Information (2)** zu finden ist, zum Hauptplatz der Stadt, der Platía Vounáki. An ihr beginnt die Haupteinkaufsstraße, die Odós Aplotárias. Zwischen der Odós Aplotárias, der Odós F. Argénti und der Uferstraße liegt das Bazarviertel. Im Norden des Hafenbeckens erstreckt sich die eigentliche Altstadt, das Kástro-Viertel.

Zwei Stadtrundgänge

Ausgangspunkt für beide Stadtrundgänge ist der Hauptplatz der Stadt, die Platía Vounáki. Hier steht eine gut erhaltene **Moschee (3)** aus dem 19. Jh., deren Namen niemand mehr kennt. Das gespaltene Verhältnis mancher Chioten zu diesem historischen Monument machte eine Fotomontage zum 1. April 1991 in der Inselzeitung *Chiakós Láos* sehr deutlich: Als Aprilscherz wurde in Wort und Bild gemeldet, das Minarett der Moschee sei eingestürzt. Freilich wird schon seit Jahren ihr Innenraum restauriert, der für das Publikum leider noch geschlossen ist. Im Hof der Moschee ist aber eine Sammlung höchst interessanter Grabsteine und Sarkophage zu sehen. Sie dokumentieren die Vielfalt der Nationalitäten, die im Laufe der Jahrhunderte auf

Chíos Stadt

1 Hotel Chandris
2 Tourist Information
3 Moschee
4 Stadtmauern
5 Porta Maggiore
6 Byzantinisches Museum
7 Nordturm
8 Türkischer Friedhof
9 Moschee Bairakli Tzami
10 Georgskirche
11/12 Türkische Hamam
13 Kyrá Vrýsi-Zisterne
14 Koúles
15 Fernbusse
16 Kulturzentrum Homer
17 Agía Kyriaki
18 Mitrópolis
19 Koraïs-Bibliothek
20 Universität
21 Archäologisches Museum
22 Post
23 Telefonamt OTE
24 Stadtbusse
25 Kino Rex

der Insel ansässig waren. Man findet nicht nur griechische und italienische, sondern auch hebräische, eine armenische, eine kastilische sowie viele osmanische Inschriften (Di–So 10–15 Uhr, Eintritt frei).

Ins Kástro-Viertel

Die nach dem ehemaligen amerikanischen Präsidenten benannte Odós Tzon Kenentý führt von der Platía Vounáki in die Altstadt. Beeindruckend gut erhalten sind die landseitigen **Stadtmauern (4)** mit ihren sechs halbrunden Türmen. Chíos wurde erstmals in byzantinischer Zeit (9./10. Jh.) befestigt. Genueser und später die Türken nutzten das Kástro als Verwaltungssitz; in türkischer Zeit durften in seinen Mauern nur Moslems und Juden wohnen. Heute dient der Stadtgraben griechischen Roma als Lagerplatz.

Die **Porta Maggiore (5)** führt in die Altstadt hinein. Gleich nach Durchschreiten des verwinkelten Torbaus, dessen historische, 11 cm

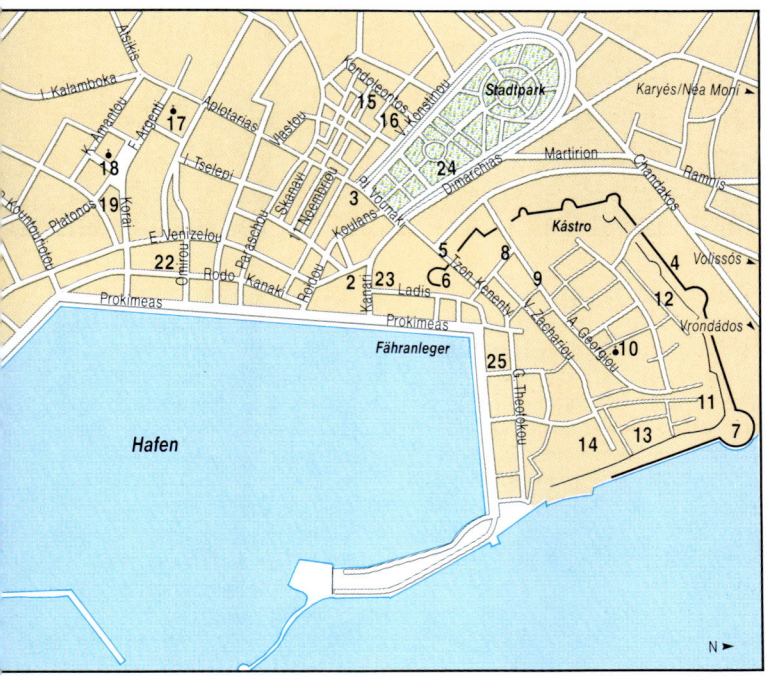

dicke Eisentür noch in situ vorhanden ist, ist rechts ein Verlies zu sehen. Darin hielten die Türken 1823 während des griechischen Freiheitskampfes 70 Honoratioren und den Bischof von Chíos bis zu ihrer Hinrichtung durch den Strick gefangen. Von hier führen Stufen aufwärts in den sogenannten **Palast der Giustiniani (6)**, einen Turm aus dem 15. Jh., der vermutlich Amtssitz des Kastellans war. Heute beherbergt er auf zwei Etagen ein kleines, sehenswertes **Byzantinisches Museum**. Die Ausstellungs-

stücke sind numeriert. Besonders schön sind in der unteren Etage drei frühchristliche *Bodenmosaike* mit Frauenbüsten aus dem 5. Jh. (Nr. 1–3). Im Obergeschoß zeigt eine 1734 entstandene *Wandmalerei* aus der Kirche Panagía Kriná in Vavíli den Säulenheiligen Simeon Stylitis (Nr. 22). Durch eine offenstehende Tür gelangt man von hier aus auf die Stadtmauer, auf der man bis zum **Nordturm (7)** entlangspazieren kann.

Die Odós Tzon Kenentý endet auf dem kleinen Platz Platía Frou-

Inselmetropole vor imposanter Kulisse: Chíos-Stadt

Tzami (9) vorbei, die erst Anfang dieses Jahrhunderts erbaut wurde, und passiert die **Georgskirche (10)**, 1881 als Eski-Moschee erbaut und 1912 in ein christliches Gotteshaus umgewandelt. An der Stadtmauer liegen dann die Ruinen eines großen **Hamam (11)**, also eines türkischen Bades. Dahinter erhebt sich der **Nordturm (7)** der Stadtmauer, von dem aus man einen schönen Überblick über die Altstadt und die meerseitige Stadtmauer hat.

Weitere interessante Einzelbauten in der Altstadt sind ein zweiter **Hamam (12)**, die **Kryá Vrýsi Zisterne (13)** aus byzantinischer Zeit und der Festungsturm **Koúles (14)**, den die Türken unter Verwendung antiken Baumaterials errichteten.

ríou, an dem Reste eines **türkischen Friedhofs (8)** erhalten sind. Durch Größe und Reliefschmuck deutlich zu identifizieren ist ein Sarkophag mit je einer Grabstele an Kopf- und Fußende: Hier wurde 1822 der türkische Admiral Kara Ali beigesetzt. Er war bei einem Brandanschlag des griechischen Freiheitshelden Konstantin Kanaris auf die türkische Flotte im Hafen von Chíos ums Leben gekommen.

Die Altstadtgasse Odós Agíou Georgíou führt vom türkischen Friedhof an der **Moschee Bairakli**

Durch die Neustadt

Der Hauptplatz der Stadt, die Platía Vounáki, grenzt an den **Stadtpark** mit einer 1923 geschaffenen, sehr ausdrucksstarken Bronzestatue des Freiheitshelden Konstantinos Kanáris. Am Eingang zum Park steht ein halbes Dutzend Fotografen bereit, um mit Polaroid-Kameras Paß- und Erinnerungsfotos für Einheimische und Fremde zu schießen.

Wer nicht ohnehin öfter mit dem Linienbus über Land fährt, sollte

Straße in Chíos-Stadt

sich einmal ein halbes Stündchen am **Busbahnhof (15)** für die Überlandbusse an der Südseite des Parks aufhalten. Zu sehen, wie Postsäcke und Zeitungen verladen werden, wie die Busfahrer dicht an dicht zu parken verstehen und wie Dorfpriester noch schnell einen Imbiß zu sich nehmen, ist ein Erlebnis. Der Busbahnhof grenzt an das 1974 erbaute **Kulturzentrum Homer (16)**, in dem häufig interessante Veranstaltungen und Ausstellungen stattfinden.

An der Südostecke des Parks beginnt die Haupteinkaufsstraße, die Odós Aplotárias. Nahe ihrem Ende zweigt nach links die Straße Odós F. Argénti ab, an der sogleich linker Hand, von außen völlig unscheinbar zwischen moderne Häuser eingekeilt, die winzige **Kapelle Agía Kyriaki (17)** liegt. Sie ist innen vollständig mit neuen Wandmalereien im traditionellen Stil ausgemalt (ständig geöffnet). Auf der anderen Straßenseite folgt die **Mitrópolis (18)**, die Ende des 19. Jh. erbaute Bischofskirche von Chíos.

Die **Koraïs-Bibliothek (19)**, 1886 errichtet, zählt zu den wenigen neoklassizistischen Gebäuden der Stadt. Gegründet wurde sie bereits 1792 als Ergänzung zur heute nicht mehr existierenden Hohen Schule von Chíos, in der Griechen aus dem ganzen Osmanischen Reich trotz türkischer Herrschaft griechische Studien betreiben und ein neugriechisches Selbstverständnis ausbilden konnten. Im Obergeschoß des Bibliotheksgebäudes gibt es sowohl eine Sammlung historischer Stiche und Gemälde aus dem Besitz chiotischer Familien als auch eine volkskundliche Ausstellung zu sehen (Mo–Fr 8–14, Fr auch 17–19.30 Uhr, Sa 8–12.30 Uhr, Eintritt frei).

Das Hauptgebäude der **Universität der Ägäis (20)** liegt unmittelbar neben dem modernen **Archäologischen Museum (21)**. Der größte Teil der Sammlung ist schon seit Jahren für die Öffentlichkeit unzugänglich. Der Besuch lohnt eigentlich nur für den, der sehen will, welch Schwerstarbeit kaiserliche ›Briefträger‹ in der Antike zu verrichten hatten: Ausgestellt ist ein ›Brief‹ Alexanders des Großen an die Chioten aus dem Jahre 332, in dem er mehr Demokratie verspricht. Der ›Brief‹ ist in einen Marmorblock gemeißelt (Di–So 8.45–15 Uhr, Eintritt frei).

Zum Vorort Vrondádos

Die unabhängige Gemeinde Vrondádos ist mit Chíos-Stadt heute so sehr zusammengewachsen, daß sie als Vorort gelten kann. Fährt man auf der Küstenstraße entlang, kommt man zunächst an vier auf einer ins Meer hinausgebauten Mole errichteten Windmühlen (Tris Míli) vorbei. Die Uferstraße wird hier von großen, allmählich verfallenden Gerbereien gesäumt. Auf Höhe der Windmühlen zweigt die kleine Gasse Odós Ag. Myrótis landeinwärts ab und führt zwischen zwei eindrucksvollen Gerbereiruinen hindurch leicht bergan. Biegt man von ihr in die zweite Gasse nach links ein, erreicht man nach 100 m einen Platz mit den Ruinen der frühchristlichen **Basilika Ágios Issídoros** (frei zugänglich). Sie liegt inmitten eines sehr dörflich wirkenden Stadtviertels mit kleinen, einfachen Häusern, in denen überwiegend Nachkommen der Flüchtlinge aus Kleinasien von 1923 leben.

Die Uferstraße passiert eine im Bau befindliche, mit erheblichen EG-Mitteln (sinnvoll?) finanzierte Marina für Segeljachten und Sportboote und erreicht dann das Zentrum von Vrondádos (Schreibweise auch Brondadós; außerdem nennt sich der Ort auch stolz ›Stadt des Homer‹, Omiroúpolis). In Vrondádos stehen zahlreiche neue und alte Villen; überwiegend erbaut von chiotischen Seeleuten und Kapitänen. Auf der Uferpromenade findet

Tris Míli bei Vrondádos

sich denn auch ein Denkmal für den ›Vermißten Seemann‹. Der ganze Ort wirkt sehr gepflegt, läßt jedoch jedwede Atmosphäre vermissen.

Sehenswert ist bestenfalls der **Stein des Homer** (*Daskalópetra/* ›Lehrerstein‹) am nördlichen Stadtrand. Vom großen Parkplatz unterhalb des niedrigen Felsens aus führen Stufen hinauf zu einer kleinen Plattform. Darauf erhebt sich ein etwa 70 cm hoher Felsblock, der von der Legende als ›Lehrstuhl‹ des be-

rühmten Epikers interpretiert wird. Ihm schräg gegenüber sind auch noch ca. 2 m einer Felsbank erhalten, auf der eben jener Legende nach seine Schüler Platz nahmen. Die Archäologen freilich haben die gesamte Anlage als ein antikes Kybele-Heiligtum erkannt. Bei genauerem Hinsehen erkennt man im ›Lehrstuhl‹ des Homer einen Kybele-Altar mit aus dem Fels herausgemeißelten Löwentatzen als Fußstützen. Kybele war eine auch in Griechenland verehrte Naturgottheit, die in einem von Löwen und Panthern gezogenen Gespann durch ihr Reich reiste (frei zugänglich).

Zum Strand von Karfás

Einer der schönsten Sandstrände der Insel liegt nur 6 km südlich des Hafens von Chíos-Stadt. Hier entstand in den 80er Jahren das touristische Zentrum der Insel mit einer Reihe mittelgroßer, guter Hotels, sowie einfachen Appartements und Privatzimmern. Ursprünglich war der ganze von niedrigen Hügeln umgebene Küstenstrich völlig versandet; durch die Bebauung ist jetzt sogar der zusehends kleiner werdende Strand in Gefahr. Auf dem Weg nach Karfás passiert man das moderne, leider nur für Gruppen und Vereine geöffnete Hallenbad und das mit Diesel betriebene Elektrizitätswerk der Insel.

Flugverbindungen: Chíos ist im Sommer bis zu 5 × täglich, im Winter 3 – 4 × täglich mit Athen verbunden. *Olympic Airways* setzt auf dieser Route eine moderne Turbo-Prop-Maschine ein. Ein Flughafenbus verkehrt nicht; Flüge zu anderen Inseln gibt es zur Zeit nicht. Im Sommerhalbjahr werden Charterflüge von Deutschland, Österreich und der Schweiz nach Chíos angeboten.

Schiffsverbindungen: a) Autofähren zum Festland: Piräus bis zu 15 × wöchentlich, Rafína 2 × wöchentlich, Vólos 1 × wöchentlich, Thessaloníki 2 × wöchentlich, Kaválla 3 × wöchentlich. **b)** Autofähren zu den Nachbarinseln: Lésbos bis zu 14 × wöchentlich, Sámos 4 × wöchentlich, Inoússes 1 × täglich, Psára bis zu 4 × wöchentlich. **c)** Autofähren zu anderen Inseln: Límnos 5 × wöchentlich; Ágios Efstrátios, Kálimnos, Kós, Léros, Pátmos und Rhodos 1 × wöchentlich. **d)** Autofähren in die Türkei: im Sommer mindestens 1 × täglich, sonst 2–3 × wöchentlich. **e)** Auskünfte zu Tragflügelbooten ohne Autotransport: *Nattem Lines*, ☎ 02 71/4 13 19, 2 39 71 und 2 58 48

Busverkehr: Die Endhaltestelle der Stadtbusse, die auch nach Vrondádos, zum Kámbos und zum Strand von Karfás fahren, liegt an der Nordseite des Stadtparks. Sie verkehren etwa halbstündlich zwischen 6 und 20.30 Uhr. Die Fernbusse fahren auf einem kleinen Platz nahe der Südostecke des Stadtparks ab. Sie verkehren mehrmals täglich zwischen der Stadt und den Dörfern im Inselsüden sowie den Dörfern an der Nordostküste der Insel.

Busverbindungen in den Nordwesten der Insel und nach Volissós bestehen nur 3 × wöchentlich. Jeden Sonntag wird ein Tagesausflug mit dem Linienbus zum günstigen Tarif nach Volissós und zum Kloster Agía Markéla angeboten; jeden Dienstag und Freitag zum Kloster Néa Moní und nach Anávatos.

Ein gedruckter Sommerfahrplan für Stadt- und Fernbusse ist an den Busbahnhöfen und in der Tourist-Information erhältlich.

Unterkunft: In Chíos-Stadt zu übernachten lohnt nur, wenn man von hier aus viele Ausflüge mit dem Linienbus unternehmen will. Ansonsten wohnt man angenehmer in Karfás oder im Kámbos (S. 147).

Das beste Hotel der Stadt ist das städtebauliche Monstrum des Hotels *Chandris*, das am Hafen wie eine Insel inmitten des brandenden Verkehrs liegt (156 Zimmer, DZ ab 110 DM, Prokiméa, ☎ 02 71/4 44 01, Fax 02 71/2 57 68). Am ruhigsten wohnt man im

Kástro-Viertel. Empfehlenswert sind die *Rooms Alex* (6 Zimmer, DZ ab 30 DM, Odós Livanoú 29, ✆ 02 71/2 60 54, große Terrasse mit Hafenblick) und die Pension *Alexandria* hinter dem an der Uferstraße gelegenen Kino *Rex* (7 Zimmer mit Etagenduschen, DZ ab 27 DM, Odós Theotókou 20, ✆ 02 71/2 07 95 und 2 51 19). Zimmer der unteren Preisklasse findet man schließlich in der relativ ruhig in der Eugen Chandrí gelegenen Pension *Giannis*. Die sehr einfachen Zimmer haben Dusche/WC, zum Haus gehört ein schöner, schattiger Garten mit kleiner Bar (17 Zimmer, DZ ab 40 DM, Odós Livanoú 48–50, ✆ 02 71/2 74 33).

Eine der schönsten Unterkünfte in der Ägäis überhaupt ist die Pension *Markos Place* 200 m oberhalb des Sandstrands von Karfás. Wirt Markos Kostalas hat von der Kirche eine ehemalige Pilgerherberge gemietet und sie liebevoll und umweltbewußt restauriert. Die Zimmer sind winzig, aber sehr sauber; Toiletten und Duschen liegen am blumenreichen Innenhof des klosterartigen Komplexes. Jeden Morgen gibt es ein üppiges, auch Reformhauskunden erfreuendes Frühstücksbuffet; mehrmals jährlich Griechisch-Sprachkurse (20 Zimmer, DZ mit Frühstück ab 55 DM, Karfás, ✆ 02 71/3 19 90, geöffnet von Ostern bis Ende Oktober). Wer modernen Komfort sucht, wohnt gut in der Bungalowanlage *Erytha* unmittelbar über dem Meer (58 Zimmer, DZ ab 110 DM, Karfás, ✆ 02 71/3 23 11, mit Pool, April–Oktober).

 Essen und Trinken: Viel touristisches Publikum ziehen die Restaurants an der Uferstraße in Chíos-Stadt an. Preiswerter ist die kleine Markttaverne *To Byzantio*, Ecke Odós Ráli/Odós Roídou (sonntags geschlossen), wo man morgens auch die kräftige Pansensuppe *Patsá* probieren kann. Eine sehr große Auswahl, gute Pizza und einen ruhigen Garten bietet die Taverne *Two Brothers* nahe dem Hotel *Chandris* (Odós Livanoú 38/Ecke Michálou, Mi–Mo 12–16 und 20–24 Uhr). Urig und originell für den Abend ist die schon 1882 gegründete Taverne *O Hotzas* in der Oberstadt, wo es zu hausgebranntem *Oúzo* oder Wein vom Faß viele selten servierte griechische Spezialitäten gibt (Odós Atsikís, Mo–Sa 20–24 Uhr).

 Bank: Mehrere Banken liegen an der Odós Kanári, die von der Uferstraße zum Stadtpark führt.

Post/Telefon: Das Postamt liegt in einer Seitenstraße der Uferstraße, der Odós Omiroú; das Telefonamt OTE nahe dem Hauptplatz in der Odós Ládis 1

Einkaufen: Einzigartig ist die Kräuterhandlung von Georgios Varias in der Nähe des Hauptplatzes. Er nennt sie *Pharmacy of God* – ›Apotheke Gottes‹. Seine Tees und Pickles sind alle selbst hergestellt (Odós El. Venizélou 4). Ein außergewöhnlich gutes Antiquitätengeschäft ist das *Palaiopoleio*, wo man auch alte Stiche und kleine Objekte finden kann (Odós Livanoú 22).

 Strände: Außer am sehr guten Sandstrand von Karfás baden Einheimische auch noch im Strandbad hinter dem Hotel *Chandris* sowie am schmalen Kiesstrand unterhalb des *Daskalópetra* in Vrondádos.

Feste und Festivals: Am 14. Mai Kirchweih Ágios Issídoros; am 11. November Feierlichkeiten in Chíos-Stadt zur Erinnerung an die Befreiung von der Türkenherrschaft

ℹ️ **Auskunft**: Städtische Tourist-Information, Odós Kanári 18, Chíos-Stadt, ☎ 02 71/4 43 89, Fax 02 71/4 43 43. Im Sommer Mo–Fr 7–14.30 und 18.30–21.30 Uhr, Sa 9–13, So 10–13 Uhr, sonst Mo–Fr 7–14.30 Uhr. Im Büro werden auch Privat- und Hotelzimmer, Appartements und Ferienhäuser vermittelt sowie Geld gewechselt und Schecks eingelöst.
Schiffsauskünfte: Hafenpolizei, am Hafen, ☎ 02 71/2 28 37

Der Kámbos

Die 10 km lange und 2 km breite Ebene, die sich südwestlich der Stadt erstreckt, wird Kámbos genannt. Reichlich Grundwasser dicht unter der Oberfläche ermöglichte schon im Mittelalter eine intensive landwirtschaftliche Nutzung. Hinter hohen, vor Winden schützenden Mauern wurden Obst und vor allem Zitrusfrüchte angebaut, die dank der guten Handelsverbindungen der Insel exportiert werden konnten.

Im Kámbos wohnten keine gewöhnlichen Bauern; hier besaßen die Genueser und die chiotische Oberschicht ihre Latifundien. Um keine Anbaufläche zu verschenken, drängten sie die acht Dörfer des Kámbos, die *Kambochória*, an den wasserärmeren Rand der Ebene. Die reichen Grundbesitzer erbauten sich auf ihren Ländereien zunächst festungsartige Wohntürme, später prächtige Villen als sommerlichen Zweitwohnsitz. Etwa 200 sollen es gewesen sein.

Ihre Architektur war Ausdruck des Wohlstands der Besitzer. Die Mauern waren aus wechselnden Reihen von dunkelroten und blaßgelben, am Südrand der Ebene gebrochenen Tuffsteinblöcken gestaltet, die Tore reich verziert. Pergolen beschatteten große Zisternen, die zum Teil sogar in Marmor angelegt waren; Kieselsteinmosaike bedeckten die Böden. Tiere drehten die Schöpfräder, die das reichlich vorhandene Wasser für die Felder und Obsthaine lieferten. Die Villen selbst waren zwei- bis dreigeschossig; das Personal und die Landarbeiter wohnten in unscheinbaren Nebengebäuden. Den gesamten Komplex aus Wohngebäuden und Gärten innerhalb der Mauern nannte man *Perivóli*.

Die einstige Pracht des Kámbos läßt sich heute nur noch erahnen. Auf der Hauptstraße von Chíos-Stadt nach Pyrgí fährt man zwischen hohen Mauern entlang, die an manchen Stellen die Straße gefährlich einengen; ein gelegentlicher Blick über die Mauern ist nur vom erhöhten Stand eines Stehplatzes im Linienbus aus möglich. Hier

Chíos

und da sind die Mauern gefallen und die Überreste eines Schöpf-rades oder einer Zisterne zu sehen. Der Kámbos ist noch immer ein großer Apfelsinen-, Mandarinen- und Zitronenhain, doch die Bewässerung wird inzwischen von Motorpumpen geleistet.

Idylle im
Kámbos

Wo alte Villen renoviert wurden, verbergen sie sich wieder hinter hohen, instandgesetzten Mauern, die nur für geladene Gäste zu überwinden sind. Dennoch ist es ein Genuß, über die schmalen Straßen im Kámbos zu wandern oder zu radeln.

Unbedingt ansteuern sollte man das Café des gut ausgeschilderten Hotels *Perivoli*, denn hier kann einmal ein Kámbos-Grundstück betreten werden. Das Hotel zeigt sich von außen als ein stilvoll restaurierter Landsitz, im großen Garten sind noch Schöpfrad und Zisterne zu sehen. Schräg gegenüber liegt die Villa Argentikon, heute eines der teuersten, stilvollsten und besten Hotels in der Ägäis. Das Anwesen wurde bereits im 16. Jh. von der aus Genua stammenden Patrizierfamilie Argenti erbaut und ist noch immer in Familienbesitz.

Von den Dörfern am Rande des Kámbos ist **Thymianá** mit 2000 Einwohnern das größte. Die örtliche Frauenkooperative bietet in ihrem Laden handgearbeitete Stickereien, Webdecken und -teppiche sowie kleine Kieselsteinmosaike zum Kauf an.

 Busverbindungen: Alle 30–60 Min. mit Chíos-Stadt

Unterkunft: Stilvoll und romantisch wohnt man im Hotel *Perivoli*, das auch Mopeds und Fahrräder vermietet sowie die Gäste auf Wunsch mit eigenem Minibus vom Hafen oder Flughafen abholt. Da zum Hotel auch eine öffentliche Taverne gehört, können bis Mitternacht durch den Parkplatzverkehr leichte Ruhestörungen auftreten (17 Zimmer, DZ mit Frühstück ab 80 DM, Odós Argenti 9–11, Kámbos, ☎ 02 71/3 15 13). Sehr preiswert wohnt man in der modernen Pension *Campos* inmitten von Orangenhainen an einer ruhigen Nebenstraße (6 Zimmer, DZ ab 35 DM, Zufahrt gut ausgeschildert, ☎ 02 71/ 3 22 80, Ostern–Oktober). Wer es sich leisten kann, wird einen Aufenthalt in der Villa Argentikon genießen (☎ 3 15 99; Auskunft und Reservierung in Deutschland über Reisedienst für Feriendomizile Helga Schneider-Erber, Am Klostergarten 1, 81241 München, ☎ 0 89/83 30 84). Man wohnt in drei separaten Villen und vier Suiten, die luxuriös mit antiken Möbeln ausgestattet sind. (DZ mit Frühstück ab DM 190 pro Person.)

 Feste: Thymianá ist der einzige Inselort, in dem am letzten Faschingssonntag Karneval mit Maskierung und Tänzen gefeiert wird.

Néa Moní und die Inselmitte

In den Bergen westlich der Inselhauptstadt verbirgt sich eine der kunsthistorisch bedeutendsten und atmosphärisch ansprechendsten Sehenswürdigkeiten der Insel, das Kloster Néa Moní. Wer motorisiert ist, kann seinen Besuch mit dem zweier weiterer Klöster und der fast völlig verlassenen Bergdörfer Avgónyma und Anávatos zu einem reizvollen Tagesausflug verbinden.

Die Straße führt zunächst am Dorf **Karyés** (600 Ew.) vorbei. 5 km weiter zweigt eine 1 km lange, unbefestigte Stichstraße zum **Kloster Ágios Márkos** ab. Von der Terrasse vor dem Klostertor eröffnet sich ein grandioser Blick auf die 475 m tiefer gelegene Stadt und die gegenüberliegende kleinasiatische Küste sowie auf Karyés und den Kámbos. Betritt man das Kloster, steht man sogleich in einem winzigen Innenhof, in dem der letzte hier noch lebende Mönch seine Gäste mit *Tsigoudiá*, einem aus Feigen gebrannten Tresterschnaps, Wasser und *Loukoúmia*, einer Art Geleefrucht, bewirtet. Ebenso anheimelnd klein wie der Hof sind die Klostergebäude, selbst die Kirche. Besondere Verehrung genießt hier der in einem Marmorsarkophag beigesetzte hl. Parthenios, ein Mönch des Klosters Néa Moní, der nach 1835 die heutigen Gebäude errichten ließ.

An der Hauptstraße folgt 600 m weiter die Abzweigung zum 3 km entfernten **Kloster Néa Moní**. Aus Schutz vor Seeräubern wurde es Mitte des 11. Jh. 670 m hoch in einer fruchtbaren Talmulde angelegt. Der gesamte, ausgedehnte Komplex ist von hohen, festungsartigen Mauern umgeben, die in dieser Form aus dem 18. Jh. stammen. Am Parkplatz vor dem Eingang sind die Überreste eines Aquädukts zu erkennen, das dem Kloster Trinkwasser zuführte. Man betritt das Kloster durch den Westturm (14. Jh.), in dem einst der Klosterschatz und die Bibliothek untergebracht waren. Gleich links befindet sich die kleine Kapelle der Kreuzeserhöhung. Früher war sie der einzige Teil des Klosters, den Frauen betreten durften. Heute birgt sie in simplen Vitrinen die Schädel und Gebeine zahlreicher Mönche, die 1822 bei dem türkischen Massaker auf Chíos ums Leben kamen. Dabei wurden auch der Klosterschatz und die Bibliothek geplündert. Néa

Moní blieb aber weiterhin von Mönchen bewohnt. Beim Erdbeben von 1881 wurde die Klosterkirche schwer beschädigt, ihre Kuppel stürzte ein, wertvolle Mosaike fielen herab. In der ersten Hälfte des 20. Jh. stand das Kloster leer. Erst 1950 erweckten es Nonnen zu neuem Leben, Archäologen führen seitdem umfangreiche Restaurierungsarbeiten durch. Das jetzt von etwa fünf Nonnen bewohnte Kloster ist nicht nur Besichtigungs-, sondern auch wieder Pilgerziel.

Am kurzen Weg zur Klosterkirche liegt rechter Hand der älteste erhaltene Profanbau von Néa Moní, die 12 m × 18 m große Zisterne aus dem 11. Jh. Zwei Reihen von je vier Marmorsäulen tragen insgesamt 15 Gewölbe. Der Klosterhof ist mit Keuschlamm, Akazien, Maulbeerbäumen und Zypressen bepflanzt.

Die **Klosterkirche** betritt man durch den *Stenopo*, einen späten Anbau aus dem 16. Jh., der die Verbindung zwischen Kirche und Glockenturm herstellen sollte. An ihn schließt der dreifach überkuppelte *Exonarthex* an, der wie die übrige Kirche aus dem 11. Jh. stammt. Die untere Hälfte seiner Wände war bis 1822 mit rötlichviolett schimmernden Marmorplatten verkleidet, die obere mit nachbyzantinischen Fresken geschmückt. Davon sind nur noch Szenen des ›Jüngsten Gerichts‹ zu erkennen. Schön sind die *Bodenverzierungen* mit fünf sich überschneidenden Kreisen aus verschiedenfarbigem Stein und Elfenbeineinlagen. Sie symbolisieren die Vermehrung der fünf Brote bei der ›Speisung der Fünftausend‹. Im *Inneren Narthex* beginnt der Reigen der prächtigen Mosaike, der sich im eigentlichen Kirchenraum fortsetzt. Vergleichbare Werke byzantinischer Mosaikkunst findet man sonst in Griechenland nur noch im Kloster Dafní bei Athen und im Kloster

Vitrine
mit
Schädeln

Gott ist Licht
Byzantinische Mosaikkunst

Johannes diktiert seinem Schüler
Prochoros die Apokalypse

Mosaike wurden im Laufe der Jahrtausende in den unterschiedlichsten
Kulturen und Epochen geschaffen. Zu den ältesten zählen die von
Uruk in Mesopotamien aus dem 3. Jh. v. Chr.; im vorkolumbianischen
Amerika kannten und entwickelten insbesondere Mayas und Azteken
diese Kunstform. Aber nur in einer Kultur setzte sich das Mosaik als
führendes Genre der Bildenden Kunst durch: im Byzantinischen Reich
zwischen dem späten 4. und dem 14. Jh. Die ersten christlichen Mosaike von Rang sind noch heute in Ravenna zu sehen; Beispiele für byzantinische Mosaike findet man überall zwischen Sizilien und Kiew.
   Die Mosaike im Kloster Néa Moní auf Chíos stammen aus dem
11. Jh., also aus der mittelbyzantinischen Zeit. Deren Eckdaten werden durch das Ende des Bilderstreits im Jahre 843 und die Eroberung
und Plünderung Konstantinopels durch Venezianer und Kreuzritter im
Jahre 1204 definiert. Aus jener Epoche stammen auch die frühen Mosaike in der Hagia Sophia in Istanbul und die etwa gleichaltrigen Mosaike in den Klosterkirchen von Dafní bei Athen und Ósios Loúkas bei
Delphi. Anders als in vergleichbaren Kulturen sind byzantinische Mosaike keine in Steinchen umgesetzte Malerei, sondern stellen eine
Kunstform mit eigenen, nur ihr immanenten Ausdrucksmöglichkeiten

dar: Ansprüche orthodoxer Theologie an die bildhafte Darstellung christlicher Themen vermögen sie wie keine andere Kunstform umzusetzen.

Ebenso wie die byzantinische Malerei will das byzantinische Mosaik keine Raumillusionen schaffen. Effekte wie die der barocken Illusionsmalerei, z. B. Flachdecken als Gewölbe erscheinen zu lassen, sind völlig unerwünscht. Mosaike dienen ausschließlich der Introspektion des Gläubigen: Sie sollen die Hingabe an das, was sich liturgisch in der Kirche vollzieht, fördern. Die großen Goldflächen vermeiden nicht nur die Absorption von Licht, vielmehr fangen sie es auf und geben es an Raum und Gemeinde zurück. Damit gewinnt das Licht eine neue Qualität: Als ›Sendelicht‹ geht es von Christus und den heiligen Gestalten aus.

Selbst Malereien auf Goldgrund können keinen derartigen Effekt erzielen. Die goldenen Mosaiksteinchen sind nämlich Glaskuben mit Blattgoldeinlage. Durch die Kristallstruktur und die unterschiedliche Anordnung des Glases wird das Licht nicht gleichmäßig, sondern in tausendfacher Brechung reflektiert und wirkt so besonders lebendig. Dieser Effekt wird noch dadurch gesteigert, daß zwischen die goldenen Kuben silberne (meist mit Zinnblättchen gefüllte) Glassteine eingefügt werden, die für das bloße Auge nur aus unmittelbarer Nähe zu identifizieren sind. Alles zielt also darauf ab, dem Raum eine neue Qualität zu geben: Der Gläubige soll das mystische Gefühl gewinnen, im *Neuen Jerusalem*, in einer anderen Welt zu stehen.

Auch bei der Gestaltung der Figuren unterstützt die Mosaiktechnik theologische Forderungen. Bei aller Ausdrucksstärke der Gestalten, bei der hohen Kunst der Mosaizisten, Gefühle und Gedanken der Dargestellten zu vermitteln, entsteht doch zu keiner Zeit die Illusion von Körperlichkeit. Aus orthodoxer Sicht liegt darin ein weiterer Vorzug der Mosaikkunst gegenüber der Malerei. In der byzantinischen Malerei sind Mischfarben verpönt; unterschiedliche Töne und Schattierungen werden durch Auflegen immer neuer, reiner Farben erzielt. In der Mosaikkunst kann sogar diese ›Überdeckung‹ vermieden werden: Jede Linie bleibt deutlich von der nächsten unterscheidbar, jedes Steinchen ist vom anderen durch eine Fuge getrennt, die den Mörtel sichtbar macht, in den die Steinchen eingebettet sind.

In Néa Moní wird der lineare, graphische Effekt durch die hervorstechenden roten und gelben Steinchenreihungen auf die Spitze getrieben. So kann der Betrachter das Bild nie als Abbild einer figürlichen Wirklichkeit nehmen, sondern immer nur als geistige Aussage.

Ósios Loúkas bei Delphi. Sie stammen aus der Mitte des 11. Jh. und wurden offensichtlich von den besten Mosaikkünstlern aus Konstantinopel ausgeführt (s. S. 150).

Ganz vorne links im Gemeinderaum *(Naos)* fallen dem Besucher sicherlich einheimische Gläubige auf, die ihren Namen auf kleine Zettel schreiben und Geld in einen Opferstock werfen. Damit bitten sie die Gottesmutter und die drei heiligen Klostergründer Nikitas, Ioannis und Iosiph um Gesundheit. Die Reliquien der drei Asketen werden an dieser Stelle verwahrt. Sie lebten im 11. Jh. in einer Höhle oberhalb von Néa Moní. Laut Legende sahen sie nachts im dichten Kiefernwald tief unter sich immer wieder ein wundersames Licht. Um dorthin zu gelangen, mußten sie den Wald in Brand setzen. Unversehrt blieb allein ein Myrtenstrauch, an dem eine Ikone der Gottesmutter hing. Sie brachten sie mit in ihre Höhle, doch die Ikone kehrte an drei aufeinanderfolgenden Nächten immer wieder zum Myrtenstrauch zurück. Da beschlossen die drei Asketen, ihr dort eine Kapelle zu bauen und sich selbst daneben niederzulassen. Kurz darauf bedeutete ihnen ein Traum, auf die Nachbarinsel Lésbos zu reisen, um dem dorthin verbannten byzantinischen Prinzen Monomachos im Namen Mariens zu verkünden, er solle in Konstantinopel die Kaiserwürde annehmen.

Im Jahre 1042 bestieg Monomachos tatsächlich den Kaiserthron; bei den drei Asketen und der Got-

tesmutter bedankte er sich mit der Stiftung des neuen Klosters *Néa Moní.* Er entsandte seine besten Künstler und Architekten nach Chíos und stattete das Kloster mit reichen Ländereien aus. Die *Marienikone* hat alle Katastrophen des 19. Jh. überstanden und ist noch immer an der Ikonostase befestigt.

Vor Verlassen des Klosters kann man noch einen Blick ins kleine Museum und das 15 m lange Refektorium aus dem 17. Jh. werfen, wo ca. 80 Mönche Platz fanden. Das Kloster ist von Tagesanbruch bis 13 Uhr und von 16–20 Uhr geöffnet; der Eintritt ist frei.

An der Stelle der Höhle, von der aus die drei Asketen das wundersame Licht im Hochtal von Néa Moní sahen, entstand im Jahre 1868 ein immer noch von vier Mönchen bewohntes Kloster, **Agíi Patéres**. Von der Hauptstraße aus führt eine ausgeschilderte, 1800 m lange Stichstraße zu dem weitgehend häßlich-modernen Komplex in 750 m Höhe. Der Eingang führt direkt zur Kapelle in der ehemaligen Eremitenhöhle; über eine Treppe gelangt man auf eine Terrasse mit der Klosterkirche und dem Grab des Klostergründers. Wer Glück hat, wird von den Mönchen in das für die Gästebewirtung bestimmte *Xénon* mit volkstümlichen Wandmalereien oder sogar in die altertümlich wirkende Küche und das für vier Mönche viel zu große, stimmungsvolle Refektorium geleitet.

Die Hauptstraße steigt hinter der Abzweigung zum Kloster Agíi

Patéres noch etwas an und führt dann durch einen Kiefernwald hinunter in ein Hochtal, an dessen Rand zwei heute nahezu völlig verlassene Bergdörfer liegen. Das erste ist **Avgónyma** mit nur noch einem knappen Dutzend Einwohnern, aber schönen Tavernen und einer prunkvoll ausgestatteten Georgskirche aus dem Jahre 1885. Endpunkt der Straße ist **Anávatos**, ebenfalls ein Geisterdorf. Seine 400 Häuser und Hausruinen ziehen sich den Hang eines 450 m hohen Felsens empor, der nur von Norden her zugänglich ist. An seiner höchsten Stelle stand einst eine Fliehburg, von der aus von See herannahende Feinde frühzeitig gesichtet werden konnten. In genuesischen Quellen ist der Ort nicht erwähnt; er wurde wahrscheinlich erst in türkischer Zeit gegründet. Einige Häuser sind inzwischen wieder restauriert worden und dienen Städtern als Sommersitz; ganzjährig leben nur noch einige Alte in Anávatos, die den Touristen getrocknete Feigen und Kräuter zum Kauf anbieten.

Busverkehr: Außer nach Karyés kein Linienbusverkehr auf dieser Strecke. Im Sommer 2 × wöchentlich

Im Bergdorf Anávatos   Kloster Néa Moní ▷

halbtägige Busausflüge mit Linienbussen, die nach Néa Moní und Anávatos führen; ein Busausflug in den Nordwesten der Insel an Sommersonntagen bietet Gelegenheit, nur bis Avgónyma mitzufahren.

 Essen und Trinken: Nur in Karyés und Avgónyma

 Feste: 23. August Kirchweih in Néa Moní

Der Inselsüden

Der Inselsüden hat so viel Schönes und Sehenswertes zu bieten, daß eine eintägige Rundfahrt auf keinen Fall ausreicht, ihn kennenzulernen. Es ist besser, hier für ein paar Tage – wenn möglich sogar noch an unterschiedlichen Orten – Quartier zu beziehen. Im folgenden sind alle nennenswerten Reiseziele in der Reihenfolge beschrieben, wie man sie bei einer Rundfahrt im Uhrzeigersinn aufsuchen würde.

Vavíli ist ein Dorf am oberen Rand des Kámbos. Etwa 1 km außerhalb liegt völlig einsam am Rande eines Wäldchens die byzantinische **Kirche Panagía Kriná** aus dem 12. Jh. Von der Hauptstraße nach Skláviá aus weist außerhalb des Dorfes ein handgeschriebenes Schild den Weg auf eine Piste. Nach 400 m gabelt sie sich, hier hält man sich nach rechts abwärts. 150 m weiter folgt erneut eine Gabelung, jetzt geht es links bergab und

nach 250 m steht man vor der Kirche. Reizvoll an ihr ist das Mauerwerk aus Bruchsteinen und Ziegelsteinbändern, die allerlei unterschiedliche Ornamente wie Mäander und Fischgrätenmuster bilden. Auch antike und frühchristliche Spolien fanden beim Bau reichlich Verwendung. Die Kuppel sitzt auf einem extrem hohen Tambour. Das Kircheninnere mit seinen verschiedenen Schichten von Wandmalereien kann leider nicht besichtigt werden.

Die **Kirche Panagía Sikeliá** aus der Zeit um 1200 liegt auf einem Hügel zwischen der Hauptstraße nach Pyrgí und dem Dorf **Éxo Dídyma**: Von Éxo Dídyma fährt man 500 m weit in Richtung Kiní und biegt dann rechts auf einen Zementweg ab, der sofort in einen Feldweg übergeht. Kurz darauf gabelt er sich; der rechte Weg ist kürzer, der linke (1,8 km) für Autos besser befahrbar. Kurz darauf kommt die Kirche ins Blickfeld. Über hohen Mauern ragt die Kuppel vor der Kulisse einer kahlen Bergwand auf. Fresken sind hier nicht erhalten; sehenswert ist dieses Gotteshaus allein wegen seiner Lage. Ein gut befahrbarer, aber auch für Wanderer angenehmer Feldweg führt von der Kirche aus 5,5 km weit bis nach Kalamotí (an den ersten drei Gabelungen jeweils rechts halten).

Armólia darf als das traditionelle Töpferdorf der Insel gelten. Mehrere Keramikwerkstätten liegen direkt an der Hauptstraße nach Pyrgí. Ins-

Töpferwaren in Armólia

gesamt arbeiten hier noch fünf Betriebe, die aber hart um ihr Überleben kämpfen müssen. Bis in die 60er Jahre hinein wurden ausschließlich Vorrats- und Transportgefäße für Wasser hergestellt, die dann durch Plastikbehälter, die Verbreitung von Kühlschränken sowie einen Wasseranschluß in allen Dörfern außer Mode kamen. Heute produziert man überwiegend Blumentöpfe und Pflanzkübel aus lokalem sowie Souvenirs aus kretischem Ton; die Souvenirteller werden schon als Rohware importiert und in Armólia nur noch bemalt, glasiert und gebrannt.

Mit **Kalamotí** (850 Ew.) erreicht man das erste typische Mastixdorf. Der mittelalterliche Grundriß wird allerdings wegen der modernen Bebauung am Ortsrand weniger deutlich als in den südlicheren Mastixdörfern. Der heutige Hauptplatz an der Straße liegt am Rand des historischen Ortes: Man muß von hier aus zu Fuß durch die Gassen schlendern, um zum sehr viel kleineren und schöneren alten Dorfplatz mit seinen Kafenía und Geschäften zu kommen.

Liebhaber romantisch gelegener byzantinischer Kirchen können von Kalamotí aus zur **Panagía Agrelópou** aus der Mitte des 14. Jh. gehen (10 Min.) oder fahren (1250 m). Dazu folgt man der Straße in Richtung Armólia. 100 m hinter der Brücke am Dorfrand zweigt, wenige Schritte vor dem Ortsschild von Kalamotí, ein Feldweg nach links ab. Nach 80 m gabelt er sich. Wanderer gehen den Weg rechts nach oben; Autofahrer halten sich links, passieren eine Kaserne und zweigen 500 m nach dem Kasernentor nach rechts auf einen Feldweg ab, der 200 m weit einen Hügel hinan bis fast vor die – ständig verschlossene – Kirche führt. An dem einfachen, neu verfugten Bau sind die an der Westwand verbauten antiken Spolien bemerkenswert.

Am gut geschützten Naturhafen von **Embório** (25 Ew.) siedelten schon im 6. Jt. v. Chr. Menschen. Archäologen haben hier bedeuten-

Pyrgí: Tomaten werden auf Schnüre gezogen und zum Trocknen aufgehängt

de Funde vom Neolithikum über die mykenische Zeit bis zur klassischen Antike und der frühchristlichen Epoche gemacht; der Laie findet leider nichts Sehenswertes mehr vor. Nur die spärlichen Überreste einer kleinen **Basilika** aus dem 5. Jh. mit gut erhaltenem Baptisterium sind erwähnenswert. Man entdeckt sie auf einem Feld, wenn man vom Hafen aus die von Tamarisken gesäumte Allee zum **Strand Mávra Vólia** entlanggeht und in die erste kleine Gasse nach rechts ein-

biegt. Am Kieselsteinstrand von Mávra Vólia fällt dem Besucher ein großes, von Mauern gesichertes Anwesen auf, das wie ein Hotel wirkt, in Wahrheit aber ein weitläufiger Feriensitz der aus Chíos stammenden Reederfamilie Los ist.

Von Embório führt eine schmale Straße zur kleinen Streusiedlung Vroulídia und ins Dorf **Dótia** mit einem kaum besuchten Strand unter einer eindrucksvollen Steilküste. Der Weg dorthin ist reizvoll, denn er führt durch gepflegte Mastixplantagen und an gut erhaltenen Mauern einer mittelalterlichen Fliehburg vorbei.

Pyrgí (1200 Ew.) ist das größte und bekannteste der Mastixdörfer.

Das erste Ziel schlechthin im Dorf ist die **Platía** – sicherlich eine der seltsamsten und schönsten in Griechenland. Die Fassaden der Häuser, die sie auf drei Seiten begrenzen, und die Mauern der *Mitrópolis* aus dem Jahre 1694, die die vierte Seite einnehmen, sind über und über mit schwarz-weißen, geometrischen Mustern überzogen. Sie erinnern an die Sgraffiti der italienischen Renaissance. Bei genauerem Hinsehen erkennt man die griechisch *Xystá* genannte Technik: Auf die zunächst mit einem dunklen Sand verputzten Wände wird eine weiße Kalkschicht aufgetragen. Danach werden aus dem Kalküberzug die geometrischen Formen herausgekratzt. Man vermutet, daß dieser Kratzputz von den Genuesern auf Chíos eingeführt wurde. Da er touristisch überaus werbewirksam ist, werden neuerdings immer mehr Häuser so geschmückt; auch in anderen Dörfern besinnt man sich vereinzelt wieder auf die *Xystá*. In Pyrgí gibt es sogar schon *Xystá* mit Farbanstrich und figuralen Motiven.

Sich von der Platía in Pyrgí zu lösen, fällt schwer. Nur die modernen, vielfarbigen Plastikstühle unter den Akazien stören die Idylle, zu der die vielen *Papádes* des Ortes ebenso gehören wie die fahrenden Händler, die auf dem Dorfplatz lautstark Obst, Gemüse und Fische, Haushaltswaren, Textilien und noch mehr Plastikstühle anbieten. Aber es lohnt sich aufzustehen und durchs Dorf zu wandern. Im Hochsommer sitzen die Frauen vor den Häusern und ziehen kleine Tomaten auf Schnüre, die dann neben Knoblauchzöpfen, Kräutersträußen und Käsesäckchen als Wintervorrat an den schmiedeeisernen Balkongittern und den Hauswänden hängen. Ab September wird Mastix geerntet, dann ziehen die Bauern schon frühmorgens mit ihren Eseln durch die engen Dorfgassen aufs Feld. Vom Herbst bis zum Frühjahr sitzen die Frauen bei Sonnenschein vor ihren Häusern, um die Mastixkügelchen von Verunreinigungen zu säubern (s. S. 164). Fremde werden hin und wieder aufgefordert, sich doch ein paar der Mastixtropfen in den Mund zu stecken, und so mancher läßt eine Plombe in Pyrgí.

Auch historische Sehenswürdigkeiten hat Pyrgí zu bieten. Vom Hauptplatz führt ein 16 m langes Gewölbe zur versteckt gelegenen, byzantinischen Kirche **Agíi Apóstoli** aus dem 14. Jh. (Di–So 10–14 Uhr, Eintritt frei) mit sehr gut restaurierten Wandmalereien aus dem Jahre 1665. Sie verraten Einflüsse des ›Kretischen Stils‹, dessen Vertreter Elemente der italienischen Kunst aufnahmen (s. S. 47). Das zeigt sich sehr schön an der ungewöhnlich großen Figurenzahl bei der Darstellung der ›Hadesfahrt Christi‹ links oben im Naos oder auch bei der ›Apostelkommunion‹ in der Apsis, bei der Christus, im Gegensatz zur Tradition nur einmal Brot und Wein zugleich austeilend, dargestellt ist. Andererseits bleibt der Maler auch den Prinzipien der byzantinischen Kunst treu, was sehr schön bei der Szene ›Christi Verklärung‹ rechts oben zu erkennen ist. Hier bleibt die narrative Perspektive gewahrt, die es erlaubt, drei nicht zeitgleiche Ereignisse in einem Bild zu vereinigen: die ›Besteigung des Berges Tabor‹, die eigentliche ›Verklärung‹ und den ›Abstieg vom Berg‹. Zahlreich sind in dieser den zwölf Aposteln geweihten Kirche die vielen Apostelbildnisse und Szenen aus ihrem Leben.

Schließlich kann man in Pyrgí noch eine originale **Fliehburg** aus genuesischer Zeit sehen, wie sie einst im Zentrum eines jeden befestigten Mastixdorfes stand. Sie wird noch immer von einigen Familien bewohnt. Der nahezu quadratische, dreigeschossige, mit Zinnen bekrönte Bau erreicht bei einer Wandstärke von 1,8 m eine Höhe von 18 m. Er war zusätzlich in geringem Abstand durch eine von Häusern gebildete Schutzmauer mit vier runden Ecktürmen gesichert, von denen zwei noch gut erhalten sind. Daß die äußersten Häuser des Dorfes zugleich die Stadtmauer bildeten, ist in Pyrgí nur noch im Norden zu erkennen. Hält man die Augen offen und kombiniert die erhaltenen Festungselemente von Pyrgí, Olýmbi und Mestá, so kann man sich ein Bild vom mittelalterlichen Aussehen der Mastixdörfer machen.

Káto Phaná wird eine Flur genannt, an deren kurzem, gutem Sand-/Kiesstrand Griechen gern wild campen. Am Zufahrtsweg von Pyrgí her steht nahe der Küste rechter Hand eine weißgekalkte Kapelle auf den Überresten eines großen antiken Apollo-Tempels aus dem 6. Jh. v. Chr. Die wenigen erhaltenen Mauerreste der Tempelterrasse sowie die über das Gelände verstreuten Quader dürften aber nur Archäologen interessieren.

Olýmbi (350 Ew.) hingegen ist wieder ein wohl jeden faszinierendes Mastixdorf. Wie die Nachbardörfer Pyrgí und Mestá nimmt es sein eigenes kleines Hochtal ein. Ringsum bilden die äußeren Häuser eine den Ort völlig umgebende Stadtmauer. Da sie auch heute noch weitgehend unverputzt sind, kommt der wehrhafte Charakter der Siedlung besonders deutlich zum Vorschein. Im Zentrum des Dorfes sind die Außenmauern der **Fliehburg** nahezu in voller Höhe erhalten; innen haben nach Umbauten zwei Kafenía Platz gefunden. Auffallend ist hier wie in den anderen Mastixdörfern die Homogenität der Bebauung. Alle Häuser sind nahezu gleich groß. Innerhalb der Gemeinden scheint es keine wesentlichen sozialen Unterschiede gegeben zu haben.

Mestá (400 Ew.) darf als das Juwel unter den *Mastichóchoria* gelten, es ist ein Dorf wie aus einer

In den Gassen von Pyrgí:
Frauen bei der Mastixlese

längst vergangenen Welt. Wie in Olýmbi bilden Häuser deutlich erkennbar die Stadtmauer, an den Ekken stehen sogar noch massive Rundtürme. Eine schmale Straße führt heute an der Stadtmauer entlang um das Dorf. Die schmalen, gekrümmten Gassen münden auf die **Platía**, die an Schönheit der von Pyrgí kaum nachsteht. Die Gassen sind oft mit Wohnräumen überbaut, so daß sich lange, dunkle Passagen ergeben, die an die Wehrdörfer Süd-Marokkos erinnern. An anderen Stellen überspannen Aussteifungsbögen die Gassen wie in der Altstadt von Rhodos.

Für Höhe und Breite der Verkehrswege im Dorf war ein beladenes Maultier das Maß aller Planungen. Für den Grundriß des Ortes war die Bedrohung durch Türken und Piraten ausschlaggebend. Sackgassen sollten ins Dorf eingedrungene Feinde in die Falle locken, Schießscharten in Hausmauern ihre Bekämpfung ermöglichen. Die Häuser haben flache Terrassendächer, die – allesamt miteinander verbunden – den Bewohnern eine zweite Bewegungsebene über den ins Dorf eingedrungenen Feinden boten. Die nahezu ausnahmslos zweigeschossigen Häuser sind ohne Holzkonstruktion massiv aufgemauert. Außentreppen fehlen völlig. Im Erdgeschoß, in dem Vieh und Vorräte untergebracht waren, befand sich ein Brunnen; die Wohnräume im Obergeschoß gingen von einem winzigen Atrium aus, von dem Stufen aufs Dach hinaufführten. Mestá ist keine Ansammlung von Einzelbauten, sondern eine ›labyrinthische‹ Wehrsiedlung, die städtebauliche Planung verrät.

Lediglich die zentrale Fliehburg ist in Mestá nicht mehr erhalten. Sie hinzuzudenken, fällt nicht schwer, wenn man sich an die Beispiele aus Olýmbi und Pyrgí erinnert. In Mestá ist sie dem Bau der großen Dorfkirche zum Opfer gefallen, deren stündliches Glockenschlagen den Gast auf der Platía daran erinnert, daß auch hier die Zeit nicht stehengeblieben ist. Bevor man aufbricht, kann man noch eine der mittelalterlichen Kirchen des Dorfes besichtigen. Der Küster mit dem großen Schlüssel spricht wegen des erhofften Trinkgeldes ohnehin jeden Fremden darauf an. Er öffnet die **Alte Erzengelkirche** aus der Zeit um 1200 mit geringen Freskenresten und einer sehr kunstvoll beschnitzten *Nußbaum-Ikonostase* von 1833.

Eine sehr schöne Wanderung von ca. 1 Std. führt von Mestá zurück nach Olýmbi: Von der Bushaltestelle geht man nicht ins Dorf hinein, sondern nimmt die nach rechts auf einen Berg mit Mühlenstumpf zuführende Betonstraße, die bald in einen uralten, gepflasterten Weg übergeht. Für motorisierte Urlauber lohnt sich die etwa 2,5 km lange Auffahrt auf den 355 m hohen **Merovígli** mit Panoramablick über Mestá, Olýmbi und die Küste. Man biegt dazu auf der Weiterfahrt nach Liménas Mestón am Ortsschild von Mestá nach links auf eine schmale Asphaltstraße ab und folgt ihr bis zur Antennenanlage auf dem Gipfel.

Eláta liegt inmitten dichter, von Mastixsträuchern durchsetzter Olivenhaine auf einem Hügel. Seinen Festungscharakter hat das Dorf völlig verloren, viele alte Häuser sind heute unbewohnt, Fremde verirren sich selten hierher. Das macht eine Pause in den drei Kaffeehäusern an der kleinen Platía attraktiv.

Véssa (auch Wéssa) ist von oben betrachtet ein besonders fotogenes Dorf. Es breitet sich an den beiden Hängen einer langgestreckten Talmulde aus und wirkt dank seiner vielen, fast ausschließlich unverputzten Häuser sehr ursprünglich und erinnert an die *Kasbahs* im Süden Marokkos. Die Mehrzahl der Häuser steht heute leer; ein Rundgang ist stimmungsvoll, auch wenn herausragende Monumente fehlen.

Das große, noch sehr lebhafte Bergdorf **Ágios Geórgios Sikoússis** thront hoch über dem Kámbos. In der großen Georgskirche aus dem 18. Jh. ist die besonders reich beschnitzte *Ikonostase* aus dem 19. Jh. bemerkenswert.

Blick auf Véssa

Busverkehr: Pyrgí ist werktags 8 × und sonntags 1 × täglich mit

Mastix: Harz als Exportschlager

Im Süden von Chíos wachsen über 2 Mio. Mastixbäume. Eine genaue Zählung im Jahre 1986 kam auf 2 184 684 Exemplare. Sie gehören einer Unterart der Familie der Pistaziengewächse an, die nur auf Chíos vorkommt. Auf griechisch heißt der immergrüne Baum *Skínos*. Die Mastixbäume bedecken eine Fläche von ca. 220 ha, bilden eigene Haine oder stehen zwischen Olivenbäumen. Der Abstand zwischen den Bäumen beträgt im Idealfall 3–4 m. Die niedrigen, teilweise knorrigen Bäumchen haben dunkelgrüne, paarig gefiederte, ledrige und an der Oberseite glänzende Blätter an rötlichen Stielen. Die Pflanzen sind zweihäusig, männliche und weibliche Blüten sitzen also auf verschiedenen Pflanzen, so daß die Mastixbäume auf Windbestäubung angewiesen sind. Die kleinen männlichen, als Knospen rötlichen Blüten sind im Gegensatz zu den unauffälligen weiblichen leicht zu erkennen.

Etwa 4500 chiotische Familien besitzen Mastixbäume und gehören 20 örtlichen Kooperativen an, die seit 1938 in einer Dachorganisation, der Vereinigung der chiotischen Mastixproduzenten (*Enosis Masticho- paragogon Chiou* = EMX), zusammengeschlossen sind. Sie nimmt den Bauern das Rohprodukt ab, verarbeitet und vermarktet es.

Die Ernteperiode beginnt alljährlich Anfang Juli mit der Reinigung der Bäume und des Bodens unmittelbar unter der Pflanze. Am 15. Juli beginnt die erste Schnittzeit. Die Rinde wird an mehreren Stellen auf 10–15 mm Länge 4–5 mm tief eingeritzt und dieser Vorgang innerhalb von fünf Wochen zweimal wöchentlich wiederholt. Nach dem 15. August beginnt dann die erste Sammelperiode. Die verhärteten Harztropfen werden von der Rinde und von auf dem Boden ausgelegten Tüchern eingesammelt. Darauf folgt eine zweite Schnittzeit, die noch weitere fünf Wochen dauern kann. Ende September werden erneut die Harztropfen eingesammelt, bis zum 15. Oktober muß die Arbeit abgeschlossen sein. Jede Familie behält ca. 1–2 kg Harz für sich, der Rest wird an die Kooperative abgeliefert. Im Spätherbst müssen die Bäume dann alljährlich etwas und etwa alle sechs Jahre gründlich zurückgeschnitten werden. Jährlich werden ca. 150–200 Tsd. kg Mastixharz geerntet. Davon erzeugt die Kooperative von Pyrgí allein über 20 %, die von Nénita etwa 15 %. Mestá und Lithí tragen jeweils weniger als ein Prozent zum Gesamtergebnis bei.

In den Produktionsbetrieben der EMX müssen die gelblich-weißen Mastixtropfen zunächst gereinigt werden. Dann wird etwa die Hälfte der Ernte nach fünf verschiedenen Größen und Qualitäten sortiert und in Kartons zu 50, 100 oder 500 g verpackt. Pro Kilo werden sie für ca. 26–35 US-$ abgegeben, die kleineren Perlen erzielen bessere Preise als die großen. Hauptabnehmer für dieses reine Mastix sind Frankreich und Saudi-Arabien.

Das übrige Mastix wird weiterverarbeitet. Durch Destillation gewinnt man Mastixöl, das in Flaschen zu 100, 200, 250 und 500 g vor allem nach Großbritannien und Deutschland exportiert wird. Zur Zeit kostet 1 kg Mastixöl ab Fabrik etwa 500 US-$. Durch die Trennung des Harzes von seinen ätherischen Ölen entsteht Kolophonium, ein Harz, das besonders für die Herstellung von Lacken Verwendung findet. Hauptabnehmer hierfür ist Frankreich. Eine Mischung aus Mastix und Kolophonium, angereichert mit weiteren Aromastoffen, ergibt *Moscholívano*, einen Räucherstoff, der vor allem in arabischen Ländern begehrt ist. Auf Chíos selbst werden unter Verwendung des bei 120° Celsius geschmolzenen Mastix Likör und Schnaps, Zahnpasta, Seife, Kosmetika und Konfekt hergestellt; die Araber mischen Mastix ins Brot und ins Speiseeis, würzen damit Suppen und Käse. Industriell wird Mastix im Ausland zur Herstellung von Parfums, Klebstoffen und Firnissen sowie als Stabilisator für Textilfarben und als Zusatzstoff für Flugzeugreifen genutzt, in Indien und anderen südostasiatischen Staaten als antiseptisches Mittel zur Wundbehandlung eingesetzt.

Wichtigstes Weiterverarbeitungsprodukt auf Chíos ist seit 1955 das Kaugummi ELMA. Allein die Saudis importieren davon jährlich die Hälfte der Gesamtproduktion, ca. 100 000 kg. Ihnen folgen als bedeutende Abnehmer mit weitem Abstand Kuwait, Zypern und Syrien. Die Saudis setzen damit eine Tradition fort, die den chiotischen Mastixbauern beim Massaker von Chíos im Jahre 1822 das Leben rettete. Nicht nur die Damen im Serail des Sultans, sondern jede Dame von Stand im Osmanischen Reich kaute unentwegt Mastixtropfen – der Sultan konnte es sich einfach nicht leisten, durch die Ermordung der chiotischen Mastixbauern Unruhe in den Harems zu provozieren. Ihm stand allein schon die Hälfte der jährlichen Mastixproduktion zu.

Für Mastixharz gibt es auch heute keine Absatzschwierigkeiten, denn das Produkt ist weltweit konkurrenzlos. Wo anderswo die Stillegung von Agrarflächen subventioniert wird, unterstützt hier sogar die Agrarbürokratie in Brüssel den chiotischen Mastixanbau: Zwischen 1993 und 1995 sollen ca. 36 Mio. DM an die Vereinigung der Mastixproduzenten zur Verbesserung und Erneuerung der Anbauflächen überwiesen werden.

der Inselhauptstadt verbunden, Mestá und Olýmbi 5 × täglich (sonntags 1 ×). Mehrmals täglich zu erreichen sind auch Armólia, Embório, Exo Dídyma und Kalamotí. Ágios Geórgios Sikoússis, Eláta, Lithí und Véssa werden werktags 2–3 ×, sonntags aber nie angesteuert

Unterkunft: Die Frauenkooperative von Chíos vermittelt insgesamt 55 Zimmer und 10 Studios in den Dörfern Pyrgí, Mestá, Olýmbi und Armólia, zumeist in traditionellen Häusern. Einige Mitglieder der Kooperative bieten ihren Gästen auch die Möglichkeit, bei der Mastixlese oder anderen landwirtschaftlichen Tätigkeiten zuzusehen oder mitzuarbeiten. Schriftliche Reservierungswünsche – am besten auf englisch oder italienisch – an: *The Agricultural Tourist Cooperative*, Pyrgí, GR–82102 Chíos, ☎ 02 71/7 63 19. DZ ganzjährig 38 DM, Vierbettzimmer 48 DM.

In Mestá werden Zimmer und Häuser in historischen Gebäuden vermietet. Am besten erkundigt man sich danach in einer der beiden Tavernen an der Platía.

Essen und Trinken: Für griechische Verhältnisse fast schon ein Gourmet-Tempel ist die Taverne *O Morias sta Mesta* von Dionisios Karambelas an der Platía von Mestá. Hier wird gekocht, wie Griechen für geschätzte Gäste zu Hause Kochen. Eine Speisekarte gibt es nicht, da die Gerichte täglich wechseln; ein Blick in die Küche wird gern gestattet.

Fischliebhaber essen gut und preiswert in der sehr einfachen Taverne der Gebrüder Tsambou, *O Tsambos*, an der Uferstraße von Katarraktís.

In Olýmbi sollte man unbedingt im Kafeníon mit den roten Plastikstühlen einen *Oúzo* mit *Mezé* bestellen: als Kleinigkeiten zum Schnaps serviert der Wirt von ihm selbst gefüllte Oliven, sauer eingelegte Gemüse und köstlich gefüllte Weinblätter.

Bank/Post: Geld wechseln kann man im Postamt von Kalamotí oder bei den mehrmals wöchentlich die Orte besuchenden Bussen verschiedener Banken.

Einkaufen: Die Töpfereien in Armólia sind täglich von morgens bis abends geöffnet. In Kallimassiá verkauft eine Frauenkooperative ihre Erzeugnisse, darunter schöne Puppen.

Strände: Der längste Sandstrand im Süden der Insel ist der von Kómi. Die schönste Badebucht ist die von Káto Phaná. Der von den Einheimischen vielgepriesene Strand von Lithí entpuppt sich als kurzer, knochenharter Sandstreifen, auf dem Autos fahren und parken. Optisch und ›akustisch‹ reizvoll sind die dunklen Kieselstrände von Mávra Vólia. Man sollte vom Strand am Straßenende aus über die Klippen gen Süden weitergehen, wo sich weitere Strandstreifen anschließen, an denen teilweise auch nackt gebadet wird.

Menschenleer ist der kurze Sandstrand unterhalb der Steilküste bei Dótia. Mehrere kleine, nur auf schlechten Feldwegen erreichbare Strände liegen in ca. 4 km Entfernung von Mestá am Südwestzipfel der Insel.

Geschmackssache ist der von deutschen Reiseveranstaltern im Programm geführte Sandstrand von Agía Fotiní, an dem auch Wassersportmöglichkeiten geboten werden: Der Strand wird im Juli/August stark von Einheimischen frequentiert, die natürlich mit dem Auto kommen; der Ort besteht fast ausschließlich aus Hotels und Pensionen.

Feste: Ostern wird mit Musik und Tanz auf der Platía von Mestá gefeiert, ebenso das Kirchweihfest der Erzengel am 8. November. Der 15. August ist ein großer Festtag auf der Platía von Pyrgí. Am 2. August findet auf dem Inselchen Ágios Stéfanos vor der Küste von Agía Iríni ein Gottesdienst statt, zu dem die Bewohner von Eláta mit dem Boot übersetzen. Sie feiern außerdem zweitägige Kirchweihfeste am 5. Mai und 8. September.

Der Nordosten

Im Nordosten liegen einige der größten Dörfer der Insel. Auf die türkischen Vergeltungsmaßnahmen von 1822 (s. S. 132) ist es zurückzuführen, daß nur wenig alte Bausubstanz erhalten geblieben ist. Da das Land zwischen Meer und Bergen weit weniger fruchtbar ist als im Inselsüden, fahren viele männliche Bewohner dieser Dörfer schon seit Jahrhunderten zur See. Landschaftlich ist die Fahrt entlang der Küste bis hinauf nach Kambiá lohnend; die Strände halten jedoch kaum, was einheimische Prospekte von ihnen versprechen. Verfügt man auf Chíos über nur wenig Zeit, kann auf diesen Inselteil am ehesten verzichtet werden.

Über Vrondádos und vorbei am *Daskalópetra* (s. S. 142) erreicht man das **Kloster Mersinídiou**, auch *Panagía Myrtidiótissas* genannt (s. Abb. S. 2/3). In der schönen, 1887 auf einem kleinen Kap über der Ägäis

entstandenen Anlage lebt noch eine Handvoll gastfreundlicher Mönche. Die Klosterkirche wurde 1988 mit Fresken in traditionellem Stil ausgemalt. Im *Narthex* sind die ›Vermehrung der fünf Brote‹, der ›Marientod‹ und die ›Geburt Mariens‹ deutlich zu erkennen; über dem Durchgang zum *Naos* kündet das *Mandílion* von der Berechtigung der Bilderverehrung. Im *Naos* sind hinten 19 chiotische Märtyrer zu sehen, rechts oben zwölf Szenen aus dem Leben Jesu von der ›Verkündigung‹ bis zur ›Darstellung im Tempel‹, links oben zwei ökumenische Konzile und darunter zwölf Illustrationen zu einem Marien-Hymnus.

Pantoukiós (auch: Padoukiós) ist ein winziger, völlig verschlafen wirkender Küstenweiler an einem kleinen Fjord, in dem Fischzucht betrieben wird. In der Nähe liegt der einzige Campingplatz der Insel, *Chios Camping*. Auf der Weiterfahrt fällt neben der Straße eine Pipeline auf, die Trinkwasser aus Nagós in die Inselhauptstadt leitet.

Langáda (auch: Lagkáda) säumt zwei Seiten einer schönen Bucht, die sich zur nahen Insel Inoússes hin öffnet. Auf der schattigen Hafenpromenade stehen Tische und Stühle vieler Cafés und Tavernen. Nach 9 km folgt **Kardámyla** (2000 Ew.), ein großes Binnendorf mit schöner Platía am Rande einer wasserreichen Küstenebene. Zu Kardámyla gehört die große Küstensiedlung **Mármara**, die außerhalb der Hochsommermonate wie ausgestorben wirkt. Hier haben viele Seeleute moderne Häuser gebaut; touristisch reizvoll ist der Ort leider nicht.

Auf der Weiterfahrt gen Norden folgen die drei **Strände Vlicháda, Nagós** und **Gióssonas:** Alle bieten Tavernen. Die Asphaltstraße führt anschließend durch eine schöne Berglandschaft mit Kiefern, Oliven, Feigen- und Obstbäumen und endet im sehr ursprünglich gebliebenen Bergdorf **Kambiá** hoch über dem Meer. An der Platía, die einer Aussichtsterrasse gleicht, liegen zwei sehr ursprüngliche Kafenía.

Für die Rückfahrt können motorisierte Urlauber von Kardámyla aus den Weg durchs Inselinnere über **Pityoús** wählen. Das Dorf ist von Feigen-, Oliven-, Mandel- und Obstbäumen umgeben; die engen Gassen flankieren noch viele alte Häuser. Kern des Dorfes ist ein niedriger Fels mit den 16 m hohen Überresten einer kleinen genuesischen Burg; nebenan steht ein kleines Satteldachkirchlein und eine schon vor über 50 Jahren stillgelegte Windmühle aus Naturstein. Der Platz wirkt romantisch und sehr ländlich.

Busverkehr: Bis Kardámyla fahren die Linienbusse werktags 6 × täglich und sonntags 1 ×, bis Nagós 4 × bzw. 1 × täglich und bis Kambiá montags bis freitags 2 × täglich. Pityoús wird montags und donnerstags je 2 × am Tag angefahren.

 Unterkunft: Privatzimmer und moderne Appartements werden in Langáda und Kardámyla vermietet. Der Campingplatz *Chios Camping* ist von Mitte Mai bis Ende September geöffnet. Er liegt an einem kurzen Kies-/Kieselsteinstrand mit Tamariskenschatten, bietet 72 Stellplätze mit Stromanschluß, liegt aber so isoliert abseits aller Ortschaften, daß er höchstens motorisierten Urlaubern empfohlen werden kann.

Essen und Trinken: An Sommerabenden empfehlenswert ist die *Oúzeri Paraliako Kentro* in Pantoukiós direkt am Wasser. Schmackhafte, preiswerte Grillgerichte, darunter auch *Kokorétsi* und Zicklein nach Gewicht, serviert die Taverne *Evfrosini-Mike Torou* an der Platía des Binnendorfes Kardámyla.

Strände: Nagós, kurzer Kies-/Kieselsteinstrand mit mehreren Tavernen; Vlicháda, langer Kiesstrand; Gióssonas, langer, völlig schattenloser Kieselsteinstrand mit Spuren von Sand; Langada: schattige Liege- und Picknickflächen in einem Pinienwald, Zugang ins Wasser über Felsen und Steine.

Bank/Post: In Kardámyla. Die anderen Dörfer werden mehrmals wöchentlich von Bankbussen bedient.

Feste: 15. August und 24. September: Kirchweihfeste im Kloster Mersinídou

Der Nordwesten

Der Nordwesten der Insel hat mit dem Süden nichts gemein. Man könnte meinen, sich auf einem anderen Eiland zu befinden. Die Dörfer waren immer arm und blieben unbefestigt, die größtenteils kahlen Berge steigen hier bis auf 1297 m Höhe an, Landwirtschaft ist nur auf wenigen *Stremmata* möglich. Die Linienbusverbindungen sind schlecht;

Durch karge Landschaft im Nordwesten

die Straßen wurden erst kürzlich asphaltiert. Kein Wunder, daß die Landflucht den Nordwesten besonders getroffen hat. Die meisten Neubauten in den Dörfern gehören denn auch Auswanderern, die sie sich als Sommer- und Alterssitz schufen. Außer im Juli und August wirken die meisten Dörfer im nordwestlichen Inselteil wie ausgestorben.

Von **Vrondádos** windet sich eine Asphaltstraße in zahlreichen engen Serpentinen einen steilen Hang hinauf und durchquert dann auf fast 15 km eine menschenleere, einer Steinwüste gleichende Hochebene. Winzige Aufforstungsareale wurden z. T. von privaten Spendern finanziert; Jäger mit und ohne Lizenz schießen hier im Frühjahr und Herbst unbehelligt von der am Naturschutz ohnehin wenig interessierten Polizei auf geschützte und ungeschützte Zugvögel.

Später durchquert die Straße wenig grüne und teilweise abgebrannte Wälder mit trostlosen Baumstümpfen, bis sie nahe der Westküste wieder bewohntes Gebiet erreicht. Hier lohnt ein 5 km weiter Abstecher ins Bergdorf **Sideroúnda**, das auf der Kuppe eines hoch über die Küstenniederung aufragenden Hügels erbaut ist. Die Europäische Gemeinschaft hat es im Juni 1992 vor dem ›Tod‹ gerettet: Da wurde eine breite Asphaltstraße zwischen Lithí und Sideroúnda fertiggestellt, die entlang der völlig unbesiedelten Westküste führt, über 4 Mio. DM kostete und nur dem Zweck

dient, ein paar Fremde nach Sideroúnda zu bringen. Der Besuch lohnt. Das Dorf ist von ursprünglicher Schönheit, und der Wirt der bisher einzigen Taverne hat mit seinem Werbeslogan nicht ganz unrecht: »35 kms from civilisation … very close to paradise.«

Von **Volissós** (500 Ew.), dem Hauptort des Nordwestens, kann das allerdings nicht behauptet werden. Zu deutlich ist dem einstigen Städtchen die Auszehrung anzumerken. Viele Häuser stehen leer, auf der Platía sitzen fast nur Alte. Das byzantinische Kástro auf dem Burgberg, an dessen Hängen sich das von weitem schöne Dorf ausbreitet, darf wegen Einsturzgefahr nicht betreten werden. Auch der Tourismus hat Volissós kaum berührt, lediglich 30 Fremdenbetten werden im Ort vermietet. Volissós verfügt über zwei kleine Häfen, **Limniá** und **Límnos**. In den Hafentavernen von Limniá kann man gut essen, zum Baden steuert man besser den Kieselstein-/Sandstrand von Límnos an.

Das bedeutendste Wallfahrtsziel auf Chíos ist von Volissós aus über Límnos auf einer 7 km langen Stichstraße zu erreichen: die **Kirche Agía Markéla**. Sie ist der Schutzheiligen der Insel geweiht. Der Legende nach war Markela ein frommes Mädchen aus Volissós, deren Vater sie an ihrem 18. Geburtstag ›zur Frau machen‹ wollte. Sie floh entsetzt, verbarg sich in einem Brombeerbusch, den der Vater daraufhin in Brand setzte. Die heilige Jungfrau errettete sie aus den Flammen und öffnete für sie einen Fels an der Küste, in dem sie Schutz finden sollte. Doch der Vater konnte sie noch an den Haaren ergreifen und köpfen. Ihr Leib fiel ins Meer, wurde an Land geschwemmt und von den Dorfbewohnern begraben; als später auch noch ihr Kopf ans Ufer getrieben wurde, bestatteten sie ihn unter besagtem Brombeerbusch, an dessen Stelle kurz darauf eine erste, Markela geweihte Kapelle errichtet wurde. Die Heilige bewirkte viele Wunder, so daß ihr eine größere Kirche gestiftet wurde. Neben der Kirche entstand ein ausgedehnter, klosterähnlicher Komplex mit 80 Zimmern für Pilger. Sie kommen das ganze Jahr über, vor allem um Heilung von Beinleiden zu erbitten (s. S. 40). Zum großen Kirchweihfest vom 22.–24. Juli finden sich alljährlich über 20 000 Pilger ein.

Die zum größten Teil asphaltierte Hauptstraße führt von Volissós aus um das kahle, 809 m hohe **Amáni-Gebirge** herum. Sie durchquert nahezu entvölkerte Dörfer wie Piramá und Parmbariá und passiert das sehenswerte Dorf **Ágio Gála**. Es liegt auf einem schon seit dem Neolithikum besiedelten Felsrücken über einer kleinen **Tropfsteinhöhle**, neben deren Eingang die byzantinische **Kirche Panagía Agiourgalóssena** aus dem 13. Jh. steht. Den Schlüssel für die beleuchtbare Höhle und die Kirche verwahren die Dorfbewohner reihum.

Agiásmata an der Nordküste genießt den Ruf eines Heilbades. In den Thermalbadewannen können sommers auch neugierige Touristen entspannen; der winzige Weiler hat außer 62 Betten in Privatzimmern allerdings absolut gar nichts zu bieten.

Zwischen Kéramos und Néa Potamiá zweigt von der Hauptstraße eine gute, aber unbefestigte Straße ab, die über mehrere aussichtsreiche Bergkämme hinweg und an einem Windenergiepark mit acht großen Windrädern vorbei an den Westhang des 1297 m hohen **Pelinéon-Gebirges** führt. Spartoúna und die anderen Dörfer in dieser Gegend sind ebenso weltabgeschieden wie die zuvor durchfahrenen.

Einen Stopp lohnt allein das **Kloster Moúndon** kurz vor dem Dorf Diefchá. In **Diefchá** wird der Schlüssel zur sehenswerten Kirche des romantisch verfallenden Klosters verwahrt (an der Platía danach fragen). Die Wandmalereien aus dem Jahre 1849 zeigen in einem recht volkstümlichen Stil äußerst drastisch Szenen von ›Jüngsten Gericht‹ und von den Höllenstrafen. Besonderes Vergnügen dürfte dem Maler die *Darstellung der Himmelsleiter* im unteren Teil der Südwand gemacht haben. Vier Priester stehen auf der Leiter. Einer ist sicher an der Himmelspforte angelangt, ein zweiter wird von einem Engel hinaufgeleitet. Um einen dritten kämpfen noch Engel und Teufelchen, während ein vierter von zwei Teufelchen in den Feuerschlund eines Ungeheuers hinabgezogen wird.

Busverkehr: Nur montags und donnerstags fahren je zwei Busse, der eine frühmorgens um 4.30 Uhr, der andere um 13.30 Uhr, nach Volissós, Ágio Gála und in die anderen Dörfer des Nordwestens. Außerdem wird von der Linienbusgesellschaft sonntags ein Ganztagesausflug nach Volissós und Agía Markéla angeboten.

Schiffsverbindungen: Von Limniá, einem der Häfen von Volissós, fährt 3 × wöchentlich ein uraltes, hölzernes *Kaiki* hinüber nach Psará. Im Sommer 1993 verband außerdem ein Tragflügelboot 1 × wöchentlich Limniá mit Chíos-Stadt, Liménas Mestón und Psará; eine Fortführung dieses Dienstes ist ungewiß.

Unterkunft: Übernachten kann man in Privatzimmern in Volissós, Agiásmata, Limniá und Límnos sowie in der Pilgerherberge von Agía Markéla.

Essen und Trinken: Der grandiosen Aussicht, der Ruhe und der freundlichen Wirtsfamilie halber lohnt ein Besuch des Lokals *Sunset* (gr.: *Iliovassilema*) in Sideroúnda, das täglich ab 9 Uhr geöffnet ist. Restaurants gibt es sonst nur noch in Volissós und Limniá.

Bank/Post: Ein Postamt, auf dem man Geld wechseln und Schecks einlösen kann, gibt es nur in Volissós.

Strände: Die besten Strände im Nordwesten sind die Sandstrände von Agía Markéla und Límnos. Eine Reihe kleiner, meist menschenleerer Kieselstrände liegen unterhalb der Straße zwischen Sideroúnda und Lithí.

Feste: 22.–24. Juli: Großes Kirchweihfest mit Prozessionen, Markt, Musik und Tanz an der Wallfahrtskirche Agía Markéla; 6. August: Kirchweihfest Christi Verklärung in Volissós

Psará

Von dem Massaker, das die Türken 1824 auf Psará anrichteten, hat sich die Insel nie wieder erholt. In dem schläfrigen Inseldorf leben heute überwiegend Rentner. Die langen Strände der Insel vor ihren nahezu baumlosen Bergen liegen menschenleer da.

Auf dem Weg nach Psará hält sich das Schiff lange dicht unter der chiotischen Ost- und Nordküste. Doch dann muß der 18 km breite Sund zwischen den Inseln überquert werden, in dem das Schiff selbst bei Windstille zu schaukeln beginnt. Für die Rückfahrt am fast immer windreicheren Nachmittag wählt der Kapitän dann meist auch die längere, aber vom Wellengang her günstigere Route um die Südspitze von Chíos.

Kommt Psará in Sicht, ist zunächst nur nackter Fels und weder Baum noch Strauch zu sehen. Man fragt sich, was Menschen veranlassen kann, auf völlig kahlen Berggipfeln in der Einöde kleine weiße Kapellen zu errichten, und macht schließlich als ersten Profanbau einen weißen Leuchtturm aus. Dann taucht als erstes Anzeichen einer menschlichen Siedlung eine rotgedeckte Windmühle auf, gleich darauf die blau-weiße Kirche des hl. Nikólaos mit dem Hotel der Griechischen Zentrale für Fremdenverkehr (EOT) daneben. Als würde langsam ein Vorhang weggezogen,

wird allmählich mehr und mehr vom Ort sichtbar, während das Schiff völlig menschenleere, kurze und lange Strände passiert. Auf der langen Hafenmole wartet schon das ganze Dutzend Fahrzeuge der Insel – zumeist Pick-ups – auf Besuch und Fracht; denn die Autofähre der *Minoitis Line* bringt dreimal wöchentlich alles mit, was auf Psará benötigt wird. Nach ein oder zwei Stunden am Kai dampft das Schiff wieder davon, auf Psará kehrt Ruhe ein.

Psará in Zahlen
(Inselkarte s. S. 174)

Fläche: 40 km^2
Höchster Berg:
  Profítis Ilías (564 m)
Einwohner: ca. 250
Küstenlänge: 36 km
Entfernungen von Psará:
- Piräus   222 km
- Chíos-Stadt   89 km
- Limnía/Chíos   31 km

Geschichte

Spuren antiker Besiedlung wurden bisher nicht gefunden. In genuesischer Zeit gehörte die Insel zu Chíos, nach Piratenüberfällen in der ersten Hälfte des 15. Jh. war sie menschenleer. Erst die Türken ließen sie im 16. Jh. neu besiedeln, überwiegend durch Albaner von der Insel Euböa. Die Psarioten entwickelten sich zu erfolgreichen Seeleuten und Händlern mit einer bedeutenden eigenen Flotte. Zählte die Insel um 1800 ca. 6000 Einwohner, so sind es heute nur noch 250.

Als sich die Griechen auf dem Festland 1821 gegen die türkische Herrschaft erhoben, stellten die Psarioten ihre Schiffe in den Dienst der nationalen Sache. Die Türken rächten sich dafür am 1. Juli 1824. Eine Flotte von 180 Schiffen setzte 14 000 türkische Krieger an Land, um die Bewohner niederzumetzeln oder zu versklaven. Die hatten sich jedoch in einer Festung, dem *Paléokastro*, verschanzt und sprengten sich selbst in die Luft. »Freiheit oder Tod« lautete ihre Parole. Etwa ein Drittel, 2000 Psarioten, konnten allerdings auch fliehen. Sie ließen sich auf der Kykladeninsel Síros nieder, die unter französischem Protektorat stand und nicht am Freiheitskampf teilnahm, sowie in Monemvasiá auf dem Peloponnes, von wo aus sie später dann nach Erétria auf Euböa umgesiedelt wurden.

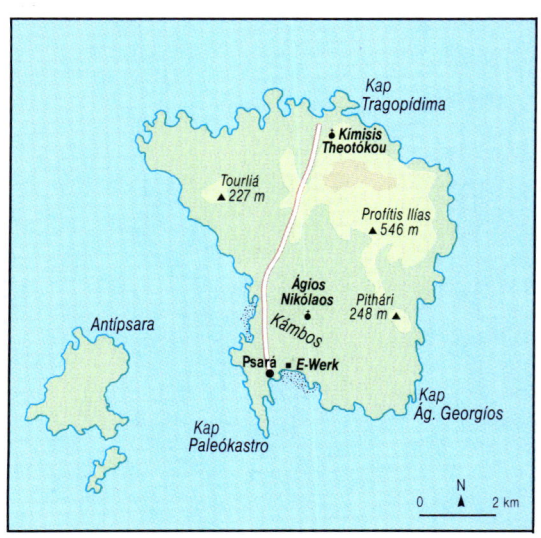

Psará

Heute leben überwiegend Rentner auf der Insel. Landwirtschaft und Viehzucht werden kaum noch betrieben; die jungen Leute wandern aus oder fahren zur See.

Ort und Insel

Das Inseldorf ist ein Hort der Ruhe. Im Hafen bewegt sich nur selten etwas, selbst das Inselmaskottchen, ein alter Pelikan, träumt lieber am Ufer vor sich hin. Die beiden Kafenía und die moderne Pizzeria-Bar an der Uferstraße sind selten gut besucht. Die Uferstraße führt nahe an der **Gemeindekirche Metamorfósis** aus dem Jahre 1885 vorbei zum kleinen, sandigen Ortsstrand an einer sehr kinderfreundlich flachen Bucht. Sie wird von einem kurzen Landvorsprung begrenzt, auf der die Griechische Zentrale für Fremdenverkehr (EOT) eine alte **Quarantänestation** restauriert und als empfehlenswertes Restaurant mit drei Terrassen hergerichtet hat. Die Quarantänestation wurde im 18. Jh. gegründet und diente vor der Übernahme durch die EOT als Schlachthaus für Ziegen und Schafe.

Vorbei an schläfrigen Ziegen, die auf Ruinengrundstücken grasen, führt der Weg hinauf zur Psará optisch dominierenden **Kirche des hl. Nikólaos**. Dort, wo der Stufenweg hinauf zum Gotteshaus beginnt, steht links unter Bäumen eine Büste des Freiheitshelden Konstantin Kanáris, flankiert von zwei Kanonen: Hier stand sein Geburtshaus. Die 1793 geweihte Nikolauskirche ist nur zu Gottesdiensten geöffnet.

Von hier aus kann man an der kleinen Doppelkirche des hl. Lukas und der hl. Katharina aus dem Jahre 1747 vorbei auf das langgestreckte Kap im Süden des Inseldorfes hinauslaufen. An seiner Spitze erhob sich einst die Burg **Paléokastro**, von der allerdings nichts mehr zu sehen ist. Nur ein Denkmal erinnert an das historische Geschehen von 1824.

Eine schöne kleine Wanderung, die durch Badepausen unterbrochen werden kann, beginnt an der Quarantänestation. Hält man sich zunächst am Ufer, passiert man mehrere kleine Sandstrände und das Elektrizitätswerk der Insel. Dann führt der Pfad landeinwärts in den **Kámbos** hinein, eine vom Meer her kaum sichtbare überraschend grüne Ebene. Viele Felder liegen freilich inzwischen brach, dienen nur noch großen Ziegen- und Schafsherden als Weide. Bambusähnliche *Kalámi* und Feigenbäume, vereinzelte Palmen und Keuschlammsträucher sind die dominierenden Pflanzen; die Zahl der Kapellen im Kámbos überwiegt die der wenigen Häuser bei weitem.

Geht man an der ersten Wegkreuzung nach links (der Weg nach rechts führt zu einem sehr schönen, langen Strand), erreicht man eine stets frei zugängliche **Nikó-**

laos-Kapelle auf einem niedrigen Hügel. Mit ihrem nahezu quadratischen Grundriß, der Kastenform und der merkwürdigen Kuppel gleicht sie mehr einem türkischen Hamam denn einer orthodoxen Kirche. Von hier aus sind deutlich die neuen, 1992 mit EG-Hilfe errichteten Windräder dänischer Herkunft zu erkennen, die Psará mit rund 2000 kWh beliefern sollen. Unterhalb der Rotoren liegt einsam der schöne **Sand-/Kiesstrand Ágios Nikólaos,** an den sich weitere, völlig menschenleere Strände anschließen.

Schiffsverbindungen: 2 × wöchentlich verbindet eine Autofähre von *Miniotis Line* Chíos-Stadt mit Psará (Hinfahrt 4, Rückfahrt 5 Std.). An drei anderen Wochentagen setzt ein hölzernes *Kaiki* von Psará nach Limniá bei Volissós über – eine Fahrt für Abenteuernaturen oder Romantiker. Im Som-

mer 1993 verkehrte außerdem 1 × wöchentlich ein Tragflügelboot von *Nattem Lines* zwischen Chíos-Stadt, Liménas Mestón, Limniá und Psará. Nur von Mitte Juli bis Ende August fährt die große Autofähre *Nisos Chios* von Piräus über Chíos-Stadt nach Psará und auf gleicher Route zurück.

Busse/Taxis: Gibt es auf Psará nicht. Auch Auto- und Mopedverleih fehlen: Man geht zu Fuß oder trampt.

Unterkunft: Die EOT hat direkt neben der Kirche Ágios Nikólaos am oberen Ortsrand eine ehemalige Pilgerherberge wieder aufgebaut, in der seit 1981 ganzjährig zwei Vierbett-, ein Dreibett- und zwei Doppelzimmer mit Etagenduschen vermietet werden. Ein moderner Erweiterungsbau blieb unvollendet. Telefonische Zimmerreservierung, bei der die Tourist-Information in Chíos-Stadt hilft, ist dringend anzuraten, damit bei Ankunft auch Personal im Haus ist (*Xenonas Psaron*, DZ ab 30 DM, Vierbettzimmer ab 50 DM, ☎ 02 72/6 12 93 und 6 11 81. Ein ganz neues Hotel, das *Psara*, mit 17 Studios und Appartements für zwei bis vier Personen steht ebenfalls am Ortsrand. Es ist ganzjährig geöffnet (DZ ab 50 DM, ☎ 02 74/6 11 80 und 6 12 33. Drei Privatzimmer vermietet Wirt Jannis im unbezeichneten Restaurant an der Ufergasse kurz vor dem Ortsrand (DZ ab 30 DM, ☎ 02 72/6 11 20), drei Studios Herr Stavros im gegenüberliegenden Haus Nr. 53 (DZ, ☎ 02 72/6 10 51 auf Psará oder 2 52 63 und 02 71/2 71 43 in Chíos-Stadt).

Essen und Trinken: Essen kann man ganzjährig im Restaurant von Jannis an der Uferstraße oder von Mai bis Oktober im Restaurant der EOT in der alten Quarantänestation am Ortsrand. Selbstversorger finden einen Bäcker, der zugleich Inhaber eines gutsortierten Supermarkts ist.

Bank/Post: Es gibt eine Agentur der *National Bank* und ein kleines Postamt

---

Futuristisch: Die Windräder oberhalb des Strandes von Ágios Nikólaos

Inoússes

Das kleine Inoússes ist eine der reichsten Inseln Griechenlands. Es ist die Heimat vieler griechischer Reeder. Am Tourismus hat man auf der Insel kein Interesse – ein Besuch lohnt nur für ›Inselsammler‹.

Inoússes ist nur von Chíos aus zu erreichen. Die Überfahrt dauert ca. 1 Std. Die kleine Fähre hält genau auf den niedrigen Hügelkegel im Zentrum der Südküste von Inoússes zu, an dessen Nordwesthang der Großteil der Häuser des einzigen Inseldorfes steht. An der äußersten Nordwestküste markiert ein großes, weißes Kreuz den Standort des Evangelismós-Klosters. Am südöstlichen Inselende verschmelzen die Umrisse einiger kleiner, unbewohnter, auch zum Inoússes-Archipel zählender Eilande mit der Hauptinsel.

Kurz vor Einlaufen in den Hafen ist zu erkennen, daß dem Ort drei winzige, von Kapellen gekrönte Felseilande vorgelagert sind. Dann gleitet das Boot an einer gar nicht zierlichen Meerjungfrau vorbei in den windgeschützten Hafen. Am Kai warten weder Taxis noch Zimmervermieter, vom Fremden wird kaum Notiz genommen. Den Weg zum Inselhotel muß man erfragen. Wenn man nicht zuvor angerufen hat, kann es durchaus sein, daß der Hotelier gar nicht anwesend ist. Ohnehin hält er sein Haus nur von April bis Oktober offen.

Inoússes ist keine Touristeninsel. Nur wenige Liebhaber der griechischen Inselwelt werden sich hier wohlfühlen – ein Muß ist Inoússes nur für diejenigen ›Inselsammler‹, die Vollzähligkeit anstreben.

Geschichte

In der Antike war die Insel bewohnt. Ihr Name, der sich von *Oinos* (Wein) herleitet, spricht für zumindest bescheidene Fruchtbarkeit.

Inoússes in Zahlen
(Inselkarte s. S. 179)

Fläche: 14 km^2
Höchster Berg:
  Voútouro (182 m)
Einwohner: ca. 300
Küstenlänge: 48 km
Entfernungen von Inoússes:
– Piräus   322 km
– Chíos   17 km
... zu anderen Orten der Insel:
– Evangelismós-Kloster   5 km

Aus christlicher Zeit ist über Inoússes fast nichts bekannt; eine Neubesiedlung größeren Umfangs setzte erst um 1750 durch Familien aus Chíos ein, denen in den ersten Jahrzehnten des 19. Jh. Siedler vom Peloponnes und von Síros folgten. In etwa zeitgleich begannen die Insulaner mit dem Aufbau einer kleinen Handelsflotte. Da sie sich durch Kooperation zu Anfang des 20. Jh. auch den Anforderungen der Dampfschiffahrt anpassen konnten, wurden mehrere inoussische Familien nach dem Anschluß an Griechenland im Jahre 1912 zu Reedern von Weltrang.

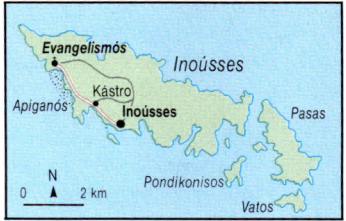

Inoússes

Ort und Insel

Vor allem im unteren Ortsteil stehen zahlreiche, zwar große und gepflegte, aber architektonisch keineswegs gelungene Villen. Zehn Monate im Jahr sind ihre Fensterläden und Garagentüren geschlossen, die schnellen Motorboote im Garten mit einer Plane bedeckt. Die Häuser gehören im Ausland lebenden Reedern und ihren Angehörigen. Nur im oberen Ortsteil nahe der weithin sichtbaren Nikólaos-Kirche sieht man auch schlichtere Häuser und sogar Hausruinen.

Überall im Ort weisen zumeist unbescheiden große Tafeln darauf hin, welcher Reeder welches Gebäude, welches Denkmal oder

welche öffentliche Einrichtung gestiftet hat. Schnell gewinnt man den Eindruck, die gesamte Insel sei eine einzige Stiftung der Reeder.

So stellt das Inselhotel ein Geschenk an den ›Verein der Freunde von Inoússes‹ dar, wobei dieser Verein es wiederum unterverpachtet. Kafeníon und Restaurant an der Platía sind ein weiterverpachtetes Geschenk der gleichen Art. Und sogar die *Oinoussae II*, die Inselfähre also, haben Reeder dem Verein geschenkt. Der Inselkiosk – der geräumigste und gepflegteste der Ägäis – ist sorgfältig aufgemauert; er ist wohl der einzige im Lande, an dem auch eisgekühlte Torten, Whisky, Gin, Campari und echter französischer Champagner erhältlich sind. Dank ausreichender finanzieller Unterstützung seitens der Reeder ist Inoússes die einzige griechische Insel dieser Größe, auf der vom Kindergarten bis zur Fachhochschule für Schiffsoffiziere alle Schultypen vertreten sind.

In der **Nikólaos-Kirche** sind die Ikonen mit solch wertvollem Goldoklad verkleidet, daß sie ausschließlich zu Gottesdienstzeiten geöffnet wird. Die drei dem Hafen vorgelagerten Inselchen sind Privatbesitz dreier Reederfamilien und tragen natürlich deren Namen. Die zahlreichen Denkmäler am Hafen, darunter eines für den ›Unbekannten Seemann‹ und eines für die inoussische Mutter, sind ebenso Stiftungen der Reeder wie die Beleuchtung der *Marína*.

Schließlich sind auch die beiden Hauptsehenswürdigkeiten der Insel den Reedern zu danken. So das hervorragend gestaltete **Schiffahrtsmuseum** (*Nautical Museum*, unregelmäßige Öffnungszeiten) am Hafen mit einer großen Sammlung von Schiffsgemälden und historischen Schiffsmodellen. Darunter sind auch Arbeiten französischer Kriegsgefangener in England aus der Zeit der Napoleonischen Kriege zu finden. Ferner das **Kloster Evangelismós**: Der palastartige Bau entstand 1963 aus einem Guß, weil eine Reederwitwe unbedingt Nonne und zugleich Äbtissin werden wollte. Das Kloster steht selbstverständlich auf Grund und Boden aus Familienbesitz. Die dazugehörigen Ländereien werden von einheimischen Arbeitern bewirtschaftet.

Trotz aller Reederhilfe konnte ein Problem bislang nicht gelöst werden: Es gibt kaum Trinkwasser. Schon seit Jahren versiegen die beiden einzigen Süßwasserbrunnen regelmäßig im April. Aus den Wasserhähnen – auch im Hotel – fließt

nur Salzwasser, mit dem nicht einmal Wäsche gewaschen werden kann. Die Hotelwäsche wird nach Chíos geschickt. Trinkwasser muß von Tankschiffen aus Lésbos herbeigeschafft werden. Jetzt wird mit EG-Geldern ein Regenauffangbekken gebaut, das die Wasserversorgung der Insel sichern soll – falls wieder einmal ein regenreicher Winter kommt. Den können freilich weder Reeder noch EG garantieren.

Schiffsverbindungen: Montags bis samstags fährt die *Oinoussae II* um 8 Uhr von Inoússes nach Chíos-Stadt und um 14 Uhr von dort wieder zurück. Sonntags finden in jede Richtung zwei Abfahrten statt, so daß auch Tagesausflüge von Chíos-Stadt aus möglich sind. In der Sommersaison werden außerdem Tagesausflüge mit Ausflugsbooten ab Chíos-Stadt angeboten.

Unterkunft: Inselhotel *Thalassoporos* mit 23 Betten in 11 Zimmern, DZ ab 6500 Drs. (✆ 02 72/5 14 75 und 5 14 76; Privatnummer des gut englisch sprechenden Pächters Kapitän Georgios Efsthathiadis ✆ 02 72/5 15 04). Keine Privatzimmer

Essen und Trinken: Es gibt auf der Insel kein ganztägig geöffnetes Restaurant; nur zwischen Mitte Juli und Mitte September kann für Verpflegungsmöglichkeiten garantiert werden. Kleinigkeiten serviert ganzjährig das Kafeníon/Restaurant *Pateroniso* an der Platía.

Strände: Baden kann man am Apiganós-Strand, ca. 25 Min. zu Fuß nordwestlich des Inseldorfes.

Bank/Post: Im gleichen Gebäude wie das Museum am Hafen neben der Platía

 Feste: Am 15. August haben die Restaurants und Lokale geöffnet und ›Mariä Entschlafung‹ wird mit Live-Musik und Tanz gefeiert.

Die Bewohner von Inoússes leben von der Schiffahrt. Sie fahren als Matrosen zur See…

… oder verdienen als Reeder am Fährverkehr in der Ägäis.

Lésbos

Liebesgeschichten unter
Ölbäumen

Besuch in Mytilíni,
einer ägäischen Großstadt

Ein Muß für Kunstfreunde –
Die Museen von Variá

Rund um den
lesbischen Olymp

Klöster, Strände und ein
versteinerter Wald

Mólyvos und Pétra –
Hochburgen des Tourismus

Im Hafen von Mólyvos

Lésbos

Lésbos hat mit seiner archaischen Dichterin Sappho mehr als Literaturgeschichte geschrieben. Im Meer der unendlichen Olivenhaine verborgen findet man exzellente Museen mit moderner Kunst. An den endlos scheinenden Stränden gibt es noch genügend ruhige Plätze. Viele Städtchen und Dörfer haben ihren ursprünglichen Charakter erhalten.

Lésbos ist nach Kreta und Euböa die drittgrößte Insel Griechenlands. Zwei weite Buchten – der Golf von Kallóní und der Golf von Géras – schneiden tief in den Inselkörper ein und lassen Lésbos wie ein Stück aus einem Puzzle erscheinen.

Der Osten der Insel ist lieblich-grün. Dort gedeihen in den großen Ebenen an den Küsten und im sanft gewellten Hügelland mehr als 13 Mio. Olivenbäume. Die beiden gleich hohen Bergmassive im Süden und Norden lassen die Schroffheit vieler anderer ägäischer Gebirge vermissen. Die Hänge des Olymp im Süden sind mit dichten Kiefernwäldern bedeckt; die des Lepétymnos im Norden geben mit ihrer Phrygana nur Weideland für Schafe und Ziegen ab.

Der Inselwesten jenseits von Kallóní ist ganz anders. Hier sind die Bergzüge stark gegliedert, die Straße windet sich immer wieder in Hochtäler hinab, um gleich anschließend auf die nächste Paßhöhe anzusteigen. Die Ortschaften liegen weiter auseinander als im Osten; vor allem zwischen Eressós und Sígri gleicht die Landschaft einer Steinwüste mit wenigen fruchtbaren Oasen entlang ausgetrockneter Bachläufe.

Lésbos in Zahlen
(Inselkarte s. S. 198)

Fläche: 1630 km^2
Höchster Berg: Olymp und Lepétymnos (je 969 m)
Einwohner: ca. 83 200
Küstenlänge: 370 km
Entfernungen von Mytilíni:
– Thessaloníki   402 km
– Piräus   348 km
– Chíos   100 km
... zu anderen Orten der Insel:
– Éressos   89 km
– Mólyvos   62 km
– Plomári   42 km

Um Lésbos wirklich kennenzulernen, muß man das Urlaubsquartier mehrfach wechseln. Die Entfernungen sind groß, 128 Dörfer und sieben Städte wollen entdeckt sein. Vom Tourismus geprägt sind nur Mólyvos und Pétra. In den Katalogen von Reiseveranstaltern findet man noch Ágios Issídoros, Plomári, Skála Eressoú, Sígri, Skála Kallonís und Vaterá – in allen anderen Inselorten sind die Einheimischen unter sich. Selbst in der Inselhauptstadt Mytilíni, in der über ein Drittel aller Insulaner lebt, fallen die wenigen Fremden kaum auf.

Geschichte

Älteste Siedlungsspuren reichen bis ins 4. Jt. v. Chr. zurück; eine erste befestigte Siedlung gab es um 2400 v. Chr. Im Zuge der dorischen Einwanderung auf dem griechischen Festland um 1000 v. Chr. wich der Stamm der Äoler aus Thessalien in die nordöstliche Ägäis aus und ließ sich auch auf Lésbos nieder. Elf äolische Städte entstanden, von denen zwei, Mytilíni und Mólyvos (antik: *Mithymna*) bis heute an gleicher Stelle fortleben.

In archaischer Zeit war Lésbos ein Hort der frühgriechischen Ly-

rik. Hier wirkten Terpandros und Arion von Mithymna, von deren Werken so gut wie nichts erhalten blieb; hier lebten und dichteten um 600 v. Chr. die erste Lyrikerin der Weltliteratur, Sappho, und ihr männlicher Zeitgenosse Alkaios. Auch in späterer Zeit brachte Lésbos große Autoren hervor. Der

Sappho-Denkmal im Hafen von Mytilíni

Daphnis und Chloe
Ein antiker Liebesroman

Die Geschichte von Daphnis und Chloe, die der Dichter Longus im 2. oder 3. Jh. v. Chr. in seinem antiken Hirtenroman erzählt, spielt irgendwo zwischen der Stadt Mytilíni und Mólyvos, sieben Wegstunden von der Inselhauptstadt entfernt. Weitere Werke des Autors sind nicht überliefert, ›Daphnis und Chloe‹ aber ist vollständig erhalten und in Mitteleuropa seit der Renaissance bekannt.

Der Roman beginnt märchenhaft: Ein Bauer findet auf dem Feld den Knaben Daphnis, der von einer Ziege gesäugt wird. Zwei Jahre später entdeckt ein anderer Bauer ganz in der Nähe in einer Nymphengrotte das Mädchen Chloe, das von Schafen umsorgt wird. Bei beiden Kindern liegt reicher Schmuck, der auf ihre hohe Abstammung hinweist.

Nicht weit voneinander entfernt wachsen Daphnis und Chloe beide als Bauernkinder auf. Als sie 15 und 13 Jahre alt sind, treiben sie zum erstenmal ihre Herden gemeinsam auf die Weide. Es erfaßt sie ein merkwürdiges Gefühl, das sie zunächst nicht zu deuten wissen. Longus schildert diese zart knospende, unschuldige Liebe so einfühlsam wie das Erwachen der Natur im Frühling. Dank der Hilfe des Hirtengottes Pan und der Nymphen überstehen die beiden allerlei Gefahren wie z. B. einen Seeräuberüberfall oder Vergewaltigungsversuche. Nach 18 Monaten wird ihre hohe Herkunft schließlich entdeckt; die beiden heiraten. Es bleibt beim Happy-End.

Natur idealisiert Longus im Sinne der Bukolik: Als positiver Gegenentwurf zu städtischem Leben trägt sie keine bedrohlichen Züge mehr. Leben und Alltag einfacher Hirten und Bauern werden sentimental verklärt; nicht ihre Arbeitsmühen, allein ihre vermeintlichen Freuden werden geschildert. Ein plötzlicher Wintereinbruch liest sich z. B. wie folgt: »Plötzlich fiel dichter Schnee, machte alle Wege ungangbar und schloß die Landleute in ihren Hütten ein. Tosend stürzten die Gießbäche zu Tal, rings starrte das Eis, die Bäume neigten sich wie gebrochen unter der Schneelast … Der erzwungene Müßiggang, der allen auferlegt war, machte … Bauern und Hirten Freude; für kurze Zeit aller Mühen ledig, aßen sie in Ruhe ihr Frühstück und schliefen einen langen Schlaf.«

Solche Verklärung ländlichen Ambientes und Lebens war zu Longus' Zeiten schon seit über 400 Jahren in Mode. Der Sizilianer

Marc Chagall »Die Wolfsfalle« (1961).
Farblithographie zu dem antiken Hirtenroman
Daphnis und Chloe

Theokrit (1. Hälfte des 3. Jh.) gilt als Vater bukolischer Dichtung, Vergil mit seiner Schilderung Arkadiens als ihr wichtigster Vertreter.

Longus aber erschöpft sich nicht darin. Ihm gelingt eine filigrane erotische Studie, die nichts verschleiert und dennoch dezent bleibt. So hören Daphnis und Chloe von einem alten Mann den Rat: »Gegen Eros hilft kein Heilmittel, weder getrunken noch gegessen noch in Zaubersprüchen gelallt! Nur der Kuß hilft und Umarmung und Beieinanderliegen mit nackten Leibern.« Auch Widder und Ziegenböcke geben ihnen Anschauungsunterricht. Als Daphnis sie darauf aufmerksam macht, antwortet Chloe: »Aber siehst Du nicht, lieber Daphnis, daß die Ziegen und die Böcke und die Schafe und die Widder stehend tun, was sie tun und es stehend geschehen lassen? ... Du aber willst, daß ich mich niederlege, und noch dazu nackt? Wo doch jene ein so viel dichteres Wollkleid haben als ich, wenn ich bekleidet bin?« So warten sie denn sittsam bis zum Abend ihres Hochzeitstages: »Diese Nacht schliefen sie weniger als die Eulen.«

›Daphnis und Chloe‹ ist mehr als nur ein schönes Märchen. Wer den Roman aufmerksam liest, entdeckt zahlreiche Hinweise auf das Alltagsleben in der Antike: Vogelfang und Weinlese werden genau beschrieben, und der Leser erfährt von Eß- und Trinkgewohnheiten wie der, Wein und Milch zu mischen oder Brot am Spieß zu backen. Des weiteren werden Opferhandlungen, eine Beerdigung und die Vergnügungen der Reichen geschildert. Ganz selbstverständlich, ohne Kritik und Mitleid erzählt Longus von Leibeigenschaft und Menschenraub oder beschreibt eine Fehde zwischen Mólyvos und Mytilíni.

Im Prolog zu seinem Roman erzählt Longus, was ihn zu seinem Werk anregte: ein Gemälde in einem lesbischen Nymphenhain. Mit Meisterhand zeigte es »Liebesland«. Ihn ergriff der Wunsch, sein Griffel möge wetteifern mit dem Pinsel des Malers. Das ist ihm gelungen. ›Daphnis und Chloe‹ ist über die Jahrhunderte hinweg bis auf den heutigen Tag lesenswert geblieben.

(Die schönste deutschsprachige Ausgabe seines Werkes ist 1994 im Prestel Verlag erneut aufgelegt worden. Sie ist mit den 42 Lithographien Marc Chagalls illustriert.)

Aristoteles-Schüler Theophrast (371–287 v. Chr.) trat durch ein vollständig erhaltenes Werk über die menschlichen Charaktere hervor: Es ist noch heute höchst vergnüglich zu lesen. Im 2. oder 3. Jh. v. Chr. schrieb Longos auf Lésbos den erotischen Hirtenroman ›Daphnis und Chloe‹, heute ebenfalls eine gut lesbare Urlaubslektüre (s. S. 186). Bekannte Autoren des 20. Jahrhunderts sind Stratis Myrivilis (1890–1969) und der Nobelpreisträger Odysseas Elytis (geb. 1911).

Zurück zur Geschichte: Von 546–332 v. Chr. waren die lesbischen Städte abwechselnd unabhängig oder von den Persern unterjocht. In hellenistischer, römischer und byzantinischer Zeit kam der Insel nur geringe Bedeutung zu. 1355 fiel sie durch Heirat an das genuesische Adelsgeschlecht der Gattelusi. 1462 wurde sie türkisch, 1912 Teil des freien Griechenland.

Mytilíni

Mytilíni ist für ägäische Verhältnisse schon eine richtige Großstadt: 30 000 Menschen, d. h. über ein Drittel der Inselbevölkerung, leben hier. Die Stadt erstreckt sich über mehrere Kilometer am Ufer zweier Buchten, die durch eine breite, weit ins Meer vorspringende Halbinsel voneinander getrennt sind. An ihrer Spitze bietet die weitläufige Festung über einem grünen Kiefernwald von Seeseite her einen eindrucksvollen Anblick. Die niedrigen Hügel hinter der Stadt sind ebenfalls grün, Mytilínis Umgebung wirkt so lieblich wie große Teile der Insel.

Mytilíni war schon in der Antike die bedeutendste Stadt auf Lésbos. Aus jener Zeit blieben nur das Theater und zahlreiche Architekturteile erhalten, die jetzt romantisch über das große Areal der Festung verstreut sind. Heute wird Mytilíni von neugriechischer Betriebsamkeit und leicht orientalischem Flair geprägt. Das gesellige Leben spielt sich auf der Uferpromenade ab. Von den Cafés aus kann man den ganzen Hafen überblicken und beobachten, wie es um die Disziplin griechischer Marinesoldaten bestellt ist. Da die Türkei nah liegt, ist wie auf allen ostägäischen Inseln auf Lésbos viel Militär stationiert. Mehr als jede andere Einkaufsstraße der Ägäischen Inseln erinnert die Odós Ermoú in Mytilíni an orientalische Bazare. Jemand, der mit toten Hühnern handelt, bietet gleichzeitig Käfige für lebende Wellensittiche an; der Fellhändler ist zugleich Tierpräparator. In die Werkstätten der Schuhmacher und Fischhändler dringt der Duft röstenden Kaffees, Devotionalien und Reizwäsche werden unmittelbar nebeneinander verkauft. Mytilíni ist eine lebendige Stadt mit Zukunft – vom Inselsterben in der Ägäis ist hier nichts zu spüren.

Erste Orientierung

Die Fährschiffe legen außerhalb des historischen Hafenbeckens im neuen Handelshafen an, dessen Lage die große Kuppel des modernen **Hallenbades (1)** schon von weitem gut markiert. Nördlich davon liegen **Festung (2)** und Altstadt. Geht man um das historische Hafenbecken herum, kommt man in dessen Nordwestecke zum **Stadtpark (3)** mit dem **Fernbusbahnhof (4)** und vielen modernen Büros und Läden. Die Haupteinkaufsstraße, Odós Ermoú, beginnt an der Kirche mit der markanten, silberfarbenen Kuppel und führt von hier aus am Rande der Altstadt vorbei zur nördlichen Bucht der Stadt mit Industriebetrieben und Nachtlokalen.

Stadtrundgang

Am Vorhof der von 1851–1935 erbauten neoklassizistischen **Kirche Ágios Therapón (5)**, die mit ihrer

hohen, silberfarbenen Kuppel die Skyline von Mytilíni beherrscht, steht das besuchenswerte **Byzantinische Museum (6),** das an der Kasse einen sehr guten deutschsprachigen Führer anbietet. (Mo–Sa 9–13 Uhr, Eintritt 200 Drs.) Von Theófilos (s. S. 48) ist hier eine Ikone mit der Darstellung des ›Marientodes‹ ausgestellt. Besonders schön ist die erzählfreudige Ikone der ›Geburt Christi‹ (Nr. 46, 18. Jh.).

Einen interessanten Vergleich verspricht die Betrachtung der Ikone Nr. 43, die den ›Einzug Christi in Jerusalem‹ nach byzantinischer Manier darstellt. Man vergleiche sie mit der völlig unorthodoxen Interpretation des gleichen Themas in der neoklassizistischen **Kathedrale Ágios Athanássios (7)** links oben im Naos: Die Szene erinnert hier eher an ein Pferderennen denn an den Beginn der Leidensgeschichte Christi. Auch die sich anschlie-

ßende Darstellung des heiligen Abendmahls zeugt von der religiösen Sinnentleerung dieser nichtbyzantinischen Malerei: Sie erinnert an ein üppiges Festmahl, von Durchgeistigung der Figuren kann keine Rede sein.

Verfolgt man die Odós Ermoú weiter gen Norden, stößt man auf die **Jeni Dsami (8),** eine alte Moschee aus der Zeit um 1825. Später diente sie als Kaffeehaus und heute als Kultursaal.

Das **Archäologische Museum (9)** zählt zu den schönsten und auch interessantesten der nördlichen Ägäis. Es wurde in einer klas-

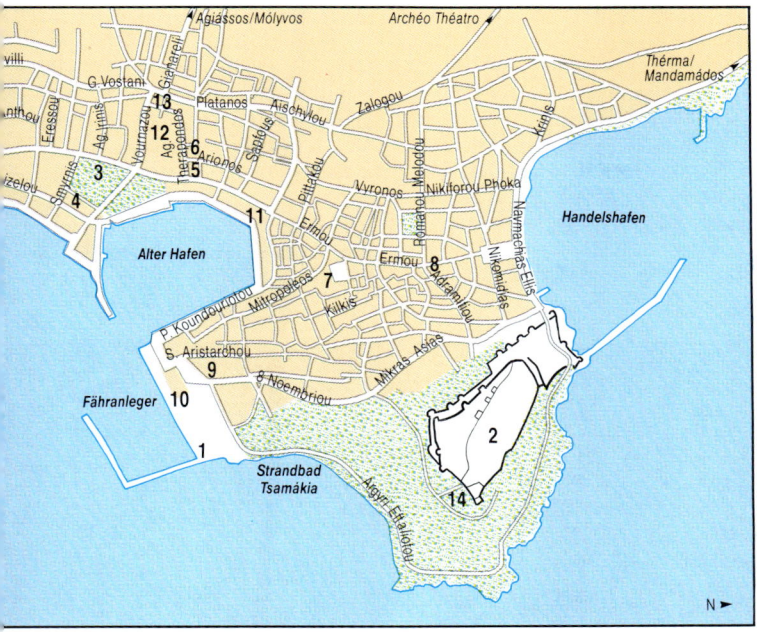

Map labels: Agiássos/Mólyvos, Archéo Théatro, Thérma/Mandamádes, villi, G. Vostani, Platanos, Aischýlou, Zalogou, anthou, Eressoú, Ag. Irinis, Vournázou, Agiássou, Therápondos, 13, 12, 6, 5, Orionos, Skoladis, Pittákou, Vyronos, Romanoú, Melodou, Nikiforou Phoka, Handelshafen, izelou, Smyrnis, 3, 4, 11, Ermoú, Naumachias Ellis, Nikomídes, Alter Hafen, 7, Ermoú, 8, Andronikou, P. Koundouriotou, Mitropóleos, Kilkis, S. Aristárchou, 9, 8 Noembríou, Mikras Asias, Fähranleger, 10, 1, Strandbad Tsamákia, 2, Agyri Eftaliótou, 14, N ►

sizistischen Villa samt Garten und Gartenhaus angelegt. Dezente Musik untermalt den Rundgang; die Exponate sind gut und ausführlich auf englisch und griechisch erklärt. Im Erdgeschoß des Hauptgebäudes faszinieren *römische Mosaike* aus der zweiten Hälfte des 3. Jh. Neben einem Porträt des Komödiendichters Menander sind Theatermasken und -szenen zu sehen sowie Orpheus, der mit seiner Lyra die Tiere verzaubert. Im Obergeschoß wecken *Goldschmuck* und 48 *venezianische Golddukaten* aus dem 14. Jh. besondere Aufmerksamkeit. Im Gartenhaus sind unten zwei sehr schö-

ne *äolische Kapitelle* ausgestellt, oben beeindrucken antike *Grabstelen* (Odós Agr. Eftalióti, am Haus der Hafen- und Touristenpolizei, Di–So 8.30–15 Uhr, Eintritt 400 Drs.).

Die frei zugängliche **Festung (2)** wurde im 14. Jh. auf Befehl des genuesischen Adligen Francesco Gattelusi erbaut. Er hatte 1355 eine Tochter des byzantinischen Kaisers geheiratet, deren Mitgift die Insel Lésbos war. Die Türken, die die Burg 1462 übernahmen und erst 1912 räumten, hinterließen viele Spuren; von der antiken Stadt an dieser Stelle zeugen noch zahlreiche Säulentrommeln und Quader, die entweder in die Mauern eingearbeitet wurden oder verstreut im Gelände liegen. Auch Spuren eines Demeter-Tempels wurden entdeckt.

Das **antike Theater** aus dem 3. Jh. v. Chr. verbirgt sich in einem lauschigen Wäldchen oberhalb der Stadt, die Zufahrt ist notdürftig beschildert. Erhalten ist die Einfassung der Orchestra; die Zuschauerränge sind nur noch eine Anhäufung von Geröll und Erde. Auf ihnen wachsen Gräser und Kräuter, ringsum und auf den obersten Rängen ragen Kiefern auf. Dennoch läßt sich noch ein Eindruck von der einstigen Größe dieses Baus gewinnen.

 Flugverbindungen: Im Sommerhalbjahr führen Charterflüge von der Schweiz, Österreich und Deutschland direkt nach Lésbos. Sonst ist die Insel nur via Athen (im Sommer 4–5 × täglich, im Winter 4 × täglich) oder via Thessaloníki (1 × täglich) zu erreichen. Außerdem ist Lésbos ganzjährig 3 × wöchentlich mit Límnos und im Sommer 2 × wöchentlich mit Chíos per Turbo-Prop-Maschine verbunden. Büros der griechischen Fluggesellschaft *Olympic Airways* gibt es in der Inselhauptstadt Mytilíni und in Plomári.

Schiffsverbindungen: Im Sommerhalbjahr ist der einzige Inselhafen Mytilíni per Autofähre verbunden mit (in Klammern die Zahl der wöchentlichen Abfahrten): Piräus (16 ×), Chíos (14 ×), Limnos (4 ×), Kaválla (3 ×) und (je 1 ×) Rafína, Thessaloníki, Ágios Efstrátios, Kós, Léros, Mýkonos, Pátmos, Rhodos und Sámos.

Eventuell verkehren außerdem im Hochsommer Tragflügelboote zwischen Mytilíni, Chíos, Sámos, Ikaría, Pátmos, Lípsi und den übrigen Inseln des Dodekanes bis hinauf nach Rhodos sowie 1 × wöchentlich zwischen Plomári und Chíos.

Kleine Autofähren und Ausflugsschiffe fahren zudem täglich von Mytilíni nach Ayvalik in die Türkei.

Busverkehr: Mytilíni ist Endpunkt der meisten Autobuslinien der Insel. Ein gedruckter Fahrplan ist nicht erhältlich; die aktuellen Fahrpläne hängen am Fernbusbahnhof nahe der Südwestecke des Hafens aus. Die Stadtbusse, die auch Variá bedienen, fahren vom Busbahnhof auf der Uferpromenade in der Nordwestecke des Hafens ab.

Mindestens 5 × täglich starten im Sommer Fernbusse nach Agiássos, Plomári und Pétra/Mólyvos; mindestens 4× täglich nach Íppio und Kalloní; mindestens 2 × täglich nach Agía Paraskeví, Eressós, Mandamádos, Mistegná, Méssotopos. Nach Sígri gelangt man nur 3 × wöchentlich (1993; jeweils montags, mittwochs und freitags um 13.15 Uhr).

Unterkunft: Einfach, aber schön, ruhig und mitten in der Altstadt wohnt man in der Pension *Salina's Gar-*

Beschauliche Ruhe im alten Hafen von Mytilíni

Ausgeschlafen:
Wirt Vassilis

den mit ihrem kleinen blütenreichen Garten. Die Inhaberin ist Griechin, ihr Partner Deutscher. Nur zwei der acht Zimmer haben eigene Dusche/WC, die anderen nur Etagenduschen (DZ 30 DM, Küchenbenutzung 4 DM/Tag, Odós Fokéa 7 – zweigt an der Moschee Jeni Dsami von der Odós Ermoú ab, dort ausgeschildert – ☎ 02 51/4 20 73).

Mehr Komfort bieten die ebenfalls ruhigen Privatzimmer und Appartements in einem mehrstöckigen Neubau in der Neustadt, die der perfekt Deutsch sprechende Stamos Stefanou und seine Ehefrau Marianne vermieten. Frau Stefanou hat auf der Insel für ihre Gäste auch Wanderwege markiert, für die sie ihren Gästen gern Wegbeschreibungen mitgibt (28 Zimmer in 10 Wohnungen ab 80 DM. Odós Markópoulou 4, in der Nähe des Stadions, GR 81100 Mytilíni, ☎ 02 51/2 46 90 oder 2 32 90). Das Ehepaar vermietet außerdem wochenweise eine alte Villa mit Garten (Platz für 8 Pers.) im Stadtzentrum.

Ein brauchbares Hotel für die Nacht der Ankunft oder die letzte Übernach-

tung vor Abfahrt ist das Hotel *Blue Sea* direkt am Fähranleger (61 Zimmer, DZ ab 67 DM, Platía Koundourióti, ☎ 02 51/2 39 94).

Essen und Trinken: Wegen des exzellenten, auf den Punkt genau gegrillten Fleisches schätzen Einheimische das Grillrestaurant *Asteria* am Hafen nahe dem Hotel *Blue Sea* (Odós Koundourióti 57). Auf der gegenüberliegenden, südlichen Hafenseite findet man mehrere einfachere, gute Fischrestaurants. Mitten im Hafenbecken, über einen Damm zu erreichen, trifft man sich zum abendlichen *Oúzo* mit *Mezé*.

Oúzo und *Mezé* werden auch auf der weinüberrankten Terrasse des Kafeníons *O Ermis* am nördlichen Ende der Haupteinkaufsstraße Odós Ermoú serviert.

Des unverwechselbaren Wirts, seiner nicht minder originellen Gäste und der chaotischen Inneneinrichtung wegen lohnt auch die Taverne *Albatros* neben der Moschee an der Odós Ermoú einen Besuch. Wenn Wirt Vassilis ausgeschlafen ist, mag manchem sogar sein Essen schmecken. Immer gut ist die lesbische Käsespezialität *Ladoútro*. Rund um die Uhr geöffnet ist die Café-Bar *Hott Spott* nahe dem Fähranleger, Odós Koundouriótou 63.

Bank/Post/Telefon: Mehrere Banken liegen direkt an der Uferpromenade; Telefonamt OTE und Hauptpost an der Odós Vournazón

Strände: Die Griechische Zentrale für Fremdenverkehr betreibt das Strandbad *Tsamákia* unterhalb der Burg, nicht weit vom Fähranleger entfernt.

Feste/Festivals: Im Hochsommer gelegentliche Theateraufführungen in der Burg. Anfang August Oúzo-Festival

Auskunft: Tourist Police, im Bau der Hafenpolizei am Fähranleger, gegenüber vom Archäologischen Museum, ✆ 02 51/2 27 76

Variá und die Amalí-Halbinsel

Der Besuch der beiden Museen in **Variá** zählt zu den kulturellen Höhepunkten jeder Lésbos-Reise. Am Geburtsort von Tériade (s. S. 196) erwartet den Besucher eine überraschend erstklassige Ausstellung französischer Künstler von Weltrang und die größte Sammlung von Werken des lesbischen Malers Theófilos (s. S. 48). Beide Museen liegen dicht nebeneinander in einem schönen Olivenhain, die Zufahrt ist von der Küstenstraße her beschildert.

Im **Tériade-Museum** sind – größtenteils farbige – Lithographien von Pablo Picasso, Joan Miró, Le Corbusier, Alfred Jarry, Fernand Léger, Marc Chagall, Georges Rouault, Henri Matisse, Juan Gris, André Beaudin und Alberto Giacometti sowie Bleistift- und Tintenzeichnungen von Pierre Bonnard und drei Gemälde von Theófilos zu sehen (Di–So 9–14 und 17–20 Uhr, Eintritt ca. 2 DM).

Im **Theófilos-Museum** hängen 86 Bilder des lesbischen Malers,

Moderne Kunst auf Lésbos

– Von Olga Suhren –

Die wertvollste griechische Sammlung europäischer Kunst des 20. Jh. ist nicht in Athen oder Thessaloniki, sondern in einem Olivenhain am Rande des Dorfes Variá bei Mytilíni beheimatet.

Hier wurde am 2. Mai 1897 Stratis Eleftheriades geboren, der unter dem selbstgewählten Pseudonym *Tériade* in die Kunstgeschichte einging. Sein Vater exportierte Olivenöl und Seifen aus eigener Siederei; kulturell orientierte sich sein Elternhaus an Smýrna und Paris. So wurde der Sohn denn auch 1915 zum Jurastudium in die französische Hauptstadt geschickt. Dort machte er zwar sein Examen, widmete sich aber vor allem seinem eigentlichen Interesse, der Kunst. Den Versuch, selbst zu malen, gab er bald auf; statt dessen pflegte er den Umgang mit jungen Malern, Schriftstellern und Couturiers, schrieb erste Kunstkritiken und organisierte Ausstellungen.

Zunächst erschienen seine Kritiken in den *Cahiers d'art,* die der in Paris bereits etablierte Grieche Christian Zervos herausgab. Innerhalb der modernen Kunstszene verstand es Tériade mit subtiler Ironie, das Bedeutende vom Unbedeutenden zu trennen. Von Mai 1928 bis Juni 1932 arbeitete er an der Wochenzeitschrift *L'Intransigeant* mit, danach war er zusammen mit seinem Freund Maurice Raynal für die Herausgabe der luxuriösen Kunstzeitschrift *Minotaure* zuständig.

1937, als Tériade wieder einmal von einem Erholungsurlaub auf Lésbos nach Paris zurückkehrte, bot ihm ein großer amerikanischer Zeitungskonzern die Leitung eines neuen Prestigeobjekts an: die Herausgabe einer luxuriös ausgestatteten, englisch- und französischsprachigen Zeitschrift für Kunst und Mode, die den Namen *Verve* tragen sollte. Das war der Wendepunkt in Tériades Arbeitsleben. Fortan schrieb er nicht mehr selbst, sondern widmete sich ganz der ihm vom

die sein gesamtes Themenspektrum repräsentieren. Mythologische und historische Darstellungen gehören ebenso dazu wie Landschaftsbilder und Szenen aus dem Alltagsleben und von Festen (Di–So 9–13 und 16.30–20 Uhr, Eintritt ca. –,80 DM).

Eine Rundfahrt um die **Amalí-Halbinsel** lohnt kaum. Zwischen Mytilíni und dem Flughafen erweist sich die Landschaft als ausgesprochen reizlos, schön ist es erst wieder an der Doppelbucht von **Ágios Ermógenis** am Südzipfel der

Verleger vorgegebenen Aufgabe, »die schönste Zeitschrift der Welt zu machen«. Er brachte Maler und Schriftsteller zusammen; Texte und Illustrationen verschmolzen in *Verve* zu einer Einheit. Neben Malern wie Matisse, Braque, Bonnard, Rouault und Maillot arbeiteten u. a. James Joyce, Ernest Hemingway, Rainer Maria Rilke, Paul Claudel, André Gide, Albert Camus und Jean Paul Sartre als Autoren für *Verve.* Um eine optimale Wiedergabe der Illustrationen zu erzielen, wurden alte Techniken wiederbelebt und perfektioniert, z. B. Lithographie und Heliographie. Zwischen Dezember 1937 und Juli 1960 erschienen 26 Hefte, darunter 12 Doppelhefte, von denen einige im Tériade-Museum auf Lésbos ausgestellt sind.

1943 begann Tériade sein bedeutendstes Projekt: die Herausgabe der von ihm konzipierten und speziell für diese Reihe geschaffenen Malerbücher, der *Livres de peintres.* Bis 1969 erschienen insgesamt 26 Bände; jedes Werk wurde von einem großen Maler, häufig in Zusammenarbeit mit einem bedeutenden Dichter, gestaltet. Die Texte sind Autographen oder handgesetzt; bei den Illustrationen handelt es sich meist um Original-Lithographien in Farbe oder Schwarz-weiß, aber auch um Original-Radierungen, Kupferstiche und Holzschnitte. Sämtliche Exemplare der streng limitierten Auflagen wurden handsigniert. Die Malerbücher stammen von André Beaudin, Pierre Bonnard, Alberto Giacometti, Juan Gris, Marcel Gromaire, Henri Laurens, Le Corbusier, Fernand Léger, Henri Matisse, Joan Miró, Pablo Picasso, Georges Rouault und Jacques Villon. In zwei Bänden à 75 Seiten hat Marc Chagall den antiken Hirtenroman ›Daphnis und Chloe‹, der ja auf Lésbos spielt, mit 42 Original-Farblithographien illustriert (s. Abb. S. 187). Es gilt von allen Büchern Chagalls als dasjenige, in dem Farbe und Licht ihren höchsten Grad an Perfektion erreicht haben.

Tériade starb im Oktober 1983 in Paris. Die Werke der größten Künstler des Jahrhunderts, die er mitinspirierte, sind repräsentativ in ›seinem‹ Museum in Variá vertreten.

Halbinsel. Außer einer gleichnamigen Kapelle gibt es hier auch eine Taverne direkt am 50 m langen Sandstrand am Golf von Gerás. Noch sehr ursprünglich ist das große Bergdorf **Loutrá** am Rückweg nach Mytilíni.

 Busverkehr: Bis Variá fahren die Stadtbusse.

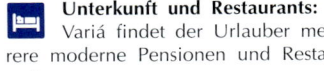 **Unterkunft und Restaurants:** In Variá findet der Urlauber mehrere moderne Pensionen und Restaurants.

Die Landschaft zwischen den Golfen

Um diesen Teil der Insel wirklich kennenzulernen, braucht man ein eigenes Fahrzeug. Mit dem Linienbus lassen sich Plomári, Agiássos und Polichnítos samt näherem Umland erkunden. Als Standorte sind Plomári und – für überwiegend am Strandleben Interessierte – Vaterá zu empfehlen.

Die Landschaft am **Golf von Gerás** wird von ausgedehnten Olivenhainen geprägt. Unmittelbar am

Nordufer des flachen, leider nicht sehr sauberen Golfes liegt **Thérma,** eine Badeanlage mit je einem großen Mamorbecken für Männer und Frauen. Hier, im 41° Celsius warmen Wasser, badete im 2. Jh. schon Kaiser Hadrian (tägl. 9–19 Uhr, Einzelbad ca. 2 DM).

Auf dem weiteren Weg nach Plomári passiert man mehrere große Dörfer und sieht am Golf das Städtchen **Pérama** liegen, das einst ein Zentrum der lesbischen Gerberindustrie war. Nach **Ágios Issídoros** mit seinem schönen Strand ist dann **Plomári** (4000 Ew.), die einzige Stadt an der Südküste, erreicht. Von allen Küstenorten mit Ausnahme Mytilínis hat sie am meisten Ursprünglichkeit bewahrt. Nur an der Uferfront verschandelt Beton das harmonische alte Ortsbild. Die mit roten Ziegeln gedeckten Bürgerhäuser breiten sich über die Hänge zweier Hügel und in dem sie trennenden Trockenbachtal aus, durch das auch die Bazargasse führt.

Die Bazargasse beginnt an der kleinen Platía Beniamín Lesbíou, die nur ein paar Schritte landeinwärts von der größeren Platía am Hafen entfernt liegt. An der Platía Beniamín Lesbíou befindet sich im Obergeschoß eines historischen Hauses ein kleines **volkskundliches Museum,** in dem von einer sehr engagierten Betreuerin u. a. der persönliche Besitz der ersten Ärztin auf Lésbos aus der Zeit um die Jahrhundertwende gezeigt wird (Mo–Sa 10–12 Uhr, Mo–Fr auch 18–20 Uhr, Eintritt frei).

Von der Bazargasse führt im Ort eine Brücke nach links auf eine

Lésbos

199

weitere kleine Platía mit großer Platane und zahlreichen Bars und Cafés. In einer Ecke der Platía fertigt der alte Sattler Charalambos in seiner dunklen Werkstatt kostbare, museumsreife Sättel für Esel, Pferde und Maultiere. Bleibt man auf dieser Seite des Bachlaufs, so trifft man ein Stück weiter aufwärts auf eine Werkstatt, die sich auf kunstvolles Zaumzeug für Pferde spezialisiert hat. Weiter oben schließen sich eine sehr gut restaurierte **Ölmühle** und eine **Seifenfabrik,** die heute als Kultur- und Seniorenzentrum dient, an.

Beim Gang durch den Ort fällt immer wieder seine Wohlhabenheit auf. Die Plomarioten verdienten ihr Geld früher in der Seefahrt oder in Ölmühlen und Seifenfabriken; noch heute sind vier **Oúzo-Destillerien** bedeutsam; sie können besichtigt werden.

Von Plomári führt eine 23 km lange, größtenteils unbefestigte, wenig befahrene und schattige Straße durch grandiose Berglandschaften nach Agiássos – sie kann auch für Wanderungen empfohlen werden. Um sie zu erreichen, muß man Plómari zunächst auf der Bazargasse durchqueren.

Erster Ort en route ist nach 9 km **Megalochóri,** ein typisches Bergdorf im Grünen mit Tavernen, Kafenía und einem schönen Brunnen aus dem 19. Jh. Am Dorfplatz steht eine Johanneskirche aus dem Jahre 1795 und am Ortsende die Kirche Metamorfósis aus dem Jahre 1767. Beide verwahren äußerst

kunstvoll beschnitzte *Ikonostasen* (Schlüssel beim Dorfpriester, der an der Johanneskirche wohnt).

Die einem Waldweg gleichende Straße führt jetzt als Panoramaweg fast bis auf die Höhe des nahen, aber durch tiefe Täler doch unerreichbaren **Olymp** hinauf und dann nicht minder aussichtsreich wieder hinunter nach Agiássos, das von Mytilíni freilich auch direkt auf guter Asphaltstraße erreichbar ist.

Agiássos (3500 Ew.) ist das größte und blumenreichste Bergdorf der Insel sowie ein bedeutender Wallfahrtsort. Aber auch für ›Ungläubige‹ gibt es gute Gründe, hinzufahren: die schönen Gassen mit urigen Kafenía und Tavernen, den Fußweg hinauf auf den Olymp, den letzten *Sandoúri*-Spieler der Insel und natürlich das Wallfahrtsheiligtum als Ausdruck lebendigen Volksglaubens.

Agiássos dehnt sich an einem Hang aus. Der Linienbus hält auf dem großen Parkplatz an der unteren Platía, an der auch der mit roten und blauen Punkten markierte Weg zur Besteigung des Olymp beginnt (hin und zurück ca. 3 Std.). Die Hauptgasse, als Pilgerweg zur Kirche natürlich nach dieser *Odós Kímesis Theotókou* (›Straße der Entschlafung Mariäe‹) benannt, führt von der unteren Platía ins Dorf. Vorbei an einer Tischlerei, die handgeschnitzte Möbel fertigt, kommt man zum Laden von Jannis Kukurjos, dem letzten *Sandoúri*-Spieler der Insel. Er spielt das einem *Tsímbalon* ähnliche Instrument seit 1936. Früher gab es noch in jedem Inseldorf einen *Sandoúri*-Spieler, bei Festen jeder Art waren sie gefragte Leute. Jannis spielt für Besucher auf und verkauft ihnen selbstbespielte Kassetten.

Dann erreicht man den schönsten Dorfteil, eine völlig von Rankgewächsen beschattete Gasse voller Kafenía. Hier liegt der Eingang zur 1870 geweihten **Wallfahrtskirche der Panagía.** Ihre fast vollständig mit getriebenem Gold bedeckte *Ikone* an der *Ikonostase,* die »heilige Sion« genannt, gilt als Werk des Evangelischen Lukas und damit als wahrhaftiges Porträt der Gottesmutter. Gläubige Pilger stifteten ihr aus Dankbarkeit für vollbrachte Wunder die mehr als 400 Ampeln in der Kirche und dazu viele wertvolle Ikonen, die größtenteils mit dem Namensschild der Stifter versehen in großen Sammelrahmen hängen. Zahlreiche Votivtäfelchen und kostbarer Schmuck ›bekleiden‹ als Weihegaben die wundertätige Ikone. Im Museum der Kirche sind weitere Dankesgaben zu sehen, darunter eine auf einen Fischschädel gemalte Ikone, zwei riesige Elefantenstoßzähne und ein 30 kg schwerer Stein. Letzteren hatte ein zum Christentum bekehrter Türke 1868 zu Fuß von Polichnítos nach Agiássos getragen.

An der Rückseite der Wallfahrtskirche beginnt die Marktgasse Odós 28is Martíou 1944. An ihr konzentriert sich, was jedes größere griechische Dorf braucht: außer Geschäften auch Post und Bank, je ein

Büro der drei großen politischen Parteien sowie der Bauern- und der Jägervereinigung. Eine agiassische Besonderheit ist das Büro des örtlichen Karnevalsvereins im Hause der Kommunistischen Partei; hier werden traditionelle Karnevalskostüme ausgestellt.

Das abgelegene Landstädtchen **Polichnítos** (3000 Ew.) hat keine touristische Bedeutung. Sein 4 km entfernter Hafenort **Skála Polichnítou** am Golf von Kalloní ist ein verschlafenes Nest mit vielen Sommerhäusern, aber nahezu ohne Strand. Von Polichnítou lohnt sich allerdings ein Abstecher zum circa 1,5 km entfernten **Loutrá Polichnítou** (ausgeschildert mit *Thermal Baths),* einer kleinen, an Einfachheit nicht mehr zu unterbietenden, uralten Thermalbadanlage. Pächter Stavros kümmert sich nicht nur um das Wohl seiner seltenen Besucher, sondern spielt ihnen nach dem individuell temperierten Bad auch gern etwas auf seiner *Bouzoúki* vor.

Eine andere griechische Kuriosität ist auf dem **Kap Ágios Phokás,** 4,2 km östlich des kilometerlangen Sandstrandes von Vaterá zu entdecken. Oberhalb der beiden guten Fischtavernen *Akropolis* und *Photeinos* (die ausgeschildert sind) steht eine kleine Kapelle, deren *Ikonostase* aus Spanholzplatten mit einer Plastikfolie im ›Marmor-Look‹ überzogen ist. Vom antiken Diony-

Dorfszene in Agiássos ▷

Deutsch People?
Komm gucken the Fisch!

– Von Jens-Uwe Sommerschuh –

Wo wenige Kilometer vor Plomári die Straße am Ortseingang von Ágios Issídoros scharf nach rechts abbiegt, führt geradeaus ein staubiger Weg zum Meer und dann ostwärts, hier und da von der Brandung überrollt, ein Stück an der Küste entlang. Manche Taxifahrer verweigern sich dieser Route – zu Recht, das ist nur was für Draufgänger. Am besten, man fragt in Plomári nach dem schönen Angelos. Angelos' Opel ist nachts oft die letzte Rettung für diejenigen Urlauber, die in der Taverne am Ende des Weges, im *Galini,* kleben geblieben sind.

Im Gegensatz zum *Blue Sea,* dem adretten Fischrestaurant in der Nachbarschaft, ist das *Galini* noch ein Geheimtip. Abgesehen von einer unsäglichen Lampengirlande und einigen Hinweisschildern, denen zufolge man die Taverne eher auf dem Meeresgrund vermuten würde, deutet von fern nichts daraufhin, daß da hinter Zäunen und unter Weinranken ein Kleinod griechischer Gastronomie funkeln könnte.

Wer sich dennoch im Abendlicht hinverirrt und neugierig die mit Kies bestreuten Stufen zu den Dutzend Tischen vor der winzigen Hütte hinaufsteigt, wird unweigerlich in die Hände von Manolis fallen. Der kleine Wirt, Mitte dreißig, dessen schwarze Locken sich im Nakken kringeln als müßten sie dort wettmachen, was in der Stirn längst

verloren ist, drückt seine Gäste entzückt auf die Stühle, um sie Sekunden später wieder aufzuscheuchen: »Deutsch people? Komm gucken the Fisch!« Widerstand ist zwecklos, *Mafioso Manolis,* wie er sich kokett selbst nennt, schleppt jeden in die Küche.

Manolis langt in die Kühltruhe, holt eine große flache Wanne hervor, lüpft das Laken und lüftet damit das Geheimnis, welchen Fang die in der Nachbarschaft lebenden Fischer am Tage gemacht haben. Die Barben, Brassen, Barsche, Thunfische und anderen Fänge der Ägäis sind ihm erst wenige Stunden vorher gebracht worden, vom Boot zum Grill, frischer geht's nicht. »Komm gucken this colour«, sagt Manolis mit stolzem Eifer und zeigt die Innenseiten der Kiemen: Rot müssen die sein, dunkelrot bis bordeaux! Gleichzeitig entwirft und verkündet er die Preise, die von Tag zu Tag und von Gast zu Gast zwar gewaltigen Schwankungen unterworfen sind, aber dennoch weit unter denen der Restaurants in den Urlauberzentren liegen.

Sind Fisch oder anderes Meeresgetier bestellt, gibt Manolis seine Kunden noch lange nicht frei. Ein echtes Abendmahl hat viele Gänge, von denen die meisten, so Manolis, keine Frage des Geschmacks sind, sondern einfach dazugehören. Griechenland-Neulinge essen, was er ihnen zwischen Töpfen, Pfannen und Schüsseln vorschlägt: Knoblauchbrot, *Tzatzíki, Moussaká* oder *Pastítsio,* gefüllte Tomaten oder Paprikaschoten, *Saláta Choriatikí* alias Bauernsalat und eben Fisch. Alles Gemüse wächst gleich hinter dem Haus. »Nur der Garten Eden, der irgendwo gleich um die Ecke gelegen haben muß«, versichert Manolis, »soll noch artenreicher gewesen sein«.

Getrunken wird, da Bier zum Essen als Unart gilt, *Retsína* aus dem Hause *Kourtaki,* ein überaus bekömmlicher milder Weißwein, der mit dem Harz der Aleppokiefer versetzt wurde, des weiteren der berühmte *Oúzo* aus Plomári, eins zu eins mit Wasser gemischt. Dieser *Oúzo* ist von anderer Art als der, der zwischen Lübeck und Luzern angeboten wird. Bei einem auf Lésbos hergestellten *Oúzo* kann man sicher sein, daß alle bekannten und geheimen Ingredenzien mitdestilliert worden sind. Bei den in Mitteleuropa handelsüblichen Import-Oúzos ist das, selbst bei bekannten Markenfirmen, nicht der Fall. Der Unterschied ist denn auch frappierend. Obwohl höherprozentig, erzeugen der *Varvagiánni* und andere Destillate aus Plomári und Umgebung, selbst in Mengen genossen, keinen Katerschädel.

Wenn es spät wird, elf oder zwölf, dann ist die Zeit für Lieder gekommen, die auf griechisch *Tragoudiás* heißen. Manolis beginnt mit ergreifender Stimme zu singen. Irgendwo zwischen Daláres und Caruso beheimatet, fährt sein Gesang den Leuten direkt ins Gemüt. Meist sind es Liebeslieder, die von unerfüllter Liebe handeln und wo ein Mann auf die Angebetete wartet und wartet, bis Stolz und Wehmut ihm das Herz brechen.

Sonnabends kommen Griechen aus den Ölbergen und aus allen Orten der Umgebung, um es sich im *Galini* schlemmend und singend stundenlang wohl sein zu lassen. Wenn dann die letzten »Weißen«, die Urlauber, nach Mitternacht im Taxi von Angelos entschwunden sind, tanzen die Griechen noch lange, manchmal bis sich überm Meer der helle Schimmer abzeichnet, der den nächsten Tag ankündigt.

sos-Tempel aus dem 1. Jh. v. Chr., an dessen Stelle die Kirche erbaut wurde, ist kaum etwas erhalten. Von Vaterá aus führt eine mittelmäßige, Wanderern nicht zu empfehlende Piste durch einsames Bergland über die sehr stillen Dörfer Káto Stavrós und Akrássi in das alte **Bergdorf Paleochóri** und von dort zum wenig besuchten **Strand von Melínta** mit zwei schönen Tavernen. Von Melínta bis Plomári sind es dann nur noch 6 km.

 Schiffsverbindungen: Von Mai bis Anfang Oktober werden von Ágios Issídoros und Plomári aus Schiffsausflüge nach Vaterá, Skála Eressoú und Sigrí veranstaltet. Die Boote nehmen auch Passagiere mit Gepäck mit. Im Sommer 1995 verkehren 1 × wöchentlich Tragflügelboote zwischen Plomári und Chíos-Stadt, die Fortsetzung dieses Dienstes ist fraglich.

 Busverkehr: Agiássos ist werktags 5 × täglich und Sa/So 4 × täglich mit Mytilíni verbunden, Plomári 5 × bzw. 2 × täglich, Polichnítos 3 × bzw.

1× täglich. Dorf- und Schulbusse verbinden Plomári 1–2 × täglich mit Megalochóri und Neochóri sowie Polichnítos mehrmals täglich mit Skála Polichnítou und Vaterá

 Unterkunft: Unmittelbar am guten Sandstrand von Ágios Issídoros steht die Pension von Dimitrios Lygiros. Alle Zimmer liegen an einer großen Terrasse (10 Zimmer, DZ ab 40 DM, ☎ 02 52/3 29 55 und 3 19 38; an der Kirche von Ágios Issídoros nach links abbiegen und dem Weg bis zum Ende direkt vor die Villa folgen).

In Plomári ist die Pension *Lida* mit deutschsprachigem Wirt empfehlenswert. Man wohnt in einem restaurierten Haus, ruhig gelegen und doch unmittelbar im historischen Ortszentrum (oberhalb der Platía, 6 Zimmer, DZ ab 30 DM, ☎ 02 52/3 26 20).

In Agiássos kann man in der Pension *Aghia Sion* wohnen (12 Zimmer, DZ ab 35 DM, ☎ 02 52/2 22 42). In Vaterá vermietet Eleftherios Voudouris, sein kleiner Laden liegt an der Küstenstraße neben dem Hotel *Vatera Beach,* 15 ruhig gelegene Studios und Appartements für 1–4 Personen (DZ ab 38 DM, ☎ 02 52/6 13 10 und 6 14 42, Mai–Oktober). Der Campingplatz *Dionysos* östlich von Vaterá liegt in der Nähe einer lauten Diskothek.

 Essen und Trinken: Sehr gute und preiswerte Tavernen mit stets frischem Fisch sind die einander benachbarten Lokale *Galini* und *Blue Sea* direkt am Ufer, ca. 1 km östlich von Ágios Issídoros. Empfehlenswert ist auch die Fischtaverne *Lesbos Bay* direkt am kleinen Fischerhafen von Ntípi an der Straße von Plomári nach Mytilíni. Stets frisches Schafsjogurt serviert nahezu ganzjährig das *Galaktopoleion To Vouvari* in Agiás-

sos, nur 30 m vom Haupteingang der Wallfahrtskirche entfernt.

 Bank/Post: Im Zentrum von Agiássos, Plomári und Polichnítos

Strände: Schöne Sandstrände in Ágios Issídoros und Vaterá

Feste: Rosenmontag: Karneval in Agiássos; Ende Juli: Traditionelle Pferderennen und Schönheitswettbewerbe für Pferde in Plomári, verbunden mit Musik und Tanz; Ende Juli/Anfang August: Klidonas-Fest in Polichnítos mit Johannisfeuern, Musik und Tanz; 1.–15. August: Hauptwallfahrtszeit in Agiássos mit Kunstausstellungen, Theater- und Folkloreaufführungen sowie großem Kirchweihfest am 14./15. August.

Kalloní, Eressós und der ›Wilde Westen‹

Im ›Wilden Westen‹ zeigt Lésbos sein zweites Gesicht. Die erste Hälfte der Fahrt aber ist noch von freundlichem Grün geprägt. Nach Durchquerung der ölbaumbestandenen Ebene am Golf von Gerás folgt als erstes Dorf **Lámbou Mýli.** An der ersten Rechtskehre oberhalb des Dorfes beginnt ein großer Kiefernwald. Hier biegt nach links ein Waldweg ab, auf dem man in etwa 20 Min. zu den Überresten eines **römischen Aquädukts** in einem wildromantischen Bachtal wandern kann. Nach 100 m folgt man an der ersten Gabelung dem Weg nach rechts. Er passiert zugleich einen

Kloster Limónos

Bunker. Hier verläßt man den Weg und geht querfeldein ins Bachtal hinab, dem man dann nach links bis zum Aquädukt folgt. Verglichen mit dem von Mória (s. S. 219) ist es allerdings nur noch in äußerst dürftigem Zustand erhalten. Nördlich der Straße zwischen dem Golf von Gerás und Kalloní liegen die beiden Bergdörfer **Pigí** und **Agía Praskeví,** in denen jeweils an einem Sommerwochenende höchst eigenartige Stierfeste gefeiert werden (s. S. 220).

An der wichtigsten Straßenkreuzung der Insel liegt das geschäftige Landstädtchen **Kalloní** (1600 Ew.). Sein traditioneller Hafenplatz, **Skála Kallonís,** entwickelt sich dank seines grobsandigen, extrem flach abfallenden Strandes allmählich zu einem internationalen Badeort. Am nördlichen Stadtrand von Kalloní lohnen der malerische Bau und der blumenreiche Innenhof des **Nonnenklosters Myrsiniótissas** einen Kurzbesuch. Man erreicht es über eine ausgeschilderte, 800 m lange Piste von der Straße Kalloní-Mólyvos aus. Ignatios Agallianos stiftete 1527 neben diesem Frauenkonvent noch das in einem kleinen Hochtal westlich von Kalloní gelegene Männerkloster Limónos.

Limónos ist heute das größte, bedeutendste und interessanteste Kloster der Insel. Die Kirche darf von Frauen nicht betreten werden: Für sie hat Ignatios, der auch erster Abt von Limónos wurde, ja extra Myrsiniótissas gegründet. Die Kir-

Karstige Bergland-
schaft bei Ipsiloú

che ist vollständig mit Fresken ausgemalt, von denen einige äußerst
seltene Themen behandeln. Rechts
an der Ostwand des Narthex ist der
hl. Christophoros mit einem Hundekopf dargestellt. Das Motiv dürfte
seinen Ursprung im frühchristlichen
Ägypten haben, wo die Menschen
ja an Gottheiten mit Tierköpfen gewöhnt waren. In Darstellungen der
mitteleuropäischen Gotik hält der
Heilige manchmal ein Wappen mit
Hundekopf in den Händen.

An der Nordwand ist links über
der linken Tür die ›Erschaffung
Adams‹ und die ›Vertreibung aus
dem Paradies‹ zu erkennen. Gottvater krönt ein Heiligenschein, der
aber anders als bei den Heiligen
nicht rund, sondern dreieckig ist.

Bemerkenswert sind auch die Ar-
che Noah an der Ost- und das
Mandílion über der Tür in der Westwand. Im Gemeinderaum zeichnet
sich die mit Blattgold verkleidete
Ikonostase durch reiche Beschnit-
zung aus. Im Boden ist ein *Davidstern* in einem Kreis zu erkennen.
Der aus zwei Dreiecken gebildete
Davidstern ist hier ein Symbol der
heiligen Dreifaltigkeit. Umkreist man
ihn, sieht man, wo man auch steht,
immer ein Dreieck: Symbol für die
Allgegenwart Gottes.

Im Umgang des zentralen Klo-
sterhofes wurde 1971 für weibliche
Besucher eine kleine Kirche geschaffen und mit Fresken im traditionellen Stil ausgemalt. Im Umgang liegt auch der Eingang zum

reichhaltigen **Klostermuseum** (Eintritt ca. –,80 DM), das nach dem von Pátmos das bedeutendste in der Ägäis ist. Auch Frauen dürfen die zahlreichen Nebenhöfe des Klosters betreten, an denen zum Beispiel Gästetrakte mit Platz für 300 Pilger aufwarten. Das Kloster wird nur noch von einer Handvoll Mönchen und Novizen bewohnt, die es von Sonnenaufgang bis -untergang für Pilger und Besucher offenhalten.

Auf der Weiterfahrt ändert sich die Landschaft jetzt schlagartig. Das Grün der Olivenhaine und Kiefernwälder verschwindet und die Straße windet sich über öde Berge und durch Täler, die nahezu wüstenhaft anmuten. Im Dorf **Skalochóri** erinnert ein Minarett noch an die viereinhalb Jahrhunderte Türkenherrschaft, dann zweigt hinter Vatoússa eine Stichstraße nach rechts in ein verstecktes, üppig grünes Tal ab. Dort liegt das idyllische, äußerlich bescheiden wirkende **Kloster Perivolís,** in dem noch zwei Nonnen wohnen. In der Kirche unbekannten Alters sind Fresken aus byzantinischer Zeit erhalten (täglich 8–12 und 15–19 Uhr).

Kurz darauf lockt am Rande des heutigen Ortes **Ántissa** (1450 Ew.) ein Schild mit der Aufschrift »Visit our square« zu einem Abstecher auf einen der schönsten Dorfplätze der Insel. Die Tavernenwirte können sich noch über seltenen Besuch freuen. Das antike Ántissa, **Archéa Ántissa,** liegt weit von der jetzigen Siedlung entfernt an der Nordküste. Es zählt zu den romantischsten

und einsamsten Plätzen von Lésbos. Die Akropolis der Stadt lag auf einem Kap, das durch eine doppelte, teilweise noch gut erhaltene Mauer vom Festland abgeriegelt wurde. Das Areal zwischen Mauern und Meer, in dem zwischen all den herumliegenden Steinen keine Einzelbauten mehr auszumachen sind, ist von einem Wald aus Riesenfenchel *(Ferula communis)* überwuchert. Archéa Ántissa erreicht man über die Asphaltstraße zum winzigen Badeort **Gavathás.** Vor Gavathás folgt man dann einer rechts abzweigenden Piste zum Meer.

Hinter Antissa gabelt sich die Straße. Nach Eressós hinunter führt sie durch eine in Hellas einzigartige Gebirgslandschaft. Die kahlen Felshänge sind hier ähnlich erodiert wie im marokkanischen Anti-Atlas am Nordrand der Sahara. Auf dem Boden tiefer Schluchten bilden Bäume und Oleander kleine Oasen; nur in einigen Seitentälern ist noch Landwirtschaft möglich. In solch einem Tal liegt das **Kloster Pithorioú,** das zur Zeit zu einem Erholungsheim für den lesbischen Klerus umgebaut wird und daher gegenwärtig nichts weiter als den Anblick einer häßlichen Baustelle bietet. Die Fahrt über eine mittelmäßige, ca. 4 km lange Piste, die kurz vor dem nördlichen Ortseingang von Eressós beginnt, lohnt ausschließlich der Landschaft wegen.

Eressós (1600 Ew.) liegt am oberen Ende eines fruchtbaren Tals, das sich bis an das 2 km entfernte Meer

An der Mole in Sigrí

ausdehnt. Für so manchen Strandfan ist **Skála Eressoú** das Paradies auf Erden: Der breite Sandstrand erstreckt sich über mehrere Kilometer entlang der ganzen Bucht; Betrieb herrscht nur im unmittelbaren Ortsbereich. Viele Tavernen und Bars sind von der verkehrsfreien Uferstraße her bis an den Strand hinaus gebaut; anderswo stehen einige Tische und Bänke vor zu Kantinen umfunktionierten Wohnwagen direkt im Sand. Die Platía am Meer ist klein und intim; am westlichen Ortsrand hat die Gemeinde für Camper, die hier keinerlei Gebühren zahlen müssen, sogar Sanitäranlagen eingerichtet. Geduscht wird im Freien; an Nacktheit stört sich in Skála Eressoú niemand. Und da das antike Eressós auch als Geburtsort der Dichterin Sappho gilt (s. S. 185), darf hier jede lieben, welche sie will – auch öffentlich.

Die ältesten Häuser von Skála Eressoú, um 1930 entstanden, liegen am Fuße des kleinen **Vígla-Hügels,** den in der Antike die Akropolis von Eressós krönte. Spärliche Überreste der Stadtmauer und einiger Bauten sind noch zu entdecken; direkt hinter der modernen Hauptkirche des hl. Andreas sind die

211

Konservierte Natur
Die versteinerten Wälder von Lésbos

Im heute überwiegend kahlen Westen von Lésbos standen vor Jahrmillionen noch dichte Wälder. Hier wuchsen Mammutbäume, wie sie heute fast nur noch im *Sequoia National Forest* und im *Sequoia National Park* in Kalifornien zu sehen sind.

Vor ca. 4–6 Mio. Jahren zerstörten heftige Vulkanausbrüche die Wälder im Westen von Lésbos. Reste der damaligen Vulkane sind heute noch erhalten, so der 512 m hohe Ordímnos, auf dem das Kloster Ipsiloú steht. Ascheregen gingen auf die Landschaft nieder, die Bäume stürzten um oder starben ab. Kieselhaltiges Wasser aus heißen Quellen drang in die Wurzeln, Stämme und Äste ein, Siliziumdioxid ersetzte Faser für Faser das Holz. Das geschah so akkurat, daß häufig sowohl die äußere Form als auch die innere Gestalt von den Jahresringen bis hinab zur Zellstruktur exakt erhalten blieb.

Die unterschiedliche Färbung der Petrefakte wird auf einen unterschiedlich hohen Grad der Durchdringung mit Siliziumdioxid und differierende mineralische Zusammensetzung des heißen Quellwassers zurückgeführt.

Währenddessen erhärtete die vulkanische Asche zu rhyolithischen Tuffen und deckte die versteinerten Bäume zu. Im Laufe der Jahrmillionen verwitterte der Tuff, Teile der versteinerten Bäume kamen wieder zum Vorschein. Mitte des letzten Jahrhunderts wurde der österreichische Paläontologe und Botaniker Franz Unger als erster Wissenschaftler auf dieses lesbische Naturphänomen aufmerksam.

Heute sind auf Lésbos noch etwa 200 dieser Petrefakte in situ zu finden; zahlreiche weitere Bruchstücke fanden private Liebhaber, die sie in Vorgärten und Wohnzimmern, in Klöstern und vor öffentlichen Gebäuden zur Schau stellen. Inzwischen ist es allerdings bei Androhung von Strafen streng verboten, Versteinerungen abzubrechen oder aufzulesen; Zufallsfunde, wie Bauern sie beim Pflügen öfters machen, müssen der Forstverwaltung gemeldet werden. Außer versteinertem Holz wurden inzwischen auch ein versteinerter Wurm, versteinerte Harztropfen sowie zahlreiche Blattabdrücke in Steinen entdeckt. Sie erlauben Rückschlüsse auf die Zusammensetzung der einstigen Wälder, die außer aus Mammutbäumen auch aus Pappeln, Zimtsträuchern, Eichen, Erlen, Nuß-, Lorbeer- und Kirschbäumen und Magnoliengewächsen bestanden.

Überreste einer frühchristlichen Basilika eingezäunt. Eine Büste des antiken Schriftstellers Theophrast, der 372 v. Chr. nachweislich in Eressós geboren wurde, fordert angesichts des bunten Treibens auf der Platía, das der ehrwürdige Autor nun ständig mitansehen muß, zur Lektüre seines Werkes geradezu heraus. Wie steht da doch so schön: »Unerzogenheit besteht in einem Verhalten, das anderen lästig wird, ohne sie zu schädigen.«

Zweigt man an der Straßengabelung hinter Ántissa nicht nach Eressós ab, sondern fährt weiter Richtung Sigrí, darf auf kurvenreicher Stichstraße ein kleiner Abstecher zum **Kloster Ipsilóu** nicht fehlen. Es thront auf einem weithin sichtbaren, 500 m hohen Bergkegel und wird von sechs Mönchen, Priestern und Novizen bewohnt. 1101 dem Evangelisten Johannes geweiht, ist seine Lage eindrucksvoller als seine Architektur: Holzbalkone und Dach wurden 1989 restauriert und die Kirche mit neuen Fresken im traditionellen Stil ausgemalt. In einem kleinen Museumssaal werden überwiegend liturgische Geräte und Gewänder gezeigt. Im Innenhof liegen zahlreiche Bruchstücke versteinerter Bäume herum.

Solch versteinerte Bäume sind die naturgeschichtliche Sensation der Insel (s. S. 212). Viele von ihnen liegen noch in situ im sogenannten **Petrified Forest,** dem ›Versteinerten Wald‹. Eine gute, ca. 5 km lange Piste zweigt einige Zeit nach dem Kloster dorthin von der Straße nach Sigrí ab. Schon am Wärterhäuschen kann man die Augen an den Anblick 4 Mio. Jahre alten, versteinerten Holzes gewöhnen: Etliche Brocken liegen hier bereits herum. Beim Streifzug durch das Gelände, das sich weitläufig einen Berghang hinunter erstreckt, sollte vor allem auf kleinere Einzäunungen geachtet werden. Sie dienen dem Schutz besonders sehenswerter Exemplare. Höhepunkte im durch gepflasterte Pfade gut erschlossenen ›Versteinerten Wald‹, der im übrigen so kahl wie die gesamte Umgebung ist, sind ein noch aufrecht stehender, versteinerter Baumstamm von 4,3 m Höhe und 1,15 m Durchmesser sowie ein liegender Stamm von 11,5 m Länge und 90 cm Durchmesser. Kleinere Baumstümpfe gibt es in großer Zahl, an manchen sind noch die Jahresringe erkennbar. Teilweise kann man auch noch Abdrücke von Magnolien-, Ölbaum- und Akazienblättern finden. Verwaltet wird der ›Versteinerte Wald‹ originellerweise von der Forstverwaltung (täglich 8–15.30 Uhr, Eintritt frei).

Die Inseltransversale windet sich im äußersten Westen den Hang hinab und gibt grandiose Ausblicke auf eine buchtenreiche Küste frei, die von der langgestreckten, unbewohnten Insel Nissiópi fast völlig gegen das offene Meer abgeschirmt wird. Im Süden dieser schönen Landschaft liegt das Dorf **Sigrí.** Man erkennt die Ruine einer genuesischtürkischen Festung am Rand des Ortes, an dessen Gassen schon mehr moderne als ältere Häuser stehen. Gleich am Ortsanfang erhebt sich über dem neuen Hafen eine Moschee aus dem Jahre 1870, die erst 1963 mit einfachsten Mitteln in eine Kirche umgewandelt wurde. Ihr gegenüber zeugen Kuppeln von einem kleinentürkischen Hamam. Ein kleiner Sandstrand liegt am südlichen Dorfrand; Drahtzäune im Hintergrund weisen auf Stellen hin, an denen auch noch einzelne versteinerte Baumteile zu sehen sind. Seine Fortsetzung findet der ›Versteinerte Wald‹ auf der **Insel Nissiópi,** zu der man vom Hafen aus übersetzen kann.

Schiffsverbindungen: 1 × wöchentlich verkehren Ausflugsboote zwischen Skála Eressoú und Sigrí sowie zwischen Plomári und Ágios Issídoros. Sie befördern Passagiere auch für nur einfache Fahrt.

Busverkehr: Eressós ist täglich 2× mit Mytilíni verbunden. Ein lokaler Bus stellt an der Gabelung bei Ántissa den Anschluß nach Sigrí her; direkte Busse verkehren zwischen Mytilíni und Sigrí montags, mittwochs und freitags. Zwischen Kalloní und Mytilíni vier Busse täglich, zwischen Agía Paraskeví und Mytilíni drei

Unterkunft: In Skála Eressoú werden zahlreiche Appartements in Strandnähe vermietet. Zweigt man kurz vor dem Campingplatz nach rechts ab, gelangt man zu den guten Häusern *Elias Plomartelos* (☎ 02 53/5 36 59), *Ilios* (☎ 02 53/5 31 93) und *Susanna* (☎ 02 53/5 31 54, DZ jeweils ab 50 DM). 3,5 km nördlich von Sigrí steht in völliger Einsamkeit inmitten von Feldern die kleine Appartementanlage *Studio Vassilellis,* 800 m von einem schnell abfallenden Grobsandstrand entfernt. Die Wirtsleute sprechen englisch. Zufahrt ab Hauptstraße beschildert (11 Studios, DZ ab 45 DM, kein Telefon, nur Mai–September). In Sigrí selbst werden Appartements und Privatzimmer vermietet.

Essen und Trinken: »Best home cooking«, wie am Eingang angekündigt, garantiert die Taverne *Aphroditi* in Skála Eressoú. Man sitzt im Garten abseits allen Trubels und kann viele, gerade auch ungewöhnliche griechische Gerichte probieren. Die Taverne liegt an der ersten östlichen Parallelgasse zum Trockenflußbett im Ortszentrum.

Bank/Post: Banken in Kallóni; Postämter auch in Eressós, Skála Eressoú, Ántissa und Sigrí

Strände: Skála Eressoú, Skála Kallonís, Sigrí

Feste: Rosenmontag: Karneval in Agía Paraskeví; Freitag nach Ostern: Stierfest in Agía Paraskeví; 24. Juni: Kirchweihfest in Sigrí mit Johannisfeuern auf den Straßen; 2. Wochenende im Juli: Stierfest in Pigí; 17. Oktober: Kirchweihfest am Kloster Limónos mit großem Markt, Musik und Tanz

Mólyvos (Míthymna), Pétra und Umgebung

Mólyvos und Pétra haben sich in den 80er Jahren zu *den* Touristenzentren der Insel entwickelt. Dabei sind die Strände anderswo auf Lésbos durchaus besser. Vielleicht liegt es daran, daß beide Orte besonders fotogen sind? Zudem hat Pétra sicherlich auch von der Frauenbewegung und den Frauenzeitschriften pofitiert: Als hier die erste Privatzimmer vermietende Frauenkooperative Griechenlands entstand, ging das besonders durch die deutschsprachige Presse (s. S. 36). Größere Hotelbauten fehlen, und man kann in beiden Orten zwar keinen stillen, aber durchaus angenehmen Urlaub verleben. Ruhe ist eher in den Bergdörfern am 968 m hohen Lepétymnos zu finden.

Mólyvos (1500 Ew.) bedeckt drei Seiten eines aus der Küstenebene aufragenden Hügels und wird von einer **Burgruine** gekrönt. In ihren Ursprüngen stammt die Burg aus dem 11. Jh., von den Genuesern wurde sie erweitert und von den Türken bis 1912 genutzt. Hier ist der beste Platz, um den antiken Liebesroman ›Daphnis und Chloe‹ zu lesen, dessen Autor von Lésbos stammte (s. S. 186). Die Geschichte von Böcken und Schafen, Hirtenjungen und -mädchen spielt in einer ebensolchen Landschaft wie sie dem Besucher vor Augen liegt (Di–So 7.30–Sonnenuntergang, max. bis 21 Uhr, Eintritt frei).

Die untersten Häuser der Altstadt bildeten ursprünglich eine Art Stadtmauer und hatten früher nur in den obersten Geschossen Fenster und Erker. Durch den histori-

Mólyvos

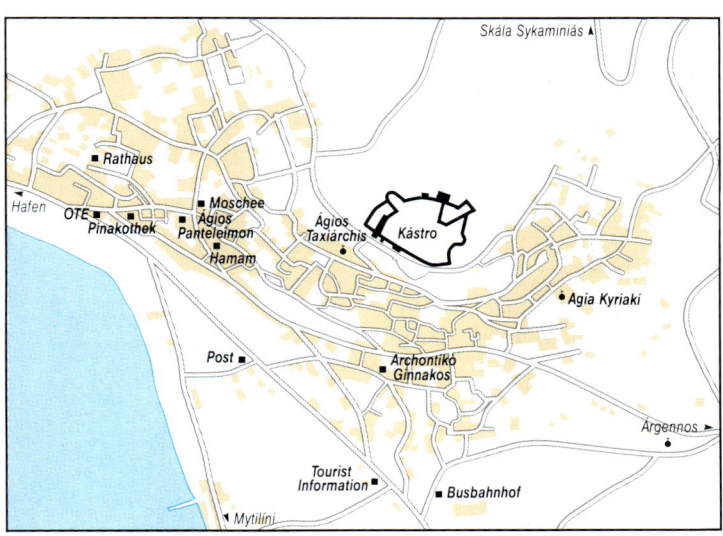

215

schen Ortskern windet sich eine gepflasterte, größtenteils von Glycinien überrankte Gasse. An ihr konzentrieren sich nahezu alle Geschäfte und Lokale des Ortes, die urigen für die Einheimischen ebenso wie die schicken für die Fremden. Im Ortszentrum öffnet sich die Gasse zu einem winzigen, nicht von Cafés gesäumten Platz, an dem eine restaurierte ehemalige **Moschee** mit vasenartigem Minarettansatz in ein Kulturzentrum verwandelt wurde. Schilder weisen den Weg zum neoklassizistischen **Rathaus,** in dessen Untergeschoß malerisch auf Sand drapierte Amphoren und einige Kleinfunde wie Webgewichte, Münzen und Keramik die Archäologische Sammlung von Mólyvos bilden. Interessant sind einige Fotos, die den Ort im Jahre 1912 zeigen (Di–So 8.30–15 Uhr, Eintritt frei).

Pétra (900 Ew.) liegt in einer Ebene unmittelbar am Meer, nur 6 km südlich von Mólyvos. Mitten im Dorf ragt ein niedriger Fels mit einer Marienkirche aus dem Jahre 1840 auf. Besonders schön ist es, die 113 Stufen hinaufgegangen zu sein, wenn zur Zeit der Abendmesse gregorianische Gesänge den Untergang der Sonne, die langsam hinter den vorgelagerten Inselchen im Meer versinkt, untermalen.

Dem Aufgang zur Marienkirche schräg gegenüber liegt an einer der Hauptgassen des Dorfes, der Odós

Kímesis Theotókou, die **Kirche Ágios Nikólaos** mit gut erhaltenen Fresken aus dem 15. Jh. (tägl. 8–12 Uhr, Eintritt frei). Die Gasse mündet auf die Platía am Meer, den sozialen Mittelpunkt von Pétra. Von hier aus verläuft die Gasse Odós Ermoú, immer parallel zur Uferstraße, in südliche Richtung. An ihr liegt die einzige Oúzo-Destillerie der Gegend, Familienbetrieb seit 1884. Gegenüber der Oúzo-Destillerie beginnt die Odós Sapphoús, an der nach wenigen Schritten linker Hand ein sehenswertes Herrenhaus aus dem 17. Jh. steht, das *Archontikó Vareitzidaina.* Obschon renovierungsbedürftig, vermittelt es noch einen guten Eindruck vom Wohnstil wohlhabender Christen in der Zeit der Türkenherrschaft (täglich 8.30–15 Uhr, Eintritt frei).

Motorisierte Urlauber können von Pétra und Mólyvos aus einen Tagesausflug in den Nordosten der Insel unternehmen. Drei Straßen führen an den Hängen des **Lepétymnos** entlang. Die eine setzt oberhalb von Pétra an und führt zunächst nach Stýpsi. Biegt man von ihr nach der Abzweigung von der

◁ Altstadtgasse in Mólyvos

Hauptstraße Kalloní-Pétra gleich in den ersten Feldweg nach links ab, kann man in etwa 90 Min. bequem und aussichtsreich über das stille Bergnest **Petrío** mit zwei schönen Tavernen nach Pétra hinunterwandern. **Stýpsi** ist ein ebenso schöner Ort wie das später folgende **Pelópi,** das 1988 kurzfristig zum stolzesten Dorf der Insel wurde. Aus Pelópi stammt Mike Dukakis, unterlegener demokratischer Gegenkandidat von George Bush bei den amerikanischen Präsidentschaftswahlen. Die Hauptstraße von Pelópi wurde nach ihm benannt.

Eine zweite unbefestigte Straße führt von Mólyvos über die entvölkerten Bauern- und Viehzüchterdörfer Vafiós und Árgennos nach **Sykaminiá;** eine dritte, stellenweise schlechte Piste schlängelt sich die Nordküste mit kleinen Kieselsteinbuchten entlang nach **Skála Sykaminiás** (s. S. 222).

Schiffsverbindungen: Ausflugsboote verkehren zwischen Pétra, Mólyvos und Skála Sykaminiás.

Busverkehr: Pétra und Mólyvos sind montags bis freitags 5 × täglich, Sa/So 2 × täglich und Stýpsi werktags 1 × täglich mit Mytilíni verbunden. Ein lokaler Bus pendelt tagsüber jeweils zwischen den Stränden von Pétra und Mólyvos und bedient von Mólyvos aus 1–2 × täglich Vafiós.

Unterkunft: An dem schmalen Strand von Mólyvos wurde eine ehemalige Olivenpresse in das stilvolle Hotel *Olive Press* verwandelt (41 Zimmer, DZ ab 70 DM, ☎ 02 53/7 12 05.

Preiswerter wohnt man unmittelbar unterhalb der Burg von Mólyvos am Ende der dort hinaufführenden Asphaltstraße in den Pensionen *Villa Mersini* (☎ 02 53/ 7 18 77) und *Pension Acropol* (☎ 02 53/ 7 13 08, DZ jeweils ab 35 DM). Eine stimmungsvolle, kleine Pension mit romantischem Innenhof im Kern des historischen Dorfes ist das *Guesthouse Nasos* nahe der Moschee (8 Zimmer mit Etagendusche, DZ ab 35 DM; ☎ 02 53/ 7 10 22). Viel Schatten bietet der ruhig gelegene Campingplatz außerhalb von Mólyvos nahe der Straße nach Efthaloú.

In Pétra vermittelt das Büro der Frauenkooperative an der Platía 75 Zimmer und Studios der A-, B- und C-Kategorie. Sie können auch schriftlich vorbestellt werden (DZ ab 32 DM, ☎ 02 53/ 4 12 38, Fax 02 53/4 13 09).

Essen und Trinken: Eine Fischtaverne gehobenen Niveaus mit ungewöhnlich guter Küche ist das *Nassos* am unteren Ende der Ladengasse von Mólyvos. Eine schönere Aussicht hat man von der Terrasse des preiswerten Restaurants *To Chani* in der nahe der Moschee von der Ladengasse abzweigenden Odós 17is Novembríou

Bank/Post: In Pétra und Mólyvos, jeweils gut ausgeschildert

Strände: Pauschalurlauber können in Mólyvos eine herbe Enttäuschung erleben: viele Hotels stehen zwar nahe am Meer, die nächsten Strände jedoch sind unzumutbar winzig und steinig. Im unmittelbaren Ortsbereich ist der Sand-/Kiesstrand so schmal, daß maximal zwei Reihen der dicht stehenden Liegestühle darauf passen. Breiter wird der Strand erst im Süden in Richtung Pétra. An der Nordküste liegt östlich von Efthaloú der schöne und nie überfüllte Sand-/Kiesstrand Chrissí Aktí

Römischer Aquädukt bei Mória

(Golden Beach), bis zu dem von Pétra und Mólyvos aus Linienbusse fahren.

Der Strand im Ortsbereich von Pétra ist breiter, grenzt jedoch unmittelbar an die vielbefahrene Uferstraße. Schönere Strände findet man hier in den außerhalb gelegenen Buchten von Ánaxos und Avláki, deren Hinterland aber auch schon mit immer mehr Hotels und Pensionen zugebaut wird.

Feste und Festivals: In den Hochsommermonaten Aufführungen antiker Dramen in der Burg und Kunstausstellungen in der Volksgalerie von Mólyvos. 14./15. August großes Kirchweihfest mit Musik und Tanz in Pétra

Auskunft: Für Mólyvos in der Tourist-Information der Gemeinde an der Abzweigung nach Efthaloú. Hier ist auch ein Ortsplan von Mólyvos erhältlich.

Von Mytilíni nach Sykaminiá

Der Nordosten von Lésbos ist touristisch noch nicht erschlossen. Er lohnt einen ganztägigen Ausflug, am besten per Moped oder Auto. Von Sykaminiá aus kann man auf unbefestigten Straßen auch bis nach Mólyvos und Pétra gelangen.

In der Nähe von **Mória** (1300 Ew.), einem großen Binnendorf, hat sich ein **römischer Aquädukt** überraschend gut und eindrucksvoll erhalten. Von der Küste her ist der Aquädukt nur unter Umgehung des Dorfes erreichbar. Von der Bergseite her muß man dann auf der zweiten Einbahnstraße ins Dorf zurückfahren. Dort weist im Zentrum ein Schild zum 750 m entfernten »Ancient Aqueduct«. Er überspannt ein

Heidnischer Brauch und christliches Fest
Die Stierfeste von Lésbos

Die Stierfeste auf Lésbos sind noch keine Touristenattraktion geworden. Es ist nicht einfach, ihre genauen Termine vorab zu erfahren, und unmöglich, sicheres über ihre Geschichte und Bedeutung zu finden. Kein Einheimischer kann die vielen Fragen, die diese Stierfeste aufwerfen, schlüssig beantworten; wissenschaftliche Literatur fehlt bislang. Es scheint, als wolle man vertuschen, daß auf Lésbos christliche Feste noch mit uralten heidnischen Bräuchen gefeiert werden.

Einem lesbischen Stierfest begegnete ich zum erstenmal in Mandamádos. Es war der zweite Sonntag nach dem orthodoxen Osterfest; mir fielen die vielen Menschen mit einem roten Kreuz auf der Stirn auf. Später sah ich, womit sie sich das Kreuz aufgemalt hatten: Die Farbe war Stierblut. Es schwamm in einem großen Kessel, über dem das Tier kurz zuvor geschächtet worden war. Ich vergaß das Erlebnis. Erst Jahre später wurde es mir wieder in Erinnerung gerufen. An einem Freitagnachmittag im Juli kam ich zufällig gegen sechs Uhr ins abseits gelegene Dorf Pigí. Auf dem Dorfplatz war ein knappes Dutzend Menschen soeben damit beschäftigt, einen Stier mit Blumen zu bekränzen. Wenige Minuten später setzte sich eine wahrhaft kümmerlich zu nennende Prozession in Bewegung. Vier Jugendliche mit Musikinstrumenten und ein Bannerträger gingen voran; der Stier, von zwei Männern an Seilen gehalten, mußte ihnen folgen.

Derweil sie ins Nachbardorf zogen, bauten Arbeiter auf der Platía eine Orchesterbühne auf, stellten die Wirte und Kellner der Kaffeehäuser und Tavernen lange Tische und zahllose Stühle auf den Platz. Eine knappe Stunde später kehrte die Prozession nach Pigí zurück. Jetzt gingen bereits mehr als 100 Menschen hinter dem Stier, viele andere säumten die Gassen. Mehrere Männer eilten dem Zug mit großen Fla-

Tal voller alter Ölbäume. In Antike und Mittelalter wurde über den in der Mitte dreistöckigen, 170 m langen Bau mit 17 Bögen Trinkwasser von Agiássos in die Inselhauptstadt geleitet.

Zu **Thermí** (1500 Ew.), einem ursprünglich gebliebenen, abseits der Hauptstraße gelegenen Binnendorf, gehören zwei Ableger an der Küste: **Skála Thermís** ist ein Thermalbad mit Hotels und einem bescheidenen

schen und Krügen voran, in die die Dorfbewohner Olivenöl spende-
ten. In tiefen Tellern wurde zusätzlich Geld gesammelt.

Auf die Platía zurückgekehrt, wurde der blumengeschmückte Stier
heftig umsorgt: Aus Erschöpfung drohte er vor dem eigentlichen Fest
zu verenden. Er konnte jedoch gerettet und zu seiner letzten Nacht in
den Stall geführt werden.

An diesem Freitagabend wurde auf dem Dorfplatz bis weit nach
Mitternacht gegessen, getrunken und getanzt. Am späten Samstag-
nachmittag fanden sich vor allem Frauen zum Gottesdienst in der
Dorfkirche ein. Sämtliche Dorfbewohner waren versammelt, als der
Stier nach dem Ende der Liturgie in einer feierlichen Prozession, von
Reitern auf festlich geschmückten Pferden begleitet, zum Schlacht-
platz getrieben wurde. Danach galt es wieder zu feiern. Am Sonntagmorgen wurde das Stierfleisch nach dem Gottesdienst gesegnet und
anschließend verzehrt. Am Nachmittag fand das Fest mit Pferderennen
und der Prämierung der schönsten Pferde seinen erfolgreichen Abschluß; abends wurde auf der Platía noch einmal gefeiert und getanzt.

Die zeremonielle Verbindung von Pferd und Stier erinnert an die
Stierkämpfe in Spanien und Portugal. Der Brauch, Opfertiere mit Blu-
menkränzen zu schmücken, wird auch in Longus' Hirtenroman
›Daphnis und Chloe‹ anschaulich beschrieben. Daß das Opfertier
schon in der Antike mit Musikbegleitung zum Altar geführt wurde,
zeigt z. B. eine hölzerne Tafel aus dem 6. Jh. v. Chr. im Archäologischen Museum von Sámos.

Offenbar haben die Stierfeste von Lésbos also eine heidnische, weit
über Griechenland hinaus reichende Wurzel. Stieropfer standen nachweislich bereits im Zentrum des Mithraskultes, der aus Persien stammte
und sich während der Kaiserzeit über das ganze Römische Reich aus-
breitete. Warum sollte das lesbische Stieropfer nicht auf ihn zurückge-
hen? Schließlich hat die christliche Kirche ja auch das Fest der
Mithrasgeburt am 25. Dezember in ihren Festkalender übernommen –
als Tag der Geburt Christi.

Kurhaus; **Pýrgi Thermís** ist eine
Streusiedlung, die im Mittelalter aus
200 turmartigen Häusern bestand,
von denen einige erhalten blieben.

Am Binnendorf Thermí führt eine
Asphaltstraße vorbei zum **Kloster**
Ágios Raffaíl, dem neuesten Wall-
fahrtszentrum der Insel. Dieses erst
1963 gegründete Kloster ist ein Beweis dafür, was die fromme und un-
eigennützige Tatkraft einer Äbtissin
zu bewirken vermag. Schwester Eu-

genia Kleidara hat das Kloster aus dem Erbe ihres Vaters mitfinanziert. Seitdem schreibt sie Bücher über die Wunder, die der hl. Raffaíl unter den Pilgern bewirkt. Ihre Werke liegen gleich stapelweise im Laden am Eingang aus und haben inzwischen Seriencharakter unter dem Dauertitel ›Neue Wunder des hl. Raffaíl‹ angenommen. Das Kloster beeindruckt nicht nur als Magnet eines unablässigen Pilgerstroms sondern auch durch die reiche Ausstattung.

Mandamádos (1400 Ew.) spielt ebenfalls eine bedeutende Rolle als Ziel von Wallfahrten. Auf dem Weg durch das Dorf passiert man zunächst eine der Käsereien des Ortes, die vormittags auch zu besichtigen ist. In mehreren Läden wird Keramik verkauft, die allerdings nicht hier, sondern sporadisch in Ágios Stéfanos gefertigt wird. Ein Schild weist den Weg zum ›Monastery‹, einem festungsartig wirkenden Kloster aus dem 18. Jh. Es ist dem Erzengel Michael geweiht. Seine wundertätige Ikone hängt rechts an der *Ikonostase.*

Klió und **Sykaminiá** sind zwei sehenswerte, traditionelle Bergdörfer. In Sykaminiá wurde 1890 oder 1892 der Autor Stratis Myrivilis geboren. Von hier aus führt eine kurvenreiche Straße die grünen Hänge abwärts in die winzige Küstensiedlung **Skála Sykaminiás** mit einem von Tavernen gesäumten, malerisch kleinen Hafenbecken – schöner kann man kaum irgendwo auf Lésbos sitzen.

Schiffsverbindungen: Ausflugsboote verkehren zwischen Skála Sykaminiá, Mólyvos und Pétra.

Busverkehr: Mandamádos ist 2 × täglich mit Mólyvos verbunden; die Fahrzeiten ermöglichen aber keine Tagesausflüge per Bus dorthin. Von Mandamádos fährt ein Schulbus nach Skála Sykaminiás. Zum Kloster Ágios Raffaíl sind die Verbindungen exzellent: die Pilgerbusse fahren nach Bedarf (der immer groß ist) direkt am Fährableger ab.

Unterkunft: In Skála Sykaminiás wohnt man ruhig und gut in der freundlichen Pension *Niki* (DZ ab 35 DM, ✆ 02 53/5 52 44).

Essen und Trinken: Alle drei Tavernen am Hafen von Skála Sykaminiás sind empfehlenswert. An der Platía von Mandamádos wird köstlicher Schafsjoghurt mit Honig serviert.

Strände: Östlich von Skála Sykaminiás liegt 15 Min. zu Fuß der 700 m lange, recht steil abfallende Kieselsteinstrand Kagiá als einzig empfehlenswerter Badeplatz im Nordosten von Lésbos.

Feste: Rosenmontag: Karneval in Mandamádos; 2. Sonntag nach Ostern: Stierfest in Mandamádos; 3. Sonntag nach Ostern: Traditionelle Pferderennen in Nées Kidoníes bei Pýrgí Thermís; 30 Tage nach Ostern: Kirchweihfest in Sykaminiá mit Musik und Tanz; 26. Oktober: Kirchweihfest mit Pferderennen und -prämierungen sowie Musik und Tanz in Mória

Fischerkapelle bei Skála Sykaminiás ▷

Verzeichnis der Karten und Pläne

Tips und Adressen

Reisevorbereitung

Informationsstellen

Griechische Zentrale für Fremdenverkehr
... in Deutschland
60311 Frankfurt, Neue Mainzer
Straße 22, ✆ 0 69/23 65 61-63
10789 Berlin, Wittenbergplatz 3a,
✆ 0 30/2 17 62 62-63
20149 Hamburg, Abteistraße 33,
✆ 0 40/45 44 98
80333 München, Pacellistraße 2,
✆ 0 89/22 20 35

... in Österreich
1015 Wien, Opernring 8,
✆ 02 22/5 12 53 17

... in der Schweiz
8001 Zürich, Löwenstraße 25,
✆ 01/2 21 01 05

Botschaften der Republik Griechenland

... in Deutschland
53177 Bonn-Bad Godesberg
Koblenzer Straße 103,
✆ 02 28/35 50 36

... in Österreich
1040 Wien, Argentinier Straße 14,
✆ 02 22/50 55 79 10

... in der Schweiz
3005 Bern, Jungfraustraße 3,
✆ 0 31/44 16 37

Einreisebestimmungen

Zur Einreise nach Griechenland genügt für Deutsche, Österreicher und
Schweizer ein gültiger **Personalausweis.** Kinder unter 16 Jahren müssen im Paß der mitreisenden Eltern
eingetragen sein oder benötigen einen Kinderausweis (ab 10 Jahren
mit Lichtbild). Bei Anreise durch
die Nachfolgestaaten des ehemaligen Jugoslawien, Ungarn und Bul-
garien wird ein gültiger **Reisepaß**
benötigt!

Bei Einreise mit dem eigenen
Fahrzeug nach Griechenland sind
der nationale Führerschein und
der Kraftfahrzeugschein mitzufüh-
ren. Die **Internationale Grüne
Versicherungskarte** mitzunehmen
ist empfehlenswert, aber nicht
zwingend vorgeschrieben. Da die
Deckungssummen der griechischen Haftpflichtversicherungen
äußerst niedrig sind, sollte man
bei wertvolleren Autos auf jeden
Fall den Abschluß einer Voll-
kaskoversicherung im Heimatland
erwägen.

Für Hunde müssen mitgeführt
werden: Ein internationaler **Impf-
paß** mit amtstierärztlichem Ge-
sundheitszeugnis (max. 14 Tage
alt) und eine Bescheinigung über
erfolgte Tollwutimpfung (max. 12
Monate alt) in englischer oder französischer Sprache.

Devisen und Zoll

In griechischer Landeswährung dürfen pro Person höchstens 100 000 Drachmen eingeführt werden. Für Deutsche bestehen seit 1993 keine Einfuhrgrenzen mehr. Da der Wechselkurs in Griechenland günstiger ist als bei uns, empfiehlt es sich, nur so viel Landeswährung mitzunehmen, daß ggfs. ein zweitägiger Bankenstreik überstanden werden kann. **Devisen** dürfen in unbeschränkter Höhe eingeführt werden. Nicht-EG-Bürger, die pro Person mehr als den Gegenwert von 1500 US-$ auch wieder ausführen gedenken, sollten die Devisen bei der Einreise deklarieren.

Zollgrenzen für die Einfuhr von Waren bestehen seit 1993 für EG-Bürger nicht mehr.

Schweizer dürfen alle Gegenstände des persönlichen Bedarfs sowie Geschenke im Gegenwert bis zu ca. 1200 DM (Jugendliche unter 15 Jahren nur bis zu ca. 300 DM) zollfrei einführen. Der Wert des einzelnen Geschenks darf den Betrag von ca. 780 DM nicht übersteigen. Wertvolle Artikel, insbesondere Videogeräte und tragbare Fernsehapparate, werden bei der Einreise meist im Paß eingetragen, um ihre Wiederausfuhr sicherzustellen.

Gesundheitsvorsorge

Besondere Schutzimpfungen sind für die Einreise nach Griechenland nicht erforderlich. Griechische Apotheken sind in der Regel gut bestückt, führen jedoch nur zum Teil die bei uns bekannten Medikamente. Wer also auf ein bestimmtes Mittel angewiesen ist, nimmt es besser mit. Auf den kleineren Inseln Inoússes, Psará und Foúrni sind Medikamente nur beim Inselarzt erhältlich.

Ärzte gibt es auf allen Inseln. Ihre technischen und medikamentösen Möglichkeiten sind jedoch oft begrenzt. Nicht zuletzt deshalb verschreiben griechische Ärzte schon bei leichten Infektionen gern harte Antibiotika. Auch Kinder werden damit unnötig traktiert. Homöopathische Medikamente sind in Griechenland kaum erhältlich. Wer also lieber seinen Hausmitteln vertraut, muß sie mitnehmen.

Krankenschein: Zwischen Griechenland und Deutschland besteht ein reguläres Sozialversicherungsabkommen. Theoretisch können sich deutsche Urlauber also auch in Griechenland auf Krankenschein behandeln lassen. In der Praxis ist das jedoch kaum üblich: Vor Aufsuchen des Arztes müssen Deutsche ihren Auslandskrankenschein E 111 von der griechischen Krankenkasse IKA umschreiben lassen, und so geht ein Urlaubstag schnell verloren. Darum sollte man für die Urlaubsdauer besser eine **Auslandskrankenversicherung** abschließen, Arzt- und Arzneikosten selbst zahlen und sie sich von der Auslandskrankenversicherung später zurückerstatten lassen.

Klimatabelle

Durchschnittliche Temperaturen auf den ostägäischen Inseln in Celsius
(Richtwert: Mittagszeit in Mytilíni, Lésbos)

Luft		**Meer**	
Januar–März:	10°–12° C	Januar–April:	14°–17° C
April–Mai:	16°–20° C	Mai–Aug.:	21°–26° C
Juni–Aug.:	25°–27° C	Sept.–Okt.:	19°–24° C
Sept.–Okt.:	19°–23° C	Nov.–Dez.:	15°–17° C
Nov.–Dez.:	11°–15° C		

Wer auch in Deutschland privat krankenversichert ist, braucht diese Zusatzversicherung nicht, da private Krankenversicherungen europaweit gültig sind.

Kleidung und Reisezeit

So sonnensicher, wie es die Reiseprospekte versprechen, sind die griechischen Inseln nur zwischen Mai und September. Im März, Anfang April und Ende Oktober muß man mit vielen Wolken, etwas Regen und stark abkühlenden Temperaturen rechnen.

Zwischen November und Februar waren die Inseln bisher ungemütlich kühl und feucht. Die Klimaveränderungen der letzten Jahre haben von 1988–93 zwar für extrem trockene Winter gesorgt; doch wer wollte auf deren Fortsetzung hoffen? Die Einheimischen jedenfalls tun es nicht.

Neben Sommerkleidung – am besten aus leichten Baumwollstoffen – sollte man ganzjährig auch an kühlere Abende und eventuelle Regenschauer denken. Wer öfters spazierengehen oder wandern will, braucht mindestens Turnschuhe und im Sommer auf jeden Fall eine Kopfbedeckung. Wer eine Wasserflasche dabei hat, kann Leitungswasser abfüllen, spart so Geld und verschont die Umwelt vor noch mehr Plastikabfällen.

Da die Strände häufig steinig oder kieselig sind, gehören Badeschuhe ins Gepäck. Wer trotzdem einmal in einen Seeigel tritt, kann die Haut mit Zahnpasta oder Olivenöl behandeln und anschließend die Nadeln vorsichtig ziehen.

Anreise nach Griechenland

Mit dem Flugzeug

Direkte **Linienflüge** aus dem Ausland nach Sámos, Chíos oder Lésbos gibt es nicht. **Charterflüge** verbinden aber im Sommerhalbjahr die Inseln Sámos, Chíos und Lésbos direkt mit Flughäfen in Deutschland, Österreich und der Schweiz.

Ein neuer Flughafen ist auf Ikaría in Bau; er soll 1995/6 betriebsbereit sein.

Mit dem Schiff

Zwischen Ende April und Ende Oktober verbindet ein modernes Fährschiff der *Minoan Lines* Sámos 1 × wöchentlich mit Ancona (Italien), Korfu, Kefalliniá, Piräus, Páros und Kuşadası (Türkei). Die Fahrt von Ancona nach Sámos dauert ca. 57 Std.

Mit dem Auto

Das eigene Auto mitzunehmen, lohnt sich nur, wenn man auf den Inseln mindestens drei Wochen Zeit hat und dort viel unternehmen will. Die preiswerteste Anreise ist die Überlandfahrt bis Thessaloníki oder Athen und von dort die Weiterreise mit einem innergriechischen Fährschiff. Allerdings muß

das kroatisch-bosnisch-serbische Kriegsgebiet auf der Strecke: Salzburg bzw. Wien über Nickelsdorf, Györ, Budapest, Szeged, Novi Sad, Belgrad und Nis umgangen werden. Auf dieser Route sind es von München bis Thessaloníki 1710 km, bis Athen 2190 km. Aktuelle Empfehlungen angesichts der Lage im ehemaligen Jugoslawien und in den Durchreiseländern geben die Automobilclubs.

Informationen über die Durchreiseländer sind erhältlich bei:

Fremdenverkehrsamt Italien, Kaiserstraße 65, 60329 Frankfurt/Main, ✆ 0 69/23 74 30

Österreich-Information, Postfach 1231, 82024 Taufkirchen, ✆ 0 89/66 67 01 00

Fremdenverkehrsamt Schweiz, Kaiserstr. 23, 60311 Frankfurt/Main, ✆ 0 69/25 60 01 35

Fremdenverkehrsamt Ungarn, Berliner Str. 72, 60311 Frankfurt/Main, ✆ 0 69/2 09 29

Sicherer und bequemer ist es auf jeden Fall, von Italien aus mit der Fähre entweder gleich nach Sámos oder zumindest nach Pátras überzusetzen. Von Frankfurt nach Ancona in Italien fährt man ›nur‹ 1210 km, bis Brindisi 1775 km über gut ausgebaute Autobahnen. Genaue Angaben über Autobahngebühren, Benzinpreise in den Durchreiseländern und Fährkosten können bei den Automobilclubs eingeholt werden.

Buchungsstellen für Fährverbindungen zwischen Italien und Griechenland sind: IKON München , ✆ 0 89/59 59 85; *Seetours*, Frankfurt, ✆ 0 69/1 33 32 62; *Viamare*, Köln, ✆ 02 21/2 57 37 81.

Mit der Bahn

Eine Bahnfahrt nach Griechenland ist strapaziös und daher kaum empfehlenswert. Von München nach Athen ist man mindestens 48 Std. unterwegs. Mit der Bahn sind auch die Fährhäfen Ancona und Brindisi zu erreichen.

Mit dem Bus

Europabusse verbinden viele Städte in den deutschsprachigen Ländern ganzjährig mit Thessaloníki und Athen sowie mit Bari und Brindisi in Italien. Preis- und Fahrplanauskünfte gibt die *Deutsche Touring GmbH*, Am Römerhof 17, 60486 Frankfurt/Main, ✆ 0 69/7 90 30.

Reisen in Griechenland

Mit dem Flugzeug

Die interinsularen Verbindungen sind von Jahr zu Jahr starken Schwankungen unterworfen. 1995 wird nur die Strecke zwischen Chíos und Lésbos 2 × wöchentlich von *Olympic Airways* beflogen.

Auskunft erhält man bei *Olympic Airways* in: Frankfurt/Main, ✆ 0 69/7 95 09 44; Wien, ✆ 02 22/5 04 41 65; Zürich, ✆ 01/2 11 37 37.

Mit dem Schiff

Genaue Auskünfte über die Verbindungen zu und zwischen den einzelnen Inseln finden Sie in den jeweiligen Inselkapiteln. Für die vorbereitende Planung können folgende Anhaltspunkte gelten:

Ikaría, Pátmos, Sámos, Chíos und Lésbos sind das ganze Jahr über täglich per Autofähre mit Piräus verbunden. 1 × wöchentlich verkehrt außerdem eine Autofähre zwischen Chíos, Lésbos und Thessaloníki.

Zwischen Chíos und Lésbos sowie zwischen Ikaría und Sámos bestehen tägliche Fährverbindungen. Zwischen Ikaría und Foúrni gibt es fast täglich Verbindungen, ebenso zwischen Sámos und Pátmos, allerdings nur im Sommer, ansonsten

1–2 × wöchentlich. Zwischen Sámos und Chíos verkehren 2–4 × wöchentlich Autofähren.

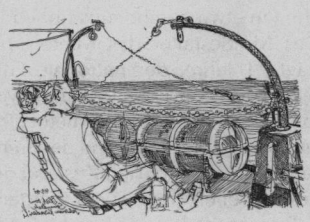

Fahrplanauskünfte und Schiffstickets: Entsprechend der Vielzahl der Abfahrtshäfen, der beteiligten Fährgesellschaften und der Bootseigner ist es äußerst kompliziert, zuverlässige Fahrplanauskünfte für alle Schiffsverbindungen zu erhalten. Man muß ganz einfach so viele Reisebüros wie möglich aufsuchen, zusätzlich bei der örtlichen Touristeninformation nachfragen und vielleicht auch noch bei der Hafenpolizei, deren Mitarbeiter aber in der Regel nur griechisch sprechen.

Ist die ideale Schiffsverbindung gefunden, muß man das Reisebüro wiederfinden, das dafür auch die Tickets verkauft. Hin- und Rückfahrtickets sind unbekannt, kostenlose Reiseunterbrechungen auf Linien, die mehrere Häfen anlaufen, ebenso. Für jede Teilstrecke ist ein neues Ticket erforderlich.

Will man ein Ausflugsboot als Transportmittel für eine einfache Fahrt benutzen, spricht man am besten mit dem Kapitän, der in der Regel nichts gegen einen Zusatzverdienst hat.

Für Autourlauber sind **Vorausreservierungen** zumindest einen Tag vor dem Reisetermin dringend zu empfehlen, denn viele der interinsularen Autofähren sind recht klein. Fahrräder werden auf allen Fähren kostenlos transportiert.

Mit dem Bus

Linienbusse sind das wichtigste öffentliche Verkehrsmittel in Griechenland. Mit Ausnahme von Ikaría verbinden sie auf allen Inseln die Inselhauptorte mit sämtlichen Inseldörfern. Die **Fahrpreise** sind so niedrig wie der Komfort, dafür bieten Busfahrten aber auch eine gute Gelegenheit, einheimisches Leben hautnah zu erleben.

Fahrpläne hängen an den Busbahnhöfen aus, nicht jedoch an den Haltestellen entlang der Strecke. Unterwegs erkundigt man sich am besten in einem *Kafeníon* nach den Abfahrtszeiten. In den großen Touristenzentren hängen auch viele Hotels die Busfahrpläne für ihre Gäste aus.

Mit Auto oder Motorrad

Die griechischen Verkehrsvorschriften sind im Grunde dieselben wie bei uns, doch unterscheidet sich das **Verkehrsverhalten** der Griechen grundsätzlich von dem

unsrigen. Da die Griechen Welt-
meister im ›Kurvenschneiden‹ sind,
sollte man auf den gebirgigen Straßen der Inseln immer langsam und
äußerst rechts fahren und vor völlig
unübersichtlichen Kurven kräftig
hupen. Auf sehr gut ausgebauten
Straßen ist es üblich, auch den
durch eine durchgehende weiße
Linie markierten Seitenstreifen, der
eigentlich als Stand- und Kriech-
spur gedacht ist, mitzubenutzen.
Man weicht immer dann auf ihn
aus, wenn im Rückspiegel ein
schnelleres Fahrzeug entdeckt wird
und voraus kein Fußgänger oder
Esel zu sehen ist.

Die zulässige **Höchstgeschwin-
digkeit** beträgt innerorts 50 km/h,
auf Landstraßen 80 km/h und auf
den festländischen Autobahnen 120
km/h (Motorräder grundsätzlich nur
70 km/h). Die Promillegrenze liegt
bei 0,5; in Griechenland herrscht
Gurtpflicht.

Mit dem Leihfahrzeug

Pkw, Jeeps, Mopeds und Motorräder werden auf allen größeren Inseln vermietet. Die Preise entsprechen in etwa den bei uns üblichen.
Das Mindestalter des Mieters beträgt 21 Jahre, der nationale Führerschein genügt. Mopeds und Motorräder sollten vor Mietbeginn
gründlich auf den Zustand der Brem-
sen und Autos auf den Zustand des
Reservereifens untersucht werden.

Reifenschäden und Beschädigun-
gen an der Unterseite des gemiete-
ten Wagens müssen immer vom
Mieter getragen werden, auch wenn
eine CDW-Versicherung *(Collision
Damage Waver)* abgeschlossen wurde – also Vorsicht auf Pisten und
Schotterstraßen!

Fahrräder und Mountain-Bikes
werden auf Sámos sowie in Mólyvos und Pétra auf Lésbos vermietet.

Unterkunft

Hotels

Mit Ausnahme von Foúrni gibt es
auf allen Inseln Hotels. Außerhalb
der Inselhauptstädte sind sie meist
nur von Ostern bis Ende Oktober
geöffnet. Reservierungen sind insbesondere für den Hochsommer zu
empfehlen.

Alle griechischen Hotels werden
staatlicherseits klassifiziert: von der
Luxus- über die A- bis zur E-Kate-
gorie. Für Hotels der Kategorien A
bis C werden Mindestpreise festgesetzt. Die vom Hotelier nach dieser
Richtlinie individuell gestalteten
Preise müssen einmal jährlich vom
Staat genehmigt und dann die gan-

Durchschnittliche Übernachtungspreise für Hotels in der Hauptsaison:		
Kategorie	Einzelzimmer	Doppelzimmer
A	100 DM	120 DM
B	75 DM	90 DM
C	50 DM	70 DM

ze Saison über eingehalten werden.

Das tatsächliche Preisniveau kann vor Ort jedoch bis zu 25 % höher liegen. Auf Nachfrage werden in der Vor- und Nachsaison auf die ohnehin (offiziell um ca. 40 %) reduzierten Zimmerpreise häufig weitere, eigentlich unzulässige Preisnachlässe gewährt.

Hotels der Kategorie D und E sind meist nur geringfügig preiswerter als einfache Häuser der C-Kategorie. Die in die Kategorie ›Luxus‹ eingeordneten Hotels sind oft doppelt so teuer wie Hotels der A-Kategorie, entsprechen im internationalen Vergleich aber nur First Class-Häusern.

Für ein Zusatzbett im Zimmer können 20 % Aufschlag verlangt werden; bei einem Aufenthalt von weniger als drei Nächten darf der Zimmerpreis um 10 % erhöht werden.

Pensionen und Privatzimmer

Pensionen sind auf allen größeren Inseln in großer Zahl zu finden. Selten sind sie offiziell als Pensio-

nen klassifiziert; in solchen Fällen entspricht ihre Kategorie der der nächsttieferen Hotelkategorie: Eine Pension der B-Kategorie z. B. entspricht in Standard und Preis einem Hotel der C-Kategorie.

Meistens bezeichnen Privatzimmervermieter, die mehrere Zimmer zu vermieten haben, ihr Haus als Pension. Bei den Privatzimmern gibt es ebenfalls staatlich festgesetzte Kategorien: A, B und C. Hier kostet die Übernachtung in der Hauptsaison zwischen 15 und 25 DM pro Person.

Außerhalb der Hauptsaison stehen häufig Privatzimmervermieter am Hafen oder Flughafen, um Gäste zu finden. Außerdem machen sie durch Aushänge an ihren Häusern »Rent rooms – Zimmer zu vermieten« auf ihr Angebot aufmerksam. Hier kann der Zimmerpreis auf jeden Fall frei ausgehandelt werden.

Ferienhäuser und Appartements

Auf den Inseln sind die meisten Ferienhäuser und Appartements fest in den Händen britischer Reiseveranstalter. Es gibt jedoch auch einige kleinere deutsche Unternehmen, die solche Unterkünfte vermitteln. Ihre Inserate findet man vor allem in den deutschen überregionalen Tages- und Wochenzeitungen.

Wer auf eigene Faust reist und erst an Ort und Stelle nach einem Ferienhaus oder Appartement sucht, kann sich an die örtlichen Reisebüros wenden oder auf die Werbetafeln am Straßenrand achten.

Jugendherbergen und Camping

Jugendherbergen gibt es auf den nordostägäischen Inseln nicht.

Das freie Zelten ist in Griechenland offiziell verboten, wird an entlegenen Stränden aber dennoch praktiziert. Reguläre Campingplätze gibt es auf den nordostägäischen Inseln bisher nur auf Chíos, Lésbos und Pátmos. Man zahlt im Durchschnitt ca. 5 DM pro Person und noch einmal den gleichen Betrag für Zelt und Auto.

Essen und Trinken

Die griechische Küche

Geht der Grieche essen, legt er auf dreierlei Wert: eine gute Tischgemeinschaft, frische Ware und niedrige Preise. Neues probiert er nur ungern aus; deswegen haben ausländische Spezialitätenrestaurants außerhalb Athens auch keine Überlebenschance. Raffinesse und Modeströmungen der Kochkunst sind nicht gefragt.

Die griechische Küche ist rustikal und einfach. Vergleiche mit dem, was griechische Köche im Ausland zaubern, unterläßt man besser. Olivenöl wird reichlich verwendet, mit Kräutern und Gewürzen hingegen gehen die Köche sparsam um. Zwei Standardsoßen begleiten fast alle Gerichte: meist eine Tomaten-, selten eine Ei-Zitronensoße. Grillgerichte kommen à la nature auf den Tisch, wobei die einfachste Sardine ebenso simpel auf Holzkohle gegrillt wird wie eine Languste oder der teuerste Fisch. Und Fisch ist teuer in Griechenland: Wer sich nicht mit Tiefkühlware zufrieden geben will, muß im Lokal für guten Fisch mehr als 50 DM pro Kilo zahlen.

Die ›neugriechische Beilage‹ zu allen Gerichten sind Pommes frites. Gemüse muß wie Salat fast immer gesondert geordert werden. Auf heiß serviertes Essen legt der Grieche keinen Wert: Früher wurde das Essen von allen Frauen gemeinsam im Dorfbackofen gegart, da kam es ohnehin abgekühlt nach Hause.

Ein Vergnügen kann das griechische Essen trotz all dieser Kritik immer wieder sein – vor allem dann, wenn man es wie ein Grieche genießt. Man bestellt zunächst gemeinsam mehrere Teller mit Vorspeisen, zu denen durchaus auch schon Gerichte wie Fleischbällchen oder *Kalamáres* gehören können. Jeder nimmt direkt von diesen Tellern, was er mag – ohne Umweg über den eigenen Teller. Diese Vorspeisen bleiben bis zum Ende der Mahlzeit auf dem Tisch. Auch die Hauptgerichte können geteilt werden; so lernt man schnell die griechische Küche kennen. Etliche Spezialitäten sind da zu entdecken:

Vorspeisen
Eljés – Oliven
Dolmadákja – Kalt servierte gefüllte Weinblätter
Féta – Schafskäse
Gígantes – Pferdebohnen
Melindsána Saláta – Auberginenpüree
Tsatzíki – Joghurt mit Gurken und Knoblauch
Sanganáki – Gebackener Schafskäse
Táramo Saláta – Püree aus Fischrogen und Kartoffeln

Suppen
Domátosoúpa – Tomatensuppe
Fasoláda – Bohnensuppe
Kakavjá – Eine Art Bouillabaisse mit Fisch nach Wahl
Patsá – Deftige Suppe mit Innereien
Psarósoupa – Einfache Fischsuppe

Salate
Angoúri Saláta – Gurkensalat
Domáto Saláta – Tomatensalat
Koriátiki Saláta – Gemischter Salat mit Schafskäse
Láchano Saláta – Krautsalat
Maroúli Saláta – Endiviensalat

Hauptgerichte
Astakós – Languste
Barboúnja – Rotbarbe, ein kleiner und grätenreicher, aber feiner und bei Griechen sehr beliebter Seefisch
Biftéki – Frikadelle
Briám – Eine Art Ratatouille
Brisóla – Kotelett (Rind oder Schwein)
Dolmádes – Warm in einer Ei-Zitronensoße servierte, gefüllte Weinblätter
Garídes – Scampi
Gourounópoulo – Spanferkel
Jemistés – Gefüllte Tomaten und Paprikaschoten
Kalamarákja – Tintenfisch
Keftédes – Hackfleischbällchen
Kokorétsi – Innereien vom Spieß
Kounélli – Kaninchen
Ksifías – Schwertfisch
Láchano Dolmádes – *Dolmádes*, für die Kohl- statt Weinblätter benutzt werden

Makarónja me kimá – Spaghetti Bolognese
Moussaká – Auberginenauflauf
Oktapódi – Krake
Paidákja – Lammkoteletts
Papoútsi – Gefüllte Aubergine
Pastítsjo – Makkaroni-Auflauf mit Hackfleisch
Sikóti – Gebratene Leber
Sofríto – Rinderbraten in einer Knoblauchmarinade
Souvláki – Fleischspieß (Rind oder Schwein)
Stifádo – Rindfleisch mit Zwiebelgemüse

Vegetarische Gerichte
Bamjés – Okraschoten
Fassólja – Grüne Bohnen
Kolokithákja – Zucchini

Obst
Achládi – Birne
Fráules – Erdbeeren
Karpoúsi – Wassermelone
Mílo – Apfel
Peppóni – Honigmelone
Portokáli – Orange
Síka – Feigen
Staffílja – Weintrauben

Getränke

Wasser *(Neró)* ist für Griechen das wichtigste Getränk. Man trinkt es zum Essen, zu Kuchen und Süßspeisen ebenso wie zu Kaffee und *Oúzo* und manchmal sogar zu Bier oder Wein. Noch bis vor kurzem trank man überall bedenkenlos eisgekühltes Leitungs- oder Zisternen-

wasser; heute setzt sich zunehmend in Plastikflaschen abgefülltes Tafelwasser durch.

Eine Spezialität ist der **griechische Kaffee** *(Kafés ellinikós)*, der in kleinen Mokkatassen serviert und zu jeder Tageszeit bei vielerlei Gelegenheiten getrunken wird. Da Kaffee, Zucker und Wasser gemeinsam aufgekocht werden, muß schon bei der Bestellung angegeben werden, wie man ihn wünscht:
Kafé skétto – ohne Zucker
Kafé métrio – mit etwas Zucker
Kafé glikó – mit viel Zucker

Auch **Instant-Kaffee** ist inzwischen in fast jedem griechischen Kaffeehaus und Privathaushalt zu finden. Bei der Bestellung muß man auf jeden Fall sagen, ob er heiß oder kalt gewünscht wird:
Neskafé sestó – heißer Instant-Kaffee, *Frappé* – kalter Instant-Kaffee

Beim *Frappé* muß genauso wie beim griechischen Kaffee der gewünschte Süßegrad angegeben werden; beide Arten von Instant-Kaffee gibt es mit oder ohne Milch: *me Gála* – mit Milch, *chorís Gala* – ohne Milch

Tee *(Tsai)* wird immer mit Teebeuteln aufgebrüht. Heiße Schokolade *(Gála sokoláta)* ist nur selten erhältlich. **Säfte** *(Chími)* werden weitaus seltener angeboten, als es vor allem der Zitrusreichtum Griechenlands erwarten läßt; bei den sonstigen Erfrischungsgetränken sind vor allem die internationalen Marken präsent. Hier muß man sich nur vier Bezeichnungen merken:
Lemonáda – Limonade

Portokaláda – Orangeade
Sóda – Mineralwasser mit Kohlensäure
Gasósa – Eine nur wenig gesüßte, von örtlichen Firmen hergestellte Limonade

Mehrere **Biersorten** werden in ausländischer Lizenz in Griechenland selbst gebraut: *Amstel, Henninger* und *Löwenbräu*. Bier *(Bíra)* vom Faß wird nur selten ausgeschenkt.

Wein *(Krassí)* wächst auf allen Inseln, wird aber nur auf Sámos, Chíos und Lésbos auch in Flaschen abgefüllt. Neben diesen Flaschenweinen werden auch viele Weine vom Festland sowie von den Inseln Santorin und Kreta angeboten; in einfachen Tavernen auf den Dörfern und auf den kleineren Inseln erhält man gelegentlich auch lokalen Wein vom Faß. Die meisten griechischen Weine sind entweder trocken *(ksirá, ksirí)* oder halbtrokken *(imígliki)*.

Unter den **Spirituosen** gilt der Anißschnaps *Oúzo* als Nationalgetränk. Die Oúzo-Destillen von Lésbos sind landesweit berühmt. Man trinkt ihn pur oder mit Wasser vermischt. In wenigen einfachen Lokalen erhält man auch den losen Tresterschnaps *Tsípouro*, auf Sámos *Soumá* genannt, der einem einfachen italienischen Grappa gleicht. Auf Chíos wird außerdem ein mit Mastix versetzter Schnaps, der *Mastícha*, angeboten. Liköre werden auf den Inseln Chíos und Lésbos hergestellt, sind aber ausgesprochen süß.

Frühstück

Die Griechen selbst frühstücken kaum oder gar nicht; die Zubereitung eines *Continental breakfast* stellt für sie noch immer ein Problem dar. In den besseren Urlauberhotels haben sich inzwischen Frühstücksbuffets durchgesetzt; in den einfacheren Hotels muß man noch immer damit rechnen, zum Frühstück nur drei Zwiebäcke, ein Mini-Päckchen Butter und Marmelade sowie heißes Wasser und einen Portionsbeutel Nescafé vorgesetzt zu bekommen. In den Ferienorten, in denen britische Gäste überwiegen, bieten viele Restaurants schon morgens ein englisches Frühstück an; in den Städten kann man in Konditoreien oder Milchhandlungen zum Frühstück einen Joghurt oder Spiegeleier bestellen.

Restaurants

Die meisten griechischen Restaurants sind schlicht eingerichtet, aber sauber. Im Sommerhalbjahr sitzt man ohnehin im Freien, da ist es überflüssig, viel in die Inneneinrichtung zu investieren. Auf den Tischen liegt normalerweise eine Stofftischdecke mit durchsichtigem Plastiküberzug. Kommt ein Gast, wird noch zusätzlich eine Tischdecke aus Papier darübergelegt.

Die **Speisekarten** sind überwiegend auf griechisch und englisch abgefaßt, manchmal auch auf deutsch. Zusätzliche Saisonangebote werden aber meist nur auf griechisch genannt. Hinter den Gerichten sind häufig zwei Preise aufgeführt: zuerst der Netto- und dahinter der zu zahlende Bruttopreis. Man kann nach der Karte auswählen, kann sich aber auch wie ein Grieche vom Kellner beraten lassen oder in der Küche bzw. im Warmhaltetresen schauen, was es gibt.

Wer verschiedene Gerichte nacheinander, in einer bestimmten Reihenfolge serviert, erhalten möchte, muß das dem Kellner deutlich machen. Normalerweise bringt er sonst alles gleichzeitig. Als erstes kommt ohnehin ein Korb mit Brot, Besteck und Papierservietten auf den Tisch, die die Gäste selbst untereinander verteilen.

Ein **Nachtisch** wird von griechischen Restaurants nur selten angeboten, Ausnahme: frisches Obst; ein Kaffee nach dem Essen ist nur in den Lokalen erhältlich, die sich schon touristischen Wünschen angepaßt haben.

Die **Rechnung** bringt der Kellner pro Tisch. Getrennt zu zahlen nennt man in Griechenland »die deutsche Art«; bei den Einheimischen streitet man eher um die Ehre, die Rechnung für alle übernehmen zu dürfen. In den Urlaubszentren macht der Wunsch nach getrennter Bezahlung den Kellnern inzwischen keine Schwierigkeiten mehr; anderswo kann man die Rechnung ja anschließend untereinander aufteilen.

Griechische Restaurants sind in der Regel von ca. 9 Uhr morgens bis Mitternacht geöffnet. Nur die ›westeuropäischen‹ Restaurants in den Städten und Urlaubszentren kennen engere Tischzeiten, die etwa zwischen 12 und 15 sowie 19 und 24 Uhr liegen. Die Griechen selbst essen abends erst sehr spät: am liebsten erst gegen 22 Uhr.

Kleiner Sprachführer

In Griechenland kommt man auch ohne griechische Sprachkenntnisse gut zurecht. In der Schule und durch die vielen angloamerikanischen Filme im Fernsehen sowie durch die mancherorts zahlreichen britischen Touristen ist Englisch die Fremdsprache Nummer Eins. Man spricht aber auch deutsch. Viele ältere Insulaner haben einmal in Deutschland gearbeitet, manche waren dort auch in Kriegsgefangenschaft, die jüngeren lernen es auf einer Abendschule, in Hotels, Restaurants und Diskotheken.

Fast alle **Hinweisschilder** sind in griechischer und in lateinischer Schrift abgefaßt, so daß auch die Orientierung keinerlei Schwierigkeiten bereitet. Vor Abzweigungen und Kreuzungen folgt die lateinische Umschrift allerdings oft erst dann auf die griechischen Hinweise, wenn es schon fast zu spät ist. Daher lohnt es sich, das griechische Alphabet ein wenig zu üben. Man fühlt sich dann auch nicht mehr als völliger Analphabet. Außerdem macht es Spaß, ein paar griechische Wörter und Sätze zu sprechen, denn gerade die Landbevölkerung freut sich über Besucher, die auf diese Weise Interesse für ihre Gastgeber bekunden.

Doch bietet gerade die **Umschrift** der griechischen Buchstaben einige Schwierigkeiten. Für die internationalen Organisationen der Vereinten Nationen und der Europäischen Gemeinschaft existiert zwar ein verbindliches Umschriftsystem, doch in Griechenland selbst scheint diese Regelung unbekannt zu sein. Sie hat außerdem den Nachteil, im deutschen Sprachraum zu einer falschen Aussprache griechischer Wörter zu animieren.

Diesem Buch liegt eine Umschrift zugrunde, die sowohl der Aussprache wie der Orientierung vor Ort Rechnung tragen soll. Um das Entziffern griechischer Ortsschilder und Karten zu erleichtern, werden im Routenteil Ortsangaben möglichst nah an der griechischen Schreibweise umschrieben (Πιτνονς wird z. B. als *Pityoús* transkribiert und *Pitiús* ausgesprochen); die im praktischen Teil gegebenen Sprachhilfen orientieren sich hingegen an der möglichst korrekten Aussprache, Akzente markieren die betonte Silbe. Die richtige Betonung ist sehr wichtig, um verstanden zu werden.

Eine Übersicht über gebräuchliche und mögliche Umschriften gibt die folgende Tabelle.

Das griechische Alphabet

Großbuch- stabe	Kleinbuch- stabe	Ausspracheregeln	häufige Umschrift
A	α	kurzes a	a
B	β	zwischen v und w	v, w
Γ	γ	-g vor a, o, u, -j vor e und i	g, j, y
Δ	δ	stimmhaftes englisches th wi in ›the‹	d, dh

E	ε	kurzes e	e
Z	ζ	stimmhaftes s, wie in ›Sahne‹	z, s
H	η	i	i, e
Θ	ϑ	hartes englisches th, wie in ›thief‹	th
I	ι	i, wie j vor Vokal	i
K	κ	k	k
Λ	λ	l	l
M	μ	m	m
N	ν	n	n
Ξ	ξ	ks wie in ›Axt‹, nach m oder n weicher: gs	x, ks
O	o	kurzes, offenes o wie in ›Gott‹	o
Π	π	p	p
P	ρ	gerolltes r	r
Σ	σ, ς	scharfes s wie in ›Tasse‹	ss, s
T	τ	t	t
Y	υ	i, kein Anklang von ü	i, y
Φ	φ	f wie in ›falsch‹	f, ph
X	χ	ch wie in ›Bach‹ (vor a, o, u) ch wie in ›Milch‹ (vor e, i)	ch
Ψ	ψ	ps wie in ›Gips‹	ps
Ω	ω	offenes o wie in ›Gott‹	o

Buchstabenkombinationen

AI	αι	e wie in ›Brett‹	e, ä
ΓΓ	γγ	ng wie in ›lang‹	ng, gg
EI	ει	i wie in ›lieb‹	i
EY	ευ	ef wie in ›heftig‹	ef, ev, ew
ΜΠ	μπ	am Wortanfang: weiches b wie in ›Baum‹	B
		in der Wortmitte: mb wie in ›Amboß‹	mp, mb
NT	ντ	am Wortanfang: die wie in ›Dach‹	D
		in der Wortmitte: nd wie in ›Länder‹	nd, nt
OI	οι	i wie in ›Liebe‹	i

Die wichtigsten Redewendungen

Begrüßungsformen
káli méra
  Guten Tag (bis etwa 17 Uhr)
káli spéra
  Guten Abend (ab etwa 17 Uhr)
káli níchta
  Gute Nacht (ab 22 Uhr, nur beim Abschied zu verwenden)
jássu
  Hallo, Tschüß, Prost (einem einzelnen gegenüber, Du-Form)
jássas
  Hallo, Tschüß, Prost (mehreren gegenüber, zugleich Sie-Form)
jámmas
  Prost (wörtlich: auf unsere Gesundheit)
chérete
  Seien Sie gegrüßt (nur auf dem Lande üblich)
ti kánis/ti kánete?
  Wie geht es Dir/Ihnen?
adío/adíosas
  Auf Wiedersehen (gegenüber einem/mehreren)

Höflichkeitsformeln
parakaló/efcharistó
  Bitte/Danke
nä/óchi
  Ja/Nein
típota
  Nichts
singnómi
  Entschuldigung
den pirási
  Macht nichts
endáxi
  In Ordnung, okay

kaló/kalí
  Gut (männlich/weiblich)
kakó/kakí
  Schlecht (männlich/weiblich)
den katálawa
  Ich habe nicht verstanden

Nationalitäten
jermanós, jermanída, jermanía
  Deutscher, Deutsch, Deutschland
anatolikí, ditikí
  Ost-, West-
afstriakós, afstriakí (afstriakiá), afstría
  Österreicher, Österreicherin, Österreich
elwetós, elwetída, elwetía
  Schweizer, Schweizerin, Schweiz
ápo pu ísse
  Woher kommst Du?

Reisen
limáni/karáfi
  Hafen/Schiff
stathmós/leoforío
  Station/Bus
aerodrómio/aeropláno
  Flughafen/Flugzeug
Isitírio/ispráktoros
  Fahrkarte/Fahrkartenverkäufer
motosikléta/podílato
  Motorrad/Fahrrad
póte thá féwji?
  Wann fährt er/es ab?
póte thá táni?
  Wann kommt er/es an?

póssa chiliómetra sto …?
Wieviel Kilometer bis …?
pú févji tó leoforío já …?
Wo fährt der Bus nach …?
póte févji tó teleftéo leoforío já …?
Wann fährt der letzte Bus
nach …?
íne aftós ó drómos já …?
Ist das der Weg nach …?
kaló taxídi!
Gute Reise!

Bank, Post, Arzt
trápesa/sinállagma
Bank/Geldwechsel
tachidromío/grammatósima (Pl.)
Post/Briefmakren
thélo ná tilefonísso
Ich möchte telefonieren
jatrós/jatrío/nosokomío
Arzt/Praxis/Krankenhaus
thélo na vró éna farmakío
Ich suche eine Apotheke

Einkaufen/Essen
períptero/magasí
Kiosk/Laden
pandopolío/foúrnos
Gemischtwarenhandel/Bäckerei
estiatório/tawérna
Restaurant/Taverne
kafenío/sacharoplastío
Kaffeehaus/Konditorei
kréas/psári
Fleisch/Fisch
gála/tirí/awgá
Milch/Käse/Eier
psomí/froúta/lachaniká
Brot/Obst/Gemüse
tí thélete?
Was wünschen Sie?
parakaló thélo …

Bitte, ich möchte …!
pósso káni aftó?
Wieviel kostet das?
íne akriwós!
Es ist teuer!
to logarjasmó parakaló!
Die Rechnung, bitte!

Auskünfte, Adjektive
pú íne …?
Wo ist …?
tí óra íne?
Wie spät ist es?
thélo ná vró éna …
Ich suche eine … (wörtl. Ich
möchte eine … finden)
pú íne í tualéta parakaló?
Wo ist die Toilette, bitte?
kalós/kakós
gut/schlecht
megálos/mikrós
groß/klein
néos/paliós
neu/alt
mé/chorís
mit/ohne

Wochentage
deftéra/tríti/tetárti
Montag/Dienstag/Mittwoch
pémpti/paraskewí
Donnerstag/Freitag
sáwato/kiriakí
Samstag/Sonntag

Tageszeiten
to proí/to mísomeri
Der Vormittag/Der Mittag
to apógewma/to wrádi
Der Nachmittag/Der Abend
i níchta
Die Nacht

Zahlen

1	*éna, mía (w.)*	40	*saránda*
2	*dío*	50	*peнínda*
3	*tría, tris*	60	*exínda*
4	*téssera, tésseris*	70	*eftomínda*
5	*pénde*	80	*októnda*
6	*éxi*	90	*enenínda*
7	*eftá*	100	*ekató*
8	*októ*	200	*diakósja*
9	*enéa*	300	*triakósja*
10	*déka*	400	*tetrakósja*
11	*éndeka*	500	*pendakósja*
12	*dodéka*	600	*exakósja*
13	*dekatría*	700	*eptakósja*
14	*dekatéssera, usw.*	800	*oktakósja*
20	*íkossi*	900	*enjakósja*
21	*íkossi éna, usw.*	1000	*chílja*
30	*triánda*	2000	*dio chiljádes*
		3000	*trís chiljádes*
		1 Mio.	*ekatomírrio*

Informationen von A bis Z

Auskunftsbüros

Siehe die praktischen Hinweise in den einzelnen Inselabschnitten.

Diplomatische Vertretungen in Griechenland

Deutschland: Botschaft der Bundesrepublik Deutschland, Odós Karaóli-Dimitriu 3, Athen, ✆ 01/7 28 51 11; Konsulat der Bundesrepublik Deutschland, Odós Th. Sofoúli 73, Vathý, ✆ 02 73/2 72 60

Österreich: Österreichische Botschaft, Leofóros Alexándras 26, Athen, ✆ 01/8 21 10 36
Schweiz: Schweizer Botschaft, Odós Jassíou 2, Athen, ✆ 01/7 23 03 64

Eintrittsgelder

Eintrittsgelder werden auf den nordostägäischen Inseln nur von wenigen Museen und an wenigen archäologischen Stätten erhoben. Meist liegen sie bei 200–400 Drs.

Kinder bis zu 12 Jahren haben freien Eintritt; Schüler und Studenten mit Internationalem Schüler- oder Studentenausweis zahlen die Hälfte. Videoaufnahmen sind kostenpflichtig. Sonntags ist der Eintritt zu allen staatlichen Museen und allen Ausgrabungsstätten frei!

Elektrizität

Überall 220 Volt Wechselstrom. Meist passen deutsche Stecker.

Feste und Feiertage

An den nationalen Feiertagen sind Behörden und Geschäfte geschlossen, z. T. auch die Museen. Reisebüros, Autovermietungen und Souvenirgeschäfte sind geöffnet.

1. 1.   Neujahr
6. 1.   Epiphanias
25. 3.   Nationalfeiertag (Beginn des Befreiungskampfes gegen die Türken im Jahre 1821; gefeiert mit Paraden, an denen auch viele Schüler in Nationaltrachten teilnehmen)
Rosenmontag *(Kathará Deftéra):* Kinder tragen Kostüme, Picknicks im Freien, mancherorts Karnevalsumzüge (26. 2. 96, 10. 3. 97, 9. 3. 98, 1. 3. 99)
Karfreitag/Ostern *(Megáli Paraskewí/Páska):* Liegen oft anders als bei uns, da die orthodoxe Kirche den Termin nicht nach dem Gregorianischen, sondern nach dem Julianischen Kalender berechnet (Oster-

sonntag am 14. 4. 96,   27. 4. 97, 19. 4. 98, 11. 4. 99)
1. 5.   Tag der Arbeit *(Protomajá)*
Pfingstmontag *(Deftéra tis Pendikósti:* 3. 6. 96, 16. 6. 97, 8. 6. 98, 31. 5. 99)
15. 8.   Mariä Entschlafung *(Kímesis tou Theotókou)* – nicht Mariä Himmelfahrt genannt, da die leibliche Himmelfahrt Mariens in der orthodoxen Kirche kein Dogma ist.
28. 10.   Nationalfeiertag/ ›Óchi-Tag‹ *(I Méra tou óchi);* erinnert wird an das ›Historische Nein‹, das der griechische Diktator Metaxas gegenüber Mussolinis Ultimatum 1940 aussprach. Der Einmarsch italienischer Truppen zog Griechenland an der Seite der Alliierten in den Zweiten Weltkrieg hinein.
24. 12.   Heiligabend *(Paramoní Christoújennon);* halbtägiger Feiertag
25. 12.   Weihnachten *(Christoújenna):* Anders als bei uns gibt es Geschenke erst in der Sylvesternacht.
31. 12.   Silvester *(To Wrádi tis Protochronjás);* halbtägiger Feiertag

FKK

Unverhüllte Frauenbusen sind den Griechen inzwischen ein gewohnter Anblick. FKK wird hingegen nur an solchen Stränden geduldet, wo es weder Einheimische noch Tavernen gibt. Dort läßt sich dann auch nie die Polizei blicken, obwohl das Nacktbaden laut Gesetz

außerhalb von – auf den nordostägäischen Inseln nicht vorhande-
nen – offiziellen Nacktbadezonen
verboten ist.

Ohnehin gelten die Strände als
exterritoriales Gebiet, auf dem die
Fremden das Sagen haben. Viel be-
leidigender für die Griechen sind
jene Urlauber, die in Strandklei-
dung durch ihre Dörfer bummeln.

Fotografieren

Filme sind in Griechenland sehr
teuer; spezielle Filme sind gar nicht
oder erst nach längerem Suchen zu
bekommen. Man sollte deswegen
einen ausreichenden Vorrat mitnehmen. Wer Farbbilder macht
und die Ergebnisse nicht abwarten
kann, findet in allen Städten und
Urlaubszentren Geschäfte, die bin-
nen 1 Std. Farbfilme entwickeln
und Abzüge liefern. Wegen der hohen Lichtintensität gehört bei Farb-
aufnahmen grundsätzlich ein UV-
Filter vor das Objektiv. Die besten
Fotos schießt man vor 11 Uhr morgens und nach 17 Uhr.

Militärische Objekte dürfen prin-
zipiell nicht fotografiert werden.
Entsprechende Hinweisschilder gelten aber meist nur im Umkreis von
wenigen Metern. In den **Museen** ist
das Fotografieren ohne Stativ kostenlos; für Aufnahmen mit Stativ
oder Videoaufnahmen ist eine nur
umständlich in Athen zu beantra-
gende Genehmigung erforderlich.
Videofilmer werden an eintritts-
pflichtigen **Ausgrabungsstätten** zu-

sätzlich ›geschröpft‹: Die Filmge-
nehmigung kostet hier häufig mehr
als der Eintritt.

Geld und Geldwechsel

Die griechische Währungseinheit
ist die Drachme (Dr./Drs.). Es gibt
Münzen zu 5, 10, 20, 50 und 100
Drachmen sowie Banknoten zu
50, 100, 500, 1000, 5000 und
10 000 Drachmen. Da die kleinen
Münzen knapp sind, wird in Geschäften und Restaurants oft auf
den nächsten Zehner aufgerundet,
ohne daß dies ein Grieche als Be-
trugsversuch auffassen würde.

**Devisen, Reise- und Euro-
schecks** (Höchstbetrag pro Euro-
scheck 45 000 Drs.) können in allen Banken und Postämtern ge-
tauscht werden. Die Kurse sind
überall gleich. Reisebüros und Hotels hingegen wechseln zwar auch
zum Bankkurs, verlangen aber 2 %
Provision. Abhebungen vom Post-
sparbuch sind in Griechenland
nicht möglich; telegraphische Post-
anweisungen dürfen den Betrag
von 7000 DM nicht überschreiten.

Da es an den Flughäfen und Häfen der Inseln keine Banken gibt,
empfiehlt sich vor Reiseantritt der
Umtausch eines geringen Drach-
menbetrages. Grundsätzlich liegt
der Wechselkurs in Griechenland
günstiger als bei uns. **Wechselkurs**
(Stand Mai 1995):
1 DM = 160 Drs.
100 Drs. = 0,62 DM
100 öS = 2280 Drs.

100 Drs. = 4,39 öS
1 sfr = 195 Drs.
100 Drs. = 0,51 sfr

Die **Banken** sind montags bis donnerstags von 8.30–14 Uhr geöffnet, freitags nur bis 13.30 Uhr; **Postämter** montags bis freitags von 7.30–15 Uhr.

Kreditkarten (vor allem Visa und Eurocard) werden von vielen Reisebüros, Souvenirgeschäften und Autovermietern sowie von den besseren Hotels und einigen Restaurants akzeptiert.

Gesundheit

Die ärztliche Grundversorgung ist auf allen größeren Inseln gesichert. Die Ärzte sind gut ausgebildet, verfügen aber nur über wenig modernes Gerät. Der Hygienestandard in Arztpraxen und Krankenhäusern ist den Umständen entsprechend niedrig. Griechen werden bei ernsthaften Erkrankungen und schwereren Unfällen nach Athen gebracht; Ausländer sollten in kritischen Fällen sofort den Heimflug antreten (siehe auch S. 227).

Krankenhäuser oder Gesundheitszentren *(Kéntra Ygías)* gibt es in Vathý und Karlóvassi auf Sámos; Chíos-Stadt, Volissós und Pyrgí auf Chíos; Mytilíni, Ántissa, Kallóni, Plomári und Polichnítos auf Lésbos; Ágios Kírykos und Christós Rachón auf Ikaría. In vielen weiteren Dörfern und Städten sind – allerdings nicht ständig besetzte – Landarztpraxen zu finden.

Kinder

Mit Kindern zu reisen ist in Griechenland kein Problem. Die Griechen akzeptieren Kinder als kleine Mitmenschen, denen gegenüber man weder besondere Rücksicht übt noch viele Verbote ausspricht. So fehlen Babystühle und spezielle Kinderteller in nahezu allen Restaurants; andererseits stört sich niemand daran, wenn Kinder auch noch am späten Abend in Hotel-Lobbies und Tavernen spielen. Sie dürfen nur nicht zu laut sein: dann wird auch einmal körperliche Gewalt angewandt, um sie zur Räson zu bringen.

Kinder werden von den Einheimischen häufig mit Nüssen, Obst und anderen kleinen Gaben beschenkt; spezielle Ermäßigungen werden ihnen nur in Museen, beim Fliegen und gelegentlich auf Fährschiffen gewährt.

Babywindeln und -nahrung sind auf allen Inseln erhältlich; Babysitter können Hotelrezeptionen beschaffen.

Kirchen- und Klosterbesuche

Beim Besuch von Kirchen und Klöstern wird geziemende Kleidung erwartet. Knie, Schultern und Oberkörper sollten bedeckt sein, der Sonnenhut in der Hand gehalten werden. Man hält weder die Hände auf dem Rücken noch kehrt man Ikonen unmittelbar den Rükken zu. Bei Klosterbesuchen ist die

Mittagsruhe von Mönchen und Nonnen zu respektieren: Zwischen 13 und 17 Uhr sind Gäste nicht willkommen.

In allen Kirchen liegen Kerzen aus, die auch Nicht-Orthodoxe gern kaufen und entzünden können. Man wundere sich aber nicht, wenn die Kerze von einer Kirchendienerin, einem Mönch oder einer Nonne schon nach wenigen Minuten gelöscht wird: Sie tun das auch mit den Kerzen der Einheimischen, denn das Wachs wird wiederverwertet. Die Handlung des Entzündens ist entscheidend, nicht das vollständige Abbrennen der Kerze.

Notruf

Im Notfall wenden Sie sich an einen Taxifahrer, Ihren Hotelier oder den Wirt eines *Kafeníons*, der Ihnen hilft, schnell einen Arzt zu finden bzw. den ärztlichen Notruf für Sie übernimmt.

Ostägäische Inseln **Notruf Polizei:** ✆ 100; **Feuerwehr:** ✆ 199; **Rettungsnotruf** nach Deutschland von Griechenland aus:

ADAC-Notrufzentrale München: ✆ 00 49/89/22 22 22
Deutsche Rettungsflugwacht Stuttgart: ✆ 00 49/7 11/70 10 70
DRK-Flugdienst Bonn: ✆ 00 49/2 28/23 32 32

Öffnungszeiten

Die Notwendigkeit verbindlicher Ladenschlußzeiten wird in Griechenland heftig diskutiert. In Athen sind sie bereits freigegeben; auf den Inseln ist bald damit zu rechnen.

Bisher galten in etwa diese, immer schon häufig je nach Jahreszeit und Insel leicht differierenden Öffnungszeiten:

Montags, mittwochs und samstags sollten die Geschäfte von 8.30 bis 14.30 Uhr geöffnet sein; dienstags, donnerstags und freitags von 8.30 bis 13.30 Uhr und von 17 bis 20 Uhr.

Für Apotheken, Friseursalons und Bäckereien gelten andere Ladenschlußzeiten; Souvenirgeschäfte halten die Türen immer dann geöffnet, wenn noch oder schon Kundschaft zu erwarten ist. Aber auch andere Läden nehmen es mit den gesetzlichen Vorschriften nicht sonderlich ernst.

Zu den Geschäftszeiten von Banken und Postämtern s. S. 246. Die Öffnungszeiten von Museen und archäologischen Stätten variieren stark und sind daher im jeweiligen Fall angegeben.

Polizei

Die griechische Polizei wirkt unauffällig und zurückhaltend. Verkehrskontrollen sind selten; Strafzettel für falsches Parken werden kaum verteilt. Nur auf verkehrsreichen Kreuzungen zeigt ein Polizist ab und zu pfeifend, daß die Staatsgewalt auch auf den Inseln präsent ist. Sucht man allerdings ein Polizeirevier auf, um einen Diebstahl anzuzeigen, wird man mit Formularen überhäuft, die erst gültig sind und aus der Hand gegeben werden, wenn auch die richtige Gebührenmarke gefunden und bezahlt ist. Da die Kriminalitätsrate auf den Inseln jedoch äußerst niedrig ist, erlebt kaum ein Urlauber die bürokratischen Exzesse der griechischen Polizei.

Post und Telefon

Post- und Telefondienst sind in Griechenland zwei verschiedene Einrichtungen. Ihre Ämter sind, von einigen kleinen Orten abgesehen, immer getrennt zu finden.

Postämter sind montags bis freitags von 7.30–15 Uhr geöffnet. Briefe und Postkarten nach Mitteleuropa werden grundsätzlich per Luftpost befördert; die Laufzeit bis Deutschland beträgt zwischen vier Tagen und zwei Wochen.

Die **Telefonämter** (OTE) haben je nach Ort unterschiedliche Öffnungszeiten. Weltweit telefonieren kann man aber auch von vielen Kiosken aus zum Originaltarif. Andere Geschäfte, Hotels und Reisebüros schlagen meist ca. 20–50 % auf. Kartentelefone sind inzwischen weitverbreitet; Telefonkarten (100, 500, 1000 Einheiten = 1300, 6000, 11 500 Drs.) erhält man an Kiosken und in Telefonämtern. Ein einminütiges Gespräch nach Deutschland kostet ca. 2,50 DM.

Die **Vorwahl** für Deutschland lautet 00 49, für Österreich 00 43, für die Schweiz 00 41. Anschließend wählt man die Vorwahl der gewünschten Stadt ohne die Null.

Rundfunk, Presse und TV

Viele größere Hotels haben Satellitenantennen installiert, so daß man dort auch die deutschsprachigen Programme von SAT1, RTL plus und EUROSPORT empfangen kann. Der griechische Rundfunk strahlt zwei Programme, ET 1 und ET 2, aus; außerdem gibt es mehrere private, landesweit sendende Fernsehstationen.

Rundfunkprogramme werden vom griechischen Rundfunk, aber auch von zahlreichen lokalen und regionalen Privatsendern ausgestrahlt. Türkische Sender, die auf den Kleinasien ja so nahen nordostägäischen Inseln auch empfangen werden können, hört kein Grieche. Der Staatsrundfunk ER strahlt täglich von 7.40–8 Uhr Nachrichten in deutscher Sprache aus. Außerdem ist auf den Inseln auch das Programm der *Deutschen Welle* problemlos zu empfangen.

Deutschsprachige Zeitungen und Zeitschriften gibt es auf Sámos, Chíos, Lésbos und Pátmos in allen Städten und Urlaubszentren am Tag nach ihrem Erscheinen; auf den übrigen Inseln muß man darauf verzichten. Außerdem bekommt man auf den drei großen Inseln häufig auch die *Athens News*, eine täglich außer montags erscheinende griechische Tageszeitung in englischer Sprache.

Souvenirs

Souvenirs werden überall dort angeboten, wo zumindest gelegentlich Urlauber vorbeikommen. Inseltypische Mitbringsel sind Mastixprodukte von Chíos, Weine aus Sámos, *Oúzo* aus Lésbos und Chíos sowie Kräuter und Thymianhonig. Von Sámos stammt solch originelle Keramik wie der »Gerechtigkeitsbecher des Pythagoras«.

Taxi

Taxis fahren in allen griechischen Städten; nahezu in jedem Dorf ist ein *Agoréon* stationiert. Der Unterschied zwischen beiden: Taxis sind mit einem Taxameter ausgerüstet, *Agoréa* nicht. Die Fahrpreise sind jedoch identisch und sehr viel niedriger als bei uns. Reist man zu viert, zahlt man für ein Taxi kaum

mehr als für vier Busfahrscheine. Da die Tarife staatlich festgesetzt und die Taxifahrer in aller Regel ehrlich sind, sind Preisverhandlungen nur dann üblich, wenn man einen Wagen für einen ganztägigen Ausflug anmieten will.

Da die Tarife für die Fahrer kaum zum Überleben reichen, nimmt er gern mehrere Fahrgäste mit, die in etwa das gleiche Ziel haben. Dabei zahlt jeder Fahrgast den vollen Fahrpreis. Machen die Fahrgäste jedoch den Eindruck, daß sie zusammengehören, ist nur der einfache Fahrpreis fällig: Wer also z. B. vom Flughafen aus irgendwo hinfahren will, sucht sich besser zuvor Mitreisende für ein gemeinsames Taxi und zahlt dann nur einmal den Fahrpreis.

Eine Quelle häufiger Mißverständnisse sind die zulässigen **Zuschläge**. In der Oster- und Weihnachtszeit sind ca. 1 DM als Festtagsgeschenk zu zahlen; festgelegte Zuschläge sind auch bei Nachtfahrten, für Gepäck und für Fahrten von und zu Häfen und Flughäfen fällig. Tarife müssen in allen Taxis und *Agóra* zur Einsicht vorhanden sein.

Toiletten

In allen besseren Hotels entsprechen die Toiletten europäischem Standard. Anderswo sind sie zwar meist sauber, aber fast immer unvollständig: Sitzbrillen fehlen. Außerdem wirft man außerhalb der guten Hotels das benutzte Toilettenpapier grundsätzlich in einen neben der Toilette stehenden Eimer oder Papierkorb, da die Abflußrohre einen zu geringen Durchmesser haben und sehr leicht verstopfen.

Türkei-Ausflug

Organisierte Tagestouren in die Türkei werden im Sommerhalbjahr von den drei Hauptinseln aus angeboten (vgl. S. 91). Ziele von Chíos aus sind Izmir (ca. 110 DM) und Ephesos (ca. 135 DM), von Lésbos: Pergamon (ca. 110 DM) und von Sámos: Kuşadası und Ephesos (ca. 95 DM). Wer will, kann auch nur die Passage bis zum türkischen Hafen buchen (jeweils ca. 80 DM).

Die griechischen Behörden verlangen von Tagesausflüglern einen **Reisepaß** – der Personalausweis genügt nicht. Der Paß muß am Abend vor der Abfahrt in dem Büro, in dem man das Ticket kauft, abgegeben werden. Man erhält ihn dann vor Besteigen der Fähre zurück.

Achtung: Urlaubern, die per Charterflug in Griechenland eingereist sind und in der Türkei übernachtet haben, verweigern die griechischen Behörden den Rückflug per Charter.

Zeit

In Griechenland ist es ganzjährig 1 Std. später als bei uns.

Erläuterung von fach- und fremdsprachigen Begriffen (Glossar)

Agía/Ágios: Griechisch für Heilige/Heiliger

Agíi: Griechisch für Heilige (Plural)

Agorá: Wirtschaftlicher und politischer Versammlungsplatz der antiken Stadt

Apsis: Halbrunder Raum, besonders in Kirchen, der sich zum Hauptraum hin öffnet

Archontikó: Herrenhaus wohlhabender christl. Bürger im Osmanischen Reich

Basilika: Meist langgestreckte Halle, die durch Säulen- oder Pfeilerstellungen in drei oder fünf Schiffe unterteilt wird

Bukolik: Literarische Gattung der Antike, die die ›idyllische‹ Schilderung des ländlichen Lebens (vor allem der Hirten) zum Thema hat

Bouzoúki: Griechisches Saiteninstrument; auch Tanzlokal mit griechischer Live-Musik

Cella: Hauptraum des antiken Tempels, der das antike Kultbild barg

Dipteros: Tempel mit doppeltem Säulenring

Evangeliar: Liturgische Handschrift des Mittelalters, welche die vier Evangelien enthält

Evangelismós: Verkündigung Mariä (12 Kirchenfeste)

Exedra: Halbrunde Nische ohne Dach

Fresko: Wandmalerei, auf feuchten Putz aufgetragen

Ikone: Geweihtes Tafelbild in der orthodoxen Sakralmalerei

Ikonostase: Im Westen übliche Bezeichnung für das Templon, also die Bilderwand zwischen dem Altar- und Gemeinderaum der orthodoxen Kirche

Isthmos: Landenge

Kaiki: Griechischer Bootstyp

Kapitell: Das ausladende Kopfstück eines Pfeilers oder einer Säule

Kímesis tou Theotókou: Entschlafung der Gottesmutter (12 Kirchenfeste). Die leibliche Himmelfahrt ist in der orthodoxen Kirche kein Dogma

Kirchenväter: Für die Herausbildung der christlichen Lehre bedeutende kirchliche Schriftsteller der ersten sieben nachchristlichen Jahrhunderte. In der orthodoxen Kirche sind das insbesondere Basilius der Große, Gregor der Theologe, Johannes Chrysostomos (alle aus Antiochia) sowie Athanasius und Kyrillos (beide aus Alexandria)

Klientelismus: soziologische Bezeichnung für ein politisches System, in dem der Politiker sich die Gunst seiner Wähler durch Gefälligkeiten erkauft

Konche: Halbkreisförmige Nische mit Halbkuppel als oberen Abschluß

Kore: Bekleidete Mädchenstatue der frühen Antike

Kouros: Monumentale, nackte Jünglingsstatue der frühen Antike

Kreuzkuppelkirche: Kirchenbau in Form eines griechischen Kreuzes (mit vier gleichlangen Armen) und einer Kuppel über dem Zentralraum

Leofóros: Griechisch für »Boulevard«

Levante: Bezeichnung für die Mittelmeerländer östlich Italiens

Metamorfósis: Christi Verklärung auf dem Berg Tabor (12 Kirchenfeste)

Mitrópolis: Orthodoxe Bischofskirche

Moní: Griechisch für Kloster

Mythologie: Der gesamte Stoffkomplex überlieferter antiker Götter- und Heldensagen

Naos: Gemeinderaum in der orthodoxen Kirche

Narthex: Vorhalle der orthodoxen Kirche. Besitzt die Kirche zwei solcher Vorhallen, spricht man vom Exonarthex (äußeren Narthex) und Esonarthex (inneren Narthex)

Odós: Griechisch für »Gasse«, »Straße«

Oklad: Verkleidung von Ikonen aus zisceliertem, oft auch vergoldetem Silberblech, die die Darstellung der Ikone reliefartig wiederholt und nur die unbekleideten Teile der Figuren, also Gesicht und Hände, freiläßt

Panagía: Die Allheilige, also Maria

Pantókrator: Der Allesbeherrscher, also Christus. Meist als Brustbild mit Evangelienbuch und erhobener Rechten dargestellt, vor allem in der Kuppel der Kirche

Platía: Griechisch für »Platz«

Relief: Halbplastisch aus einer Fläche herausgearbeitetes Bild aus Stein, Metall, Gips, Holz oder Ton

Reliquie: Körperliche Überreste von Heiligen oder Gegenstände, die in naher Beziehung zu ihnen standen

Rhyton: Trinkgefäß, auch kultisches Spendgefäß

Ringhalle: Um die Cella eines Tempels umlaufende Säulenstellung

Sarkophag: Prunksarg

Spolien: Wiederverwendete Bauteile aus älteren Gebäuden, z. B. Säulentrommeln, Quader, Statuenfragmente oder Grabplatten

Stele: Frei stehende, mit einem Relief oder einer Inschrift versehene Säule oder Platte als Votivstein oder Grabmal

Tambour: Zylindrischer Unterbau einer Kuppel

Taxiarchen: Erzengel

Tonnengewölbe: Gewölbe mit halbkreisförmigem Querschnitt; einfachste Gewölbeform

Abbildungs- und Quellennachweis

Archiv für Kunst und Geschichte, Berlin: S. 110

Gunda Amberg, Gröbenzell: Umschlagklappe vorn, Umschlagrückseite oben, S. 21 unten, 43, 68, 84, 96/97, 128/129, 208, 209, 211, 216, 223

Klaus Bötig, Bremen: Umschlagklappe hinten, S. 1, 16, 17, 21 oben, 23, 32, 40, 52/53, 56, 80, 115, 116/117, 120, 126, 147, 157, 161, 163, 176/177, 194

Deutsches Archäologisches Institut Athen: S. 75 (Neg. 5476)

Martina Herwegen, Köln: S. 20 oben, 77, 83, 123

Gerold Jung, Ottobrunn: S. 2/3, 20 unten, 30/31, 35, 46, 89, 138/139, 142, 149, 158

Albert Meserklinger, München: S. 133

Gerhard P. Müller, Dortmund: S. 92/93

Rheinisches Landesmuseum Bonn: S. 187

Veronika Scheiper, Münster: S. 63, 185, 192/193, 195, 204/205

Werner Stuhler, Hergensweiler: S. 86

Süddeutscher Verlag Bilderdienst, München: S. 27

Klaus Thiele, Warburg: Umschlagvorderseite, S. 10/11, 39, 50, 60/61, 78/79, 100, 107, 140, 145, 150, 153, 172, 181 unten, 202/203, 217, 219

Hans Weber, Lenzburg (Schweiz): Umschlagrückseite oben, S. 14, 34, 69, 73, 127, 154/155, 169, 181 oben, 182/183

Alle übrigen Abbildungen stammen aus dem Archiv des Autors und des Verlags

Karten und Pläne: © DuMont Buchverlag, Köln

Die Zitate auf den Seiten 14 und 51 wurden mit freundlicher Genehmigung übernommen aus Erhart Käster, *Griechische Inseln*, © Insel Verlag Frankfurt/Main 1975; das Zitat auf der Seite 9 aus Henry Miller, *Der Koloß von Maroussi*, © Rowohlt 1967.

Register

Zur leichteren Handhabung wird bei Ortsnamen zusätzlich die jeweilige Insel genannt. Abkürzungen: Chíos (C), Foúrni (F), Ikaría (Ik), Inoússes (In), Lésbos (L), Pátmos (Pa), Psará (Ps), Sámos (S)

DUMONT
REISE-TASCHENBÜCHER

»Was den DUMONT-Leuten gelungen ist: Trotz der Kürze steckt in diesen Büchern genügend Würze. Immer wieder sind unerwartete Informationen zu finden, nicht trocken eingestreut, sondern lebhaft geschrieben... Diese Mischung aus journalistisch aufgearbeiteten Hintergrundinformationen, Erzählung und die ungewöhnlichen Blickwinkel, die nicht nur bei den Farb- und Schwarzweißfotos gewählt wurden – diese Mischung macht's. Eine sympathische Reiseführer-Reihe.«

Südwestfunk

»Zur Konzeption der Reise-Taschenbücher gehören zahlreiche, lebendig beschriebene Exkurse im allgemeinen landeskundlichen Teil wie im praktischen Reiseteil. Diese Exkurse vertiefen zentrale Themen der Geschichte, Kunst und des sozialen Lebens und sollen so zu einem abgerundeten Verständnis des Reiselandes führen.« *Main Echo*

Weitere Informationen über die Reihe DUMONT Reise-Taschenbücher erhalten Sie bei Ihrem Buchhändler oder beim DUMONT Buchverlag • Postfach 10 10 45 • 50450 Köln.